FRANZ KUROWSKI / FALLSCHIRMSPRINGER

Der uralte Menschheitstraum vom Fliegen ist am reinsten verwirklicht worden im Fallschirmsport. Sei es, daß der Mensch am Fallschirm zur Erde niederschwebt, sei es, daß er im freien Fall durch den Himmel fliegt, losgelöst von der Technik, allein mit sich und den Elementen, nur auf seinen Schirm vertrauend, der ihn auffangen wird, sobald *er* es will — nirgendwo anders kann er so das Glück empfinden, wie ein Vogel am Himmel zu fliegen.

Franz Kurowski erzählt in fesselnden Szenen und Bildern die Geschichte des Fallschirms von den Anfängen bis in die Gegenwart des Überschalls und des Raumflugs. Jahrhunderte, bevor der Mensch Flugzeuge bauen konnte, schwebte er von Türmen am Fallschirm herab. Dann sprangen kühne Männer und Frauen aus Ballons hoch über den Wolken ab. Lang ist die Ahnenreihe der Spitzensportler, die heute hoch am Himmel im freien Fall Gruppen und Figuren bilden und Millionen Zuschauer begeistern.

Vielfältig ist die Rolle, die der Fallschirm gespielt hat und noch heute spielt. Aus einem Zirkusrequisit wurde ein Rettungsgerät aus Luftnot, ohne das die Entwicklung der modernen Luft- und Raumfahrt nicht denkbar wäre. Versorgung aus der Luft bis in die fernsten Winkel und Einöden unserer Erde wäre ohne den Fallschirm unmöglich. Nicht zuletzt aber ist das Fallschirmspringen heute ein Sport, dem an Reiz und Schönheit kaum ein anderer gleichkommt. Diesen herrlichen Sport, dem der zweite Teil seines Buches gewidmet ist, will der Autor der Jugend nahebringen, um sie für ihn zu begeistern.

FRANZ KUROWSKI

Das Buch der Fallschirmspringer

W. FISCHER-VERLAG · GÖTTINGEN

Bildnachweis

Deutsche Presse Agentur: S. 184, 240

Keystone, München: S. 24

Erich Lepkowski, Gifhorn:
S. 48, 112, 152, 153 (2), 185, 208, 209, 240

Bildarchiv Karlheinz Schuster, Frankfurt/Main:
Titelfoto, S. 48

Autor: übrige

Illustriert von Werner Kulle

Technische Zeichnungen: Werner Leske

ISBN 3 439 00906 8

Gesamtherstellung: Fischer-Druck, Göttingen

INHALT

Jean-Pierre Blanchard, der große Aeronaut

Der Herbstmorgen des Jahres 1784 war von strahlender Schönheit. Am äußersten Stadtrand von Paris, auf einem freien Feld dicht am Bois de Boulogne, hatte sich eine große Menschenmenge versammelt, um dem Ballonaufstieg des berühmtesten französischen Ballonfahrers Jean-Pierre Blanchard zuzusehen. Der Franzose Blanchard, nur mittelgroß, aber von einer Lebhaftigkeit, die mitriß, war eine bekannte Erscheinung am Himmel Frankreichs geworden.

Die Ballonhülle war bereits prall gefüllt, und die Haltemannschaft hatte sich tüchtig in die Seile zu stemmen, um den Ballon am Aufsteigen zu hindern.

Blanchard, im Dreß der Ballonfahrer, mit Lederhaube und Wollschal, kam aus dem nahegelegenen Hause und ging, seinen kleinen Hund Maurice im Arm, zum Ballon hinüber.

„Werden Sie uns heute Ihren neuen Rettungsfallschirm vorführen?" fragte einer der Journalisten den „Luftfahrer". Blanchard nickte. Er deutete auf den langen Holzstiel, der bis in die Fahrergondel hinunterreichte und an dessen unterem Ende eine kleine Gondel angebracht war.

„Aber diese Gondel bietet doch höchstens Platz für Ihren Hund", wunderte sich der Zeitungsmann. Blanchard nickte. Ein Lächeln glitt über sein Gesicht.

„Mein Maurice wird als erster springen", erwiderte er. Die Zuschauer, die diese Worte mitgehört hatten, brachen in Schmährufe aus. Jean-Pierre Blanchard reckte nur das Kinn in die Höhe. Verächtlich musterte er die Schaulustigen und kletterte in den Korb.

„Laßt ihn los!" befahl er.

Die zwanzig Männer der Seilmannschaft ließen den Ballon, Hand über Hand das Seil ausgebend, emporsteigen. Dann ertönte ein scharfer Pfiff, und alle Seile wurden gleichzeitig losgelassen. Der Ballon schwebte empor. Blanchard winkte zu der Menge herunter, und bald war er den Blicken der Zuschauer entschwunden, die nun nur noch den vom leichten Wind getriebenen Ballon und die winzigklein erscheinende Gondel erkennen konnten.

Als der Ballon 1000 Meter Höhe erreichte, setzte Blanchard seinen Hund in die kleine Gondel, wuchtete diese über den Korbrand und löste die Verankerung.

Unten auf der Erde sahen die Menschen, wie der Fallschirm von sieben Meter Durchmesser, der am oberen Ende der Stange befestigt war, sich nach ein paar Dutzend Metern freien Falles blähte und den Fall rasch bremste. Dann verfolgten sie den pendelnden, sachten Flug des Hundes in der kleinen Gondel. Junge Burschen, auch einige Erwachsene rannten in die Richtung, in welche dieser erste „Fallschirmspringer" getrieben wurde. Als der Korb aufsetzte, waren die ersten bereits zur Stelle, um den Hund zu bergen. Doch der war schneller als sie alle und rannte dorthin, wohin soeben Blanchard niederzugehen sich anschickte, nachdem er die Ventilleine gezogen und soviel Warmluft abgelassen hatte, daß der Auftrieb beendet war.

Wenige Minuten darauf waren Hund und Herr wieder vereint. Die Pariser Gazetten und Journale aber brachten bissige Glossen und Karikaturen, und alles lachte über den „Spinner" Blanchard, der seinem eigenen Fallschirm nicht traute und lieber erst seinen Hund in den Tod springen ließ.

Blanchard aber, zu der Zeit schon einer der berühmtesten Ballonfahrer, sagte zu seinem Freunde Étienne de Corff: „Die Leute müssen begreifen, Étienne, daß mein Fallschirm als Rettungsgerät aus Luftnot für jeden Ballon vorgeschrieben werden muß."

„Wenn du die Menschen von der Notwendigkeit des Parachute überzeugen willst, Jean-Pierre, dann mußt du selber springen."

„Das werde ich auch, Étienne", erwiderte Blanchard fest.

Am 21. November 1784 hatte Gent, Hauptstadt der Provinz Ostflandern an der Schelde, die trotz ihres Niederganges im 13. und 14. Jahrhundert nicht viel von ihrer großen Rolle als Handelsplatz Europas verloren hatte, den Aeronautiker Blanchard zu einer Ballonvorführung eingeladen.

Am frühen Nachmittag des 21. November stieg er in seinem Ballon zu einer neuen Fahrt durch das Luftmeer auf. Diesmal hatte er den Fallschirmstiel direkt an der Gondel seines Ballons angebracht, und der Fallschirm hing über ihm in den Fangschnüren des Ballons. Es herrschte mäßiger Wind. Die Sicht war gut. Blanchard, der seinen Heißluftballon prall gefüllt hatte, wollte diesmal eine besonders große Höhe erreichen. Als er ungefähr fünfhundert Meter gestiegen war, bemerkte Blanchard die Spannungen, die den Ballon zum Platzen zu bringen drohten. Der Wind blies frisch und trieb ihn rasch nordwärts.

Wenn Blanchard jetzt nichts unternahm und der Ballon auseinanderplatzte, war es zu spät; dann war er verloren. Was war zu tun?

„Ich wußte", vertraute er später seinem Freund Étienne an, „daß nunmehr die Bewährungsprobe für meinen Parachute gekommen war und daß ich mich nicht mehr hinter einem Hund verstecken konnte. Diesmal ging es um Sein oder Nichtsein, und deshalb ergriff ich die Chance. Nicht, weil ich unbedingt einen Fallschirmabsprung probieren wollte, sondern weil mein Leben in Gefahr war."

Der Luftschiffer Blanchard griff nach der großen Fahne, die er in der Gondel mit emporgeschleppt hatte. Er drehte sie um und stach mit der scharfen Spitze des Schaftes in den unteren Ballonteil. Beim ersten Stoß prallte die Spitze zur Seite ab. Beim zweiten Stoß aber drang sie durch die gummierte Seide.

Zischend entwich die zusammengepreßte Luft aus dem Ballon. Blanchard stach noch einmal zu und abermals und ein viertes Mal.

Plötzlich war um ihn das Heulen und Zischen und Pfeifen der entweichenden Luft. Er spürte, daß er fiel. Ein Blick nach oben zeigte ihm, daß die Löcher rasch größer wurden. Schneller und schneller sackte der Ballon der Erde entgegen. Er mußte handeln.

Instinktiv ergriff der Luftschiffer das scharfe Handbeil, das im Werkzeugkasten am Fuße der Gondel lag. Damit hieb er mit schnellen Schlägen die Stricke durch, die den Ballon mit seiner Gondel verbanden. Die Gondel sackte scharf zur Seite, sobald er die Hälfte der Stricke zerschlagen hatte. Um ein Haar wäre Blanchard hinausgestürzt. Er klammerte sich fest, ohne jedoch das Beil loszulassen. Die scharfe Schneide rutschte über seinen linken Unterarm und riß ihm das Fleisch auf. Dann noch zwei, drei, vier Schläge und — der Ballonkorb fiel. Er fiel sehr schnell. Dann aber war der flatternde und schlagende Parachute an der Spitze der Stange mit Luft gefüllt. Der Fall wurde jäh abgebremst. Der Gondelfallschirm segelte, hin- und herpendelnd, der Erde entgegen. Er wurde von der steifen Brise weiter nach Norden getrieben, und es sah schon so aus, als senkte sich der Fallschirm über der breiten Osterschelde der weiten Wasserfläche entgegen. Wenn er dort niederging, war es aus mit ihm.

Eine neuerliche Aufwindströmung hob und trug ihn weiter und weiter nach Norden, bis er südlich von Delft auf einem abgeernteten Getreidefeld niederging.

Der Korb setzte so hart auf, daß der Luftschiffer hinausgeschleudert wurde; doch auch diesmal war das Glück ihm hold. Er kam unverletzt wieder auf die Beine und holte seinen Fallschirm ein.

Aus einem nahegelegenen Dorf kamen Bauern angerannt, die den vom Himmel gefallenen Menschen bestaunten und ihn dann im Triumphzug auf einem Erntewagen mitsamt seiner Gondel und dem Fallschirm einholten.

Am nächsten Tage bereits war diese Nachricht über die Brieftaubenpost nach Paris weitergegeben worden. In großen Schlagzeilen wurde Jean-Pierre Blanchard als Held des Tages gefeiert.

Jean-Pierre Blanchard hatte als erster Mensch der Welt einen Fallschirm als Rettungsgerät aus Luftnot benutzt. Diesmal war er selber es gewesen, der auf dieses Gebilde gesetzt und das Leben gewonnen hatte.

Der Name Jean-Pierre Blanchard war in aller Munde, und ein halbes Jahr später erlebte dieser großartige Aeronautiker etwas, was er in einem Bericht an die französischen Zeitungen folgendermaßen beschrieb:

„Es war im Frühjahr 1785, ein gutes halbes Jahr war seit meinem Fallschirmabsturz in Gent vergangen, als ich am Stadtrand von Straßburg zu einer neuen Ballon-Fallschirmvorführung aufstieg. Nicht weniger als 80000 Zuschauer wollten sehen, wie Maurice als ‚Fliegender Hund' mit seiner Gondel den Ballon verließ und sich der Luft und meinem Parachute anvertraute.

Diesmal hatte ich mir etwas ganz Besonderes ausgedacht: ich wollte direkt nach Maurices Absturz auch mit dem Ballon niedergehen.

Madame Blanchard, meine Frau, wollte als zweite mit mir aufsteigen, doch dies untersagte ich ihr. Ich nahm auch diesmal nur Maurice mit, meinen Hund, der sich an das Ballonfahren ebenso gewöhnt hatte wie ich.

Ich verabschiedete mich von Madame mit einem Kuß auf beide Wangen, und schon ging es in die Höhe. Als ich 1000 Meter Höhe erreicht hatte, ließ ich Maurice als ersten an seinem kleinen Fallschirm hinunter. Ich sah, wie er in einer unter uns wabernden dicken Wolkendecke verschwand, die mir die Sicht nach unten verwehrte.

Drei Minuten später zog ich das Bodenventil auf. Die Luft entwich aus dem Ballon, und ich schwebte sachte hernieder.

Dann war auch ich mitten in der Wolke. Alles wurde feucht; auf einmal vernahm ich keine zwanzig Meter neben mir Hundegebell. Es war Maurices Stimme, das erkannte ich. Aber der Hund mußte doch schon bedeutend tiefer gefallen sein! Litt ich unter einer Sinnestäuschung?

Als ich schließlich die Wolkenuntergrenze erreichte und wieder normal sehen konnte, vernahm ich abermals das Bellen. Es kam diesmal aus der Richtung schräg rechts über mir. Emporblickend erspähte ich — Maurice, der sich am Rande seiner kleinen Gondel aufgerichtet hatte und mir seinen Erkennungsgruß zubellte. Maurice bellte noch lauter, als ich ihm winkte; Sekunden darauf entschwand ich seinen Blicken. Mein Ballon war schneller gefallen als der kleine Hund mit seinem Fallschirm. So kam es zu einer ersten Begegnung von Mensch und Hund im Luftraum. Dieses Rendezvous hat mir und sicherlich auch Maurice viel Freude gemacht."

So also endete die erste Begegnung zweier lebender Wesen im Luftraum. Von nun an war Madame Blanchard an den großartigen Schauflügen ihres Mannes immer beteiligt. Sie sprangen einzeln und gemeinsam ab. Ganz Frankreich lag ihnen zu Füßen.

Madame Éloise Blanchard war eine schöne Frau, und wenn sie zusammen mit ihrem Mann in einem Ballon aufstieg oder allein den Aufstieg wagte, dann war die Zahl der Zuschauer riesengroß. Stets kamen alle auf ihre Kosten, denn diese beiden Menschen, die sich ganz der Ballonfahrt und dem Fallschirmabsprung aus dem Ballon gewidmet hatten, stellten sich mit immer neuen Sensationen vor. Éloise Blanchard stellte unter Beweis, daß eine schöne Frau zugleich auch mutig sein und es mit den besten Luftschiffern aufnehmen konnte.

Im Jahre 1785 überquerte Jean-Pierre Blanchard zusammen mit dem Amerikaner J. Jeffries in einem Ballon als erster den Ärmelkanal. Der Name Blanchard war zu einer Gütemarke geworden für alles, was mit der Luftschifferei zu tun hatte.

Drei unvergeßliche Jahre lang zeigten die beiden Blanchards dem Publikum ihre Künste. Dann kam jener Tag, an dem Madame Blanchard ihren 67. Aufstieg im Ballon durchführen sollte. Diesmal war der Pariser Vergnügungspark Tivoli der Ort des Aufstieges. Éloise Blanchard, in einem silber- und goldglänzenden Kostüm, mit einem strahlenden Lächeln auf den Lippen, verabschiedete sich von Jean-Pierre, und er half ihr galant in die Gondel.

Der Ballon stieg empor. Er erreichte – wie vorher abgesprochen – die 500-Meter-Marke, als Madame damit begann, das erste Feuerwerk aus einem Ballon steigen zu lassen.

Es war ein großartiges Bild, wie Sterne und Raketen, Feuerräder und Kanonenschläge und viele, viele andere Figuren in der Luft aufleuchteten, den Abendhimmel mit einem bunten Gewebe aus Licht überschütteten und dann knatternd zersprangen.

Jean-Pierre Blanchard spähte durch sein Fernrohr zur Gondel hinauf. Er schmunzelte. Seine Frau machte das gut; sehr gut sogar. Dies mußte ein Rekord werden, und von nun an würden sie beide die Ersten Ballonkünstler der Welt sein.

Auf einmal zuckte er wie unter einem Peitschenhieb zusammen. Eine der von seiner Frau abgeschossenen Raketen nahm nicht die vorgeschriebene Richtung, sondern bohrte sich in die Ballonhülle hinein. Eine erste Flamme züngelte auf. Aber Madame hatte es nicht einmal bemerkt.

„Seile kappen, Fallschirmabsprung!" rief Blanchard, schrien auch die vor Entsetzen starren Menschen, die zusahen, wie der Ballon Feuer fing und wie er dann schneller und schneller werdend der Erde entgegensauste.

Jean-Pierre Blanchard betete. Er bewegte die Lippen, sah, daß seine Frau die ersten Seile kappte. Er sah, daß die Gondel plötzlich schief hing und dann – stürzte Madame in die Gondel hinunter.

„Aufstehen!" schrie er, brüllten alle Menschen, welche die Fackel, in die sich der Ballon verwandelt hatte, als grausiges

Fanal für das Ende einer Vorführung und eines blühenden Menschenlebens der Erde entgegenfallen sahen.

Madame Blanchard versuchte aufzustehen. Noch einmal wurden ihre Hände am Korbrand sichtbar, tauchten ihr Kopf, ihre Schultern auf, als der Ballon nur noch hundert Meter hoch war und, eine lange gelbrote Flammenfahne hinter sich herziehend, zur Erde sackte.

Dann knallte der Korb auf den Boden, und die brennende Hülle sackte dicht daneben in sich zusammen.

Sie liefen, als gelte es ihr eigenes Leben. Die Menschen liefen, um zu retten! Als Jean-Pierre Blanchard, keuchend und nach Luft ringend, bei der Gondel ankam, hatten einige der näher stehenden Männer bereits die tote Éloise Blanchard aus der Gondel geborgen.

Bei ihrem 67. Aufstieg hatte das Schicksal, das fast allen Pionieren des Fallschirms vorbehalten war, auch sie erreicht. Jean-Pierre Blanchard aber machte weiter. Er war einer der wenigen, die nicht Opfer ihrer Luftschiffer-Leidenschaft wurden, sondern im Bett starben.

Als er einmal nahe der Festung Spielberg einen Fallschirmabsprung ausführte, sahen auch die Gefangenen dieser Festung zu. Unter ihnen befand sich auch der Postmeister von Saint-Menehoud, der wegen einer Unterschlagung auf die Festung gekommen war. Er faßte den Entschluß, es Blanchard gleichzutun und mit einem selbstgebastelten Fallschirm aus Bettüchern den Sprung von der 20 Meter hohen Festungsmauer in die Freiheit zu wagen.

Nächtelang nähte der Postmeister die gestohlenen Leintücher zusammen. Er verschaffte sich während der Arbeit in der Festungsküche vier Stricke und befestigte diese an den vier Enden seines provisorischen Fallschirms.

Eines Nachts war es dann soweit. Postmeister Robert Bloches ließ die Mitternachtsrunde passieren, ehe er vorsichtig die Zellentür öffnete und durch den dunklen Gang zum Hof huschte. Von dort aus schlich er, nach einem sichernden Rundblick, an der Mauer entlang und schließlich die Steinstufen des schmalen Beobachtungsturmes hinauf.

Oben angekommen, sah er sich einem Posten gegenüber, der seine Ablösung kommen wähnte. Noch ehe der Posten sich umdrehen konnte, warf sich Robert Bloches auf ihn und schlug ihm einen mit Sand gefüllten Wollsocken über den Schädel, daß der Mann wie vom Blitz gefällt zu Boden stürzte.

Nun hatte er es geschafft! Der Postmeister schlich über die Mauerkrone zum Steilabfall. Dort unten führte ein schmaler Feldweg vom kleinen Tor aus direkt in den Wald. Wenn er erst einmal im Wald war, konnte er in einer der schwer zugänglichen Köhlerhütten Unterschlupf finden.

Der Postmeister stand ein paar Sekunden tiefgeduckt auf der Mauerkrone. Dann ließ er sich auf den Mauerrand nieder, nahm das Bündel mit dem Fallschirm in die Arme und prüfte noch einmal nach, ob die vier Seile gut um seine Hüften verknotet waren. Er schickte ein Stoßgebet gen Himmel. Dann warf er das Fallschirmpaket in die Höhe und rutschte von der Mauer hinunter.

Er spürte, daß er durchfiel. Dann erhielt er einen harten schweren Schlag, als sich der Fallschirm entfaltete, und eine halbe Sekunde darauf hörte er ein knirschendes Reißen und Zerren. Nachdem das Leinen ausgerissen war, schlug der Ausbrecher zwanzig Meter tiefer auf den Wiesengrund, ungefähr acht Meter von der Mauer entfernt, auf den harten Boden.

Ein glühender Schmerz durchzuckte seine beiden Beine. Er schrie, bis der wieder zu sich kommende Wächter einen lauten Alarmruf ausstieß und seine Muskete abfeuerte.

Eine halbe Stunde lag der Postmeister von Saint-Menehoud auf dem kalten Boden, ehe sie ihn auf einer Trage wieder in die Festung zurückschafften. Er hatte das rechte Bein gebrochen; das linke war so schwer verstaucht, daß er es auch nicht mehr gebrauchen konnte. So endete der erste und letzte Versuch eines Insassen der berüchtigten Festung Spielberg, mit einem Fallschirm aus der Festung zu entkommen.

Der Traum vom Fliegen

Der Traum vom Fliegen ist so alt wie die Menschheit. Aus der griechischen Mythologie kennen wir die Geschichte des Dädalus, der als Ahnherr der griechischen Bildhauer gilt. Er soll der erste gewesen sein, der den großen Menschheitstraum vom Fliegen verwirklicht hat.

Wegen eines Mordes war er zusammen mit seinem Sohn aus Athen nach Kreta geflohen, wo ihnen König Minos Asyl gewährte. Dort erbaute Dädalus das Labyrinth. Als er aber bemerkte, daß er von König Minos gefangengehalten wurde, beschloß er, mit seinem Sohn zu fliehen. Sie fertigten sich in aller Heimlichkeit künstliche Flügel an. Und eines Tages erhoben sie sich in die Luft, segelten dem griechischen Festland entgegen, das Dädalus schließlich auch erreichte.

Sein Sohn Ikarus aber spürte mehr als sein Vater — dem es nur auf das Gelingen der Flucht ankam — den großen Rausch des schwerelosen Dahinschwebens. Er wollte höher und höher und immer höher hinauf. Dem glutenden, hellgleißenden Sonnenball flog er entgegen.

Er fühlte sich in diesen Augenblicken selber als Gott. Aber die Götter zürnten ihm. Sie duldeten keinen Sterblichen neben sich. Die Sonne schmolz das Wachs, mit dem die Flügel des Ikarus zusammengehalten wurden. Die Flügel, die den mutigen Sohn des Dädalus so hoch getragen hatten, brachen auseinander. Ikarus stürzte ab. Das Meer schloß sich für immer über ihm.

Der Traum vom Fliegen aber, die Sehnsucht danach, in der unendlichen Weite des Himmels wie die Vögel segeln und schweben zu können, blieb in der Menschheit durch die Jahrtausende lebendig. Im Jahre 1178 n. Chr. soll in der Stadt Toledo der „Sarrasin volant" — der fliegende Sarazene — aufgetreten sein, doch sind Einzelheiten nicht überliefert.

Erst der französische Missionar Vasso Henry, der aus Peking eine alte beschriebene Pergamentrolle mitbrachte, deren Text er übersetzt hatte, konnte etwas über den Fallschirm berichten. Auf diesem Pergament war zu lesen, daß im Jahre 1306, aus Anlaß der Thronbesteigung Kaiser Fo-Kiens, chinesische Akrobaten sich zur Belustigung der Zuschauer und des Kaisers von hohen Türmen herabstürzten und an Fallschirmen zur Erde hinuntersegelten. 24 Jahre später führten auch indische Akrobaten in Siam das gleiche Schauspiel auf.

Der Sonnenkönig, Ludwig XIV., ließ sich noch um 1650 von seinen Gesandten berichten, daß zum Hofe des Königs von Siam ständig eine Gauklergruppe gehöre. Diese Gaukler sprängen, so versicherte der Gesandte, von zehn Meter hohen

Bambusstauden mit ihrem Stoffschirm ab. Und wer von den Gauklern am meisten wagen wolle, der springe vom Rande eines Hochplateaus und lasse sich bei günstigem Wind eine weite Strecke treiben, um „irgendwo auf den Häusern unten im Tal oder auf den Bäumen zu landen."

Davor hatte jedoch der im Jahre 1452 bei Florenz geborene Leonardo da Vinci, noch während seiner Ausbildungszeit bei Maestro Andrea del Verrocchio, in einigen Experimenten den Widerstand der Luft nachgewiesen. Darauf aufbauend, hatte er die erste überhaupt erhalten gebliebene Fallschirm-Konstruktionsskizze angefertigt.

Diese Skizze zeigt einen zeltartigen Fallschirm mit dreieckigen Tragflächen, deren Seitenlänge an der Basis 12 Ellen (1 Venediger Elle = 0,64 Meter) betrug. An den vier Enden seines Schirmes waren Tragschienen angebracht, an denen sich der Benutzer festhalten konnte. In die Planskizze seines Fallschirmes hatte Leonardo geschrieben:

„Wenn man das Zeltdach von dichtem leichtem Tuch mit sich führt — 12 Ellen breit und 12 Ellen hoch —, so kann sich ein Mensch ohne Furcht vor Schaden aus jeder beliebigen Höhe herablassen."

Doch der Künstler, der 1519 in dem Schlößchen de Cloux bei Amboise in Frankreich starb, erlebte nicht mehr, daß sein Fallschirmmodell praktisch erprobt wurde.

Fausto Veranzio, ein gebürtiger Ungar, der in Venedig lebte und dort Philosophie und Mathematik studierte, veröffentlichte im Jahre 1616 eine technische Schrift mit dem Titel „Machinae novae addita declaratione latina, gallica et hispana." In dieser Schrift schildert er einen Sprung von einem der Türme Venedigs mit einem Fallschirm. Seine Fallschirmkonstruktion war oben breit ausladend, und an den vier Enden waren Seile angenäht, welche sich der Fallschirmspringer um den Leib schlang, um gesichert zu sein.

Er probierte diesen Fallschirm persönlich aus, indem er einen Sprung vom Campanile auf den Markusplatz hinunter wagte. Doch alles dies brachte den Fallschirm nicht aus jener Sphäre heraus, in welcher das Gaukelspiel daheim war. Die Männer, die im Fallschirm die erste Möglichkeit des Fliegens erkannt hatten, wollten aber mehr. Sie wollten ein „Fluggerät" bauen, mit dem Menschen am Himmel zu schweben und zu fliegen vermochten. Die Skizze Fausto Veranzios macht dies deutlich, denn an ihrem Rand, neben dem Fallschirm, steht die Bezeichnung „Homo volans" — der fliegende Mensch!

Es waren die Brüder Jacques Étienne und Joseph Michel Montgolfier, die den Fallschirm erstmalig als Rettungsgerät aus Luftfahrernot konstruierten. Sie bauten jene legendäre „Montgolfière", einen der ersten Warmluftballons der Geschichte, mit dem am 12. September 1783 ein Hahn, eine Ente und ein Lamm die erste Luftreise heil überstanden. In dieser „Montgolfière" segelten am 21. November desselben Jahres Pilatre de Roziers und Monsieur d'Arlandes über den Köpfen der Zuschauer zwischen Himmel und Erde dahin.

Der Warmluftballon, von Joseph Michel Montgolfier erfunden und am 5. Juni 1783 in Annonay bei Lyon zum erstenmal ohne jede Besatzung öffentlich vorgeführt, hatte damit seine Bewährungsprobe bestanden.

Lange Zeit vor der Entdeckung des Warmluftprinzips beim Ballon hatte Joseph Michel Montgolfier bereits Fallschirmversuche unternommen. Wie er auf diese Idee kam, das ist ebenso überraschend wie heiter. Es war nichts anderes als Madame Montgolfiers großer Unterrock, der zum Trocknen vor dem Kamin hing, was ihn auf diese Idee brachte. Denn dieser Unterrock füllte sich mit Luft. Er blähte sich auf und schwebte zur Decke des Raumes empor. Da kam Montgolfier die Erleuchtung, einen „Ballon de papier" zu bauen, und er schrieb an seinen Bruder:

„Bring bitte dünnes Leinen mit, und du wirst eines der größten Wunder erleben."

Montgolfier hatte keine Ahnung davon, daß sich vor ihm bereits jemand mit dem Phänomen des Fallschirmes befaßt hatte. Gemeinsam mit seinem Bruder fertigte er ein Gebilde an, das genau nach Madames Unterrock geschnitten und unten mit einer weiten und oben mit einer kleinen Öffnung versehen war. Doch dieses Modell schwebte seltsamerweise nicht zur Decke empor, als sie es mit warmer Luft füllten, sondern segelte langsam zur Erde hinunter.

Sie hatten den ersten Fallschirm erbaut! Erst ihre weiteren Experimente führten zum vorher erwähnten Heißluftballon, der nur unten eine kleine Öffnung zur Aufnahme der Luft hatte.

Als Joseph Michel Montgolfier von Annonay nach Avignon übergesiedelt war, baute er mit Unterstützung des Marquis de Brantès einen Fallschirm von 2,5 Meter Durchmesser in Gestalt einer Halbkugel. Zwölf Stricke, die am Rand des Schirmes befestigt waren, trugen einen leichten Weidenkorb, in den ein Hammel gesetzt wurde.

Zwischen dem Fallschirm und dem Korb brachte er zur Erhöhung der Tragfähigkeit vier große, mit Luft gefüllte Schweinsblasen an. Es war im Frühjahr des Jahres 1779, als dieses Gebilde unter großem Kraftaufwand auf den 35 Meter hohen Turm der Kirche von Avignon hinaufgeschleppt und dann von dort abgeworfen wurde.

Die staunenden Zuschauer sahen, wie der Korb in schnellem Fall heruntersauste. Schon wähnten sie den Korb mit dem Hammel zerschellt auf dem Kirchplatzpflaster, als der Fallschirm voll Luft gepreßt war und sich der Sturz rasch verlangsamte. Gemächlich pendelten der Fallschirm und der daranhängende Korb zur Erde hinunter. Als er aufsetzte, sprang der verängstigte Hammel heraus und rannte davon. Man sagt, er wurde nie wieder gesehen.

Auch die späteren „Ballons de papier" der Brüder Vivaris waren mit diesen Fallschirmen als Rettungsgeräten ausgerüstet.

Mit dem ersten Aufstieg des Luftballons eröffneten sich naturgemäß auch für den Fallschirm neue Perspektiven. Doch noch hieß dieses Rettungsgerät nicht Fallschirm. Erst der französische Professor für Chemie und Physik Sébastien Lenormand baute einen Fallschirm, der an der Basis rund war. Darüber setzte er einen Kegel aus Seide, die er von unten mit Gummi beklebte, um sie luftundurchlässig zu machen. Darunter befestigte er an dünnen Seilen einen Sitzkorb.

Diesen Apparat taufte Lenormand am 26. Dezember 1783 „parachute" — Fallschirm. Und mit diesem „Parachute" sprang der Physiker häufig vom Turm des Observatoriums von Montpellier herab, und alle, die ihm zusahen, waren begeistert von dieser neuen Art, durch die Luft zu segeln und heil auf der Erde zu landen. Ein Bekannter Lenormands, ebenfalls Professor der Physik in Montpellier, Abbé Berthelon, beschäftigte sich mit der Verbesserung dieses Fallschirmes und baute ihn praktischer und sicherer aus. Damit war der Fallschirm geboren, jenes Gerät, von dem der Forscher Georges de la Langelle im Jahre 1909 gesagt hat:

„Es steht fest, daß der Übergang von den Flugversuchen unter der Devise ‚leichter als Luft' zu den Experimenten mit Flugmaschinen, die ‚schwerer als Luft' waren, erst durch die Erkenntnisse der Schwebegesetze von Fallschirmen möglich wurde."

Am Beginn des Fluges „schwerer als Luft" stand also der Fallschirm. Über den Fallschirm erst wurde der Gleitflieger entwickelt, und von diesem führte die logische Weiterentwicklung zum Motordrachenflieger. Dies erkannt und publiziert zu haben ist das Verdienst Langelles, der dazu weiter ausführt:

„Das absolute Gesetz, außerhalb dessen alles Tollkühnheit ist, läßt sich in zwei Worten zusammenfassen: der lenkbare Fallschirm. Durch klug ausgeführte und im Nutzeffekt gesteigerte Experimente mit dem Fallschirm in der Form eines Drachens, angetrieben durch eine Schraube des Archytas von Tarent (griechischer Philosoph und Mathematiker, Freund Platons, der in der ersten Hälfte des vierten vorchristlichen Jahrhunderts lebte) oder die des Leonardo da Vinci, wird man zum Drachenflieger gelangen!"

Die frühen Pioniere

Der berühmte Luftschiffer Blanchard sorgte durch seine aufsehenerregenden Fallschirmabstürze, wie seinerzeit die Absprünge noch genannt wurden, für viele begeisterte Nachfolger.

Die beiden Franzosen André Jacques und Jean-Baptiste Garnerin gingen im Jahre 1795 an die Arbeit. Ihr Ziel war es, das System des Fallschirms zu verbessern, den Schirm noch bekannter zu machen und ihn als Rettungsgerät zu propagieren.

André Jacques Garnerin war Bevollmächtigter des Nationalkonvents für das Heer. Wenig vorher war er noch in der ungarischen Festung Budapest als Gefangener gewesen. Als er nach Frankreich zurückkehrte, erinnerte er sich an die Experimente, die der Physiker Lenormand angestellt hatte, und beschloß, ebenfalls einen Fallschirm zu bauen und mit diesem Schirm aus einem Ballon abzuspringen. Sein Bruder war von dieser Idee begeistert. Beide gingen ans Werk.

Bei ihren ersten Ballonaufstiegen und den anschließenden Absprüngen mit ihrem Fallschirm, der der Konstruktion Lenormands täuschend ähnlich sah, geschah nichts Besonderes. Die Zuschauer erlebten zwar den immer gleichen Nervenkitzel, aber für den Fallschirm als Rettungsgerät der Luft hatte dies nichts zu bedeuten.

Dann zog der 22. Oktober 1797 herauf. Die Brüder Garnerin bereiteten einen Ballonaufstieg aus dem Park von Monceau bei Paris mit anschließendem Fallschirmabsturz vor. Die Zeitungen hatten bereits in großen Schlagzeilen davon berichtet. Eine Heerschar von Neugierigen wollte sich dieses Schauspiel nicht entgehen lassen.

„Paß auf, Jacques“, schärfte Jean-Baptiste seinem Bruder ein, als er sich von ihm verabschiedete, „wir haben starken Wind. Der Korb wird wieder sehr schwanken, wenn du abspringst.“

„Keine Angst, Bruderherz. Geschwankt hat der Korb eigentlich immer. Das bin ich schon gewohnt“, erwiderte der Ballonfahrer und zog sich die Lederkappe über den Schädel. Jacques kletterte in die Gondel. Ein Signal ertönte, und wenig später erhob sich der Ballon, den die Brüder „Papillon rouge“ — Roter Schmetterling — genannt hatten, in die Luft.

Sehr rasch stieg der Ballon empor. Jacques Garnerin hißte an einem der Führungsseile die kleine Trikolore, die er immer mitnahm, und beobachtete die Flugrichtung. Er glitt in eine kleine, ziemlich niedrig hängende Wolke hinein, war für ein paar Minuten von trüber feuchter Luft umgeben und hatte sie auch schon durchstoßen. Ein Blick auf den provisorischen Höhenmesser zeigte ihm, daß er 780 Meter erreicht hatte.

Sehr schnell war die Fahrt des Ballons, der stetig weiter an Höhe gewann. Dann waren es 1 000 Meter, und Sekunden später brüllte ein donnernder Schlag gegen Garnerins Ohren.

Von einer harten Druckwelle, die von oben kam, wurde er auf den Boden der Gondel geschleudert, die ihn heftig schwankend wiegte. Er blickte empor und sah, daß der Ballon auseinandergeplatzt war. Die sich mehr und mehr leerende Hülle flatterte wie ein Segel über ihm und verlangsamte den Sturz in die Tiefe etwas.

Garnerin griff zum Handbeil und kappte die Seile. Es ging alles sehr schnell. Die Gondel löste sich vom Ballon, der sinkend weiter fortgetrieben wurde, und schon entfaltete sich der zusammengelegte und befestigte Fallschirm. Als sich seine weiße Kuppel ganz aufgewölbt hatte, war der jähe Sturz in die Tiefe, der ein paar Dutzend Meter hinabgeführt hatte, gebremst.

André Jacques Garnerin spürte, daß ihn in der tieferliegenden Luftschicht der Wind packte. Der Korb wurde hin- und hergeworfen. Immer weiter wurde der Ausschlag der Gondel unter dem Schirm. Wie das Perpendikel einer Uhr kam sich Garnerin vor. Sein Magen rebellierte bereits gegen diese heftige Bewegung. Die Luft, die sich unter dem geschlossenen Halbbogen des Fallschirmes preßte und staute, lief immer wieder zur Seite über und versetzte den Schirm in neue Schwankungen.

Auf der Erde sahen die Menschen, wie der Fallschirmballon durch die Luft segelte. Sie schrien überrascht auf, als Garnerin einmal hart gegen den Gondelrand geschleudert wurde und beinahe hinausgestürzt wäre.

Garnerin selbst spürte, daß er dies nicht mehr lange durchhalten konnte. Aber noch immer war kein Ende des schwankenden Falles abzusehen. Er spürte das Zischen, hörte das Pfeifen des an der Gondel vorbeirauschenden und in der Verspannung harfenden Windes. Höher und höher glitt der Korb in wilden Schwingungen empor, schon sah Garnerin, ohne aufblicken zu müssen, schräg über sich den Schirm, der immer in die entgegengesetzte Richtung des Korbes gependelt wurde. Aber noch höher glitt der Korb, schwang der Ausschlag des Pendels. Garnerin klammerte sich an. Er sah, wie der Boden seines Korbes sich hob, bis er beinahe senkrecht stand. Seine Fäuste umklammerten die beiden Haltetaue, die er erwischt hatte. Er spürte, daß sich sein Unterkörper vom Boden hob, wie er hochgerissen wurde. Der Sturm schien ihn über die nun waagerecht stehende Korbbrüstung reißen zu wollen.

„Nein, nein, nein!" schrie er in den tosenden Wind.

Nach einer Ewigkeit — so schien es ihm wenigstens — schwenkte der Korb in die Senkrechte zurück und glitt an der entgegengesetzten Seite des Pendelschwunges wieder in die Höhe.

In seinem stetigen Fall hatte er glücklicherweise die Phase des Sturmgebietes durchfallen, und nun, in zweihundert Meter Höhe, pendelte der Schirm nicht mehr so stark. Seine Bewegungen wurden schwächer, und dann setzte er mit einem harten Ruck auf einem Feld auf.

Zwischen Himmel und Erde

Geschichtliche Entwicklung des Fallschirms

1495: Leonardo da Vinci
Entwurfsskizze für einen Fallschirm

1617: Fausto Veranzio
Absprünge vom Venediger Glockenturm

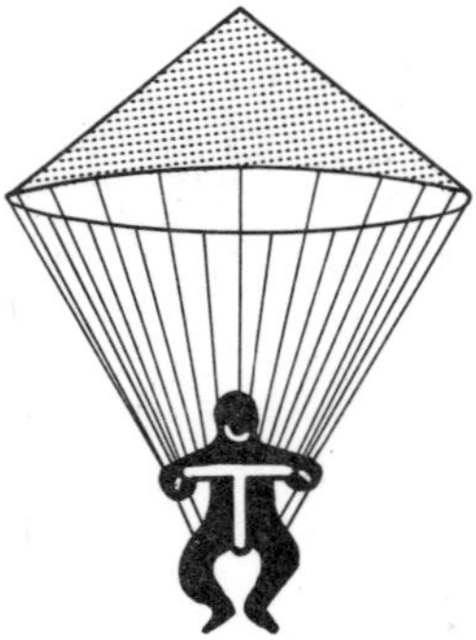

1783: Lenormand zu Montpellier
Viele Absprünge vom Observatorium

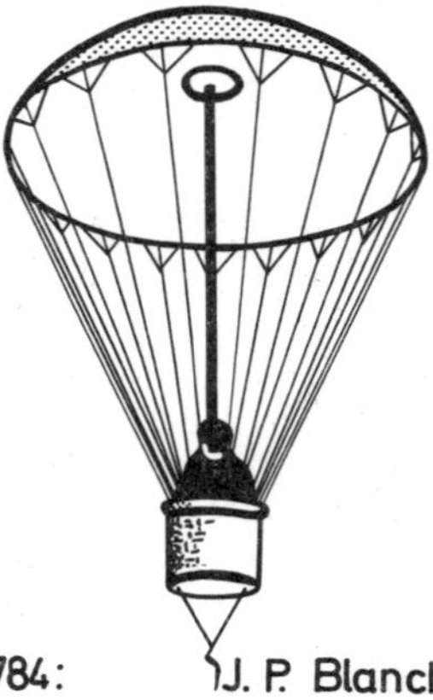

1784: J. P. Blanchard
Konstruktion eines Rettungsfallschirms

1797: Jacques Garnerin
Erster Rettungsabsprung aus 1000 m

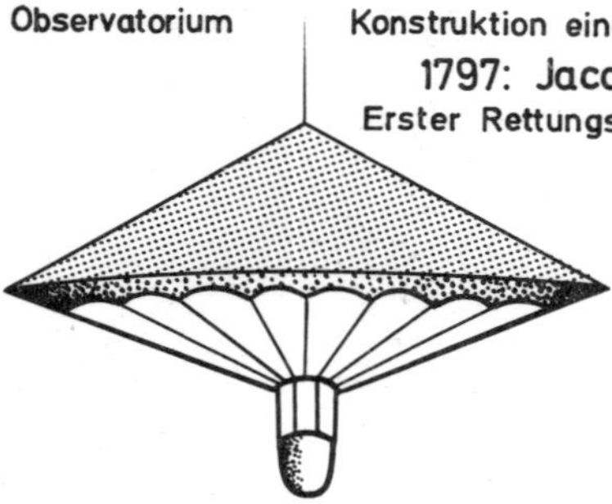

1836: Robert Cocking
Beim ersten Absprung am 24.7.1836 tödlich verunglückt

Garnerin taumelte aus dem Korb hinaus und wurde von der Gewalt, die noch in ihm war und die seinen Körper noch immer kreiseln und schwanken ließ, auf den Acker geschleudert. Die Erde drehte sich um ihn, die Bäume vollführten einen wilden Reigen. Erst langsam, sehr langsam beruhigten sich seine überreizten Nerven, die wilden Schlingerbewegungen hörten allmählich auf. Aber er war noch immer benommen.

Stimmen riefen ihn bald darauf voll ins Bewußtsein zurück. Er hörte, daß sein Name im Chor gerufen wurde, und stand auf. Diesmal schaffte er es, auch wenn die Erde immer noch unter ihm zu schwanken schien. Sein Bruder kam angelaufen, gefolgt von einer Gruppe der Helfer.

„Bist du verletzt, Jacques?" rief Jean-Baptiste Garnerin schon von weitem.

„Mir ist nichts passiert, Kleiner! Nur ein bißchen schwindlig fühle ich mich."

Sie wurden im Triumphzug zum Park von Monceau zurückgeführt. Die Gondel mit dem Fallschirm wurde auf einem Pferdewagen hinterhergefahren.

Als sie die Aufstiegsstelle erreichten, näherte sich ihnen ein Mann mit einer Brille auf der Nase und einem gepflegten Spitzbart. Er trug ein Stöckchen in der Rechten und wirbelte es immer um seinen Griff herum. Vor den Brüdern blieb er stehen und zog seinen Hut.

„Gestatten, Monsieur Garnerin, daß ich mich Ihnen vorstelle. Mein Name ist Lalande. Ich bin Professor der Physik und habe Ihren Fallschirmabsturz durch mein Glas beobachtet."

„Und hat es Ihnen gefallen?" fragte Garnerin.

„Sie haben mir gefallen, cher ami. Der Fallschirm aber nicht. Das System ist falsch! Das heißt, es könnte bedeutend verbessert werden."

„Kommen Sie, wir gehen ins Café, dort können Sie mir bei einer Tasse Kaffee alles sagen, was Ihnen vorschwebt."

Sie gingen in ein Café, und der Astronom und Physiker Lalande erklärte den Brüdern, warum der Ballon so mächtig hin- und herschwankte, daß diesmal der Fallschirmspringer in Lebensgefahr geschwebt hatte.

„Sehen Sie, meine Herren: Mit der Glocke des Fallschirms fangen Sie die Luft auf. Die Luft strömt beim Sinken des Schirmes in dessen Höhlung hinein und wird zusammengepreßt, bis sie sich einen Ausweg sucht. Der einzige Ausweg aber ist der untere Fallschirmrand. Sie fließt also an einer Seite unter diesem Rand hinweg ab und versetzt damit den Schirm in pendelnde Bewegung."

„Was können wir dagegen tun, Professor?" fragte Jean-Baptiste Garnerin.

„Sie müssen oben im Scheitelpunkt des Fallschirmes ein Loch schneiden, durch das die Luft abfließen kann", erklärte Lalande den Brüdern.

„Dann erfüllt die Luft doch nicht ihren Zweck!" riefen beide Garnerins gleichzeitig.

„Aber sicher tut sie das, meine Herren!“ entgegnete Lalande und zog einen Bogen Pergament aus der Tasche, auf das er einen der bekannten Fallschirme skizziert und mit einem Loch in der Scheitelfläche versehen hatte. „Dieses Loch, das Sie hier sehen, würde die Wirkung des Fallschirms keineswegs aufheben. Die übrige Schirmfläche genügt vollauf den Ansprüchen, die Sie daran stellen müssen.“

„Wir müßten diese Öffnung so gut umsäumen, daß sie nicht weiterreißen kann“, meinte Jean-Baptiste.

„Wenn wir dann noch die Schirmfläche vergrößerten“, fiel Jacques ein, „könnten wir das Gewicht des Schirmes senken, indem wir das Versteifungsgerippe und den Verbindungsstiel entfernen.“

Professor Lalande versprach, ihnen die dazu notwendigen Berechnungen anzustellen.

Den Winter über waren die Brüder Garnerin bei der Arbeit, um diese neue Konstruktion fertigzustellen. Zunächst bauten sie einen Schirm, der zwar so beschaffen war wie die übrigen, aber die von Professor Lalande vorgeschlagene Scheitelöffnung besaß. Bereits beim nächsten Absprung erkannte André Jacques Garnerin, daß der Professor recht gehabt hatte. Die gewaltigen Perpendikelbewegungen hörten fast ganz auf. Die überschüssige Luft entwich durch die Scheitelöffnung.

Inzwischen hatten sich einige Getreue um die Brüder Garnerin gesammelt. Einer jener Männer, welche die Brüder nach besten Kräften unterstützten, war Professor Bourguet von der Pariser Akademie der Wissenschaften. Schließlich kam noch ein junges Mädchen hinzu, das seine ganze Begeisterungsfähigkeit auf Garnerin und das Fallschirmspringen verteilte. Es hieß Jeanne-Geneviève Labrosse.

Die junge Jeanne war hübsch und von großer Vitalität. Sie war begeistert vom Fallschirmspringen und — außerdem war sie bald auch in André Jacques Garnerin verliebt und hoffte, später einmal in den Schoß der Familie aufgenommen zu werden.

Sehr bald schon erhielt Jeanne, wie sie gerufen wurde, ihre erste Chance, aufzusteigen und einen Absprung zu versuchen. Ausgerüstet mit dem neuen Fallschirm, dessen Gewicht von 120 auf 20 Kilogramm gesenkt worden war und der nun erlaubte, daß der Springer aus der Ballongondel ausstieg, während der Ballonfahrer den Ballon sicher landete, stiegen Jeanne Labrosse und Garnerin auf.

„Bist du sicher, daß du es schaffen wirst, Jeanne?" fragte Jacques seine Braut. Sie nickte ihm zu. Ihr junges Gesicht glühte vor Begeisterung.

„Ich werde springen, mon ami, und ich freue mich darauf!"

Als der Ballon die Höhe von 900 Metern erreicht hatte, nickte der Ballonführer dem Mädchen zu. Jeanne Labrosse machte sich fertig. Sie setzte sich auf den Korbrand, und Jacques löste die Verschnürung, die das Fallschirmpaket dicht über ihrem Kopf verankert hielt. Dann küßten sie sich noch einmal, und das Mädchen sprang. Weit über den Korbrand gebeugt, sah der Ballonführer, wie der Mädchenkörper in die Tiefe segelte. Er sah, daß sich der Fallschirm blähte, der Sturz in ein Gleiten überging und das Mädchen der Erde entgegenschwebte. Alles war glattgegangen.

Am nächsten Tage verkündeten die Zeitungen, daß es eine Heroin des neuen Fallschirmspringens gebe. Sie schrieben unter anderem:

„Mademoiselle Labrosse, die Göttliche, in ein rosafarbenes Trikot gehüllt, stieg aus 900 Meter hinab in Glanz und Glorie. Sie verließ den Ballon, der sie in diese Höhe gebracht hatte, und kehrte, durch die Luft fliegend, zur Erde zurück. Wiedergeschenkt wurde uns die Würde, der Mut und die Anmut, die sich in dieser Frau vereinigt haben. Sie ist eine große Künstlerin."

Bald darauf heirateten die beiden Fallschirmkünstler, und ihr Ruhm ging durch alle Lande. Im Frühjahr 1800 stiegen sie zu einem Doppelabsprung auf. Wieder war der Park von Monceau der Schauplatz der Handlung.

Tiefliegende Wolkenbänke schienen einen Start zu vereiteln. Doch Garnerin und seine Frau wußten, daß das Publikum den Ballonaufstieg und den krönenden Absturz von ihnen erwartete; und als sie hoffen durften, daß die sich nähernde Gewitterwolke abziehen werde, stiegen sie auf.

Sehr bald durchstießen sie die tiefliegende Wolkendecke, schwebten über ihr und stiegen immer höher empor. Sie sahen, wie die Sonne strahlende Reflexe aus der Wand aus Wasserdampf und Luft hervorzauberte, und ließen sich von diesem einmalig schönen Anblick gefangennehmen.

„Es wird Zeit! Du springst zuerst; ich folge dir nach!" rief Garnerin seiner jungen Frau zu. Jeanne zeigte klar und machte sich fertig.

Jacques spuckte seiner Frau über die Schulter. Das würde Glück bringen. Dann nickte er ihr zu, und im nächsten Augenblick sprang sie.

In dem Augenblick, als sich ihr Fallschirm wie eine weiße Blume der Hoffnung entfaltete, sah Jacques Garnerin, daß eine dicke drohende, prallgefüllte Gewitterwolke, der er bisher keine Beachtung geschenkt hatte, sich unter sie schob; noch hatte Jeanne diese Wolke nicht erreicht, als aus ihr der erste Blitz züngelte. Eine Sekunde zögerte er. Sollte er ihr in diesen Höllenkessel folgen? Er mußte es tun!

Jacques Garnerin zog das Bodenventil des Ballons und sprang unmittelbar danach ab. Der Ballon würde nun von selber niedergehen. Der Fallwind zerrte an dem Springer. Dann blähte sich der Fallschirm knallend, und Garnerin spürte den harten Schlag des Entfaltungsstoßes, der allerdings beim Absprung aus einem so langsam fliegenden Objekt wie diesem Ballon nicht erheblich war.

Auch er segelte jetzt hinunter, dem feuerspeienden Kessel der Gewitterfront entgegen. Als er den oberen Rand der Wolke erreichte, war seine Frau bereits mitten in die Feuerkaskaden sprühende Hölle hineingeglitten. Er sah weder sie noch den Fallschirm.

Jeanne Garnerin sah sich etwa um diese Zeit bereits mitten in einem Inferno von Feuer und wirbelnden Luftbewegungen. Blitze zischten dicht vor ihr herunter. Sie riß die Arme hoch, wie um sich zu schützen. Sie schrie vor Angst, so laut sie konnte. Doch der Sturm aus dem Innern dieses Hexenkessels machte das Atmen schwer. Feuer umzuckte sie, und sie wurde von den Luftstößen hin und her gewirbelt. Einmal sah es so aus, als werde sie wie ein Kreisel um sich selbst gedreht. Sie stemmte sich, beide Hände um die Hauptleinen verkrampft, dagegen. Ohrenbetäubende Donnerschläge drohten ihre Trommelfelle auseinanderzusprengen.

Die junge Frau war nur noch ein Spielball entfesselter Naturkräfte. Einmal wurde sie von einem rasenden Aufwärtsstrom emporgetragen, dann wieder packte sie die verheerende Gewalt eines Abwärtsstromes, der sie in rasender Schnelle niederzerrte, so daß sie um den Fallschirm fürchtete.

Sie überschlug sich, wurde zur Seite geschleudert, immer wieder hallten krachende Donnerschläge, und das verheerende Blitzen der elektrischen Entladungen machte sie blind. Regen peitschte ihr ins Gesicht. Sie war patschnaß. Gurte und Seile ratschten über ihre Arme. Plötzlich spürte sie einen scharfen, reißenden Schmerz am rechten Oberarm. Ihre Kleidung ging in Fetzen. War dies das Ende? Dieses Inferno, würde es sie noch einmal freigeben? Fest hielt Jeanne die Augen geschlossen. Dennoch schien das grelle Licht der Blitze sich in ihren Kopf einzufressen.

„Hilfe, Jacques, hilf mir!“ betete sie mit geschlossenen Lippen, nur in Gedanken.

Dann war sie ins Zentrum des Regens hinabgesunken. Sie hatte die Front des gewaltigen Gewitters durchschwebt. Regen, Regen und noch einmal Regen prasselte auf sie herunter. Sie drohte mitten in der Luft zu ersticken. Sie konnte nicht mehr atmen, ohne Wasser in Mund und Lunge zu bekommen. Sie hustete und spuckte. Nur raus hier! Den Fallschirm abschneiden, um schneller zu fallen? Das war der sichere Tod.

Jeanne Labrosse war eine Frau mit eisernen Nerven. Sie hielt durch. Sie kämpfte gegen diese Hölle an und gab nicht auf. Tief innen in ihr war ein stählerner Kern, der Lebenwollen hieß; und der ließ sie durchhalten.

Schließlich wurde sie aus dem Schlund der Hölle, aus dem Zentrum der Sintflut ausgespien. Sie tauchte unter den Unterrand des Gewitters. Es wurde heller. Sie sah die Erde, sah eine weite Wiese und ein Waldstück, dem sie entgegentrieb.

In diesem Augenblick, als hätte es ihr jemand befohlen, blickte sie mit tränenden Augen und zerschundenem Gesicht empor und — sah ihn! Sie sah den Fallschirm ihres Mannes auftauchen. Auch er hatte den Sturz durch diese Hölle gewagt. Jacques war ihr nachgesprungen. Er wollte sie nicht im Stich lassen.

Ein unbändiges Glücksgefühl durchströmte Jeanne. Nun konnte ihr auch der Wald nichts mehr anhaben, dem sie sich rasch näherten. Sie kämpfte gegen den Vortrieb an, versuchte — in die Hauptgurte greifend — den Fallschirm zur Seite zu bewegen, und sie schaffte es!

Keine fünfzig Meter rechts neben dem Wäldchen setzte sie auf der Sumpfwiese auf. Sie überschlug sich, kam wieder auf die Beine, löste sich aus den Gurten und stürzte in die Knie. Den Kopf in den Nacken gelegt, spähte sie hinauf zu ihrem Mann, der sich ihr näherte. Aber noch zweihundert Meter vor dem Wäldchen setzte er auf und raffte seinen Schirm zusammen.

Jeanne wollte ihm entgegenlaufen. Doch ihre Knie versagten den Dienst. Sie stürzte, sah, wie Jacques auf sie zugerannt kam. Keine halbe Minute später war er bei ihr. Aus mehreren Schrammen im Gesicht blutend, mit einer klaffenden Wunde am Kinn, schloß er sie in die Arme.

Die Garnerins in England

Nach diesen Fallschirmabstürzen konnte Jacques Garnerin seine Anregungen in die Tat umsetzen; denn nun bewilligte der Französische Wohlfahrtsausschuß auch die Errichtung der von Garnerin geplanten Militärfliegerschule von Meudon. Die erste Fliegerschule der Welt war damit gegründet, und Garnerin wurde ihr Inspekteur.

Leider wurde diese Schule von Napoleon Bonaparte später wieder geschlossen, weil er — trotz seiner Nase für militärische Erfolgsobjekte — keinen Sinn in der Fliegerei sah und sich nicht vorstellen konnte, wie sich diese Ballonflieger, „die so flogen, wie der Wind sie trieb", in seine Armee würden eingliedern lassen.

Übrigens waren auch die Leute zuerst nicht mit Garnerin einverstanden gewesen. Denn sie hatten bei Garnerins groß angekündigtem erstem Fallschirmversuch alle Ursache, mißtrauisch zu sein und diesen Mann für einen Betrüger zu halten. Es war nämlich an diesem Morgen des Jahres 1795 im Garten des Klosters zum Heiligen Herzen ein Mißgeschick passiert, von dem sie alle annahmen, daß es nicht von selber gekommen sei, sondern daß Garnerin es verursacht habe, um nicht starten zu müssen. Beim Füllen des Ballons unmittelbar vor dem Aufstieg hatte Garnerins Bruder des Guten zuviel getan, und die Ballonhülle zerplatzte mit einem donnerartigen Knall.

Als Garnerin daraufhin bekanntgab, daß er nicht aufsteigen könne, kletterten die Zuschauer über den hohen Eisenzaun, der den Klostergarten umgab, und stürzten sich auf Jacques Garnerin. Hier war dann für Garnerin schnelle Flucht der bessere Teil der Tapferkeit, und sein Bruder Jean-Baptiste schloß sich ihm an.

Die Zuschauer aber waren nun erst recht wütend. Sie zeigten die Brüder Garnerin wegen Betruges an. Nun war guter Rat teuer. Aber Jacques Garnerin behielt die Fassung und schlug das einzig Richtige vor:

„Wir müssen so schnell wie möglich einen neuen Ballon bauen, um dem Gericht zuvorzukommen. Wenn wir sie vor vollendete Tatsachen stellen, können sie uns nichts anhaben."

„Das stimmt", sagte auch Jean-Baptiste. „Aber wie bekommen wir so schnell einen neuen Ballon fertig?"

„Indem wir sofort anfangen und nicht ruhen, bis es geschafft ist."

So begannen die Garnerins — damals noch allein auf sich gestellt — mit dem Neubau eines Ballons, und drei Tage vor dem Gerichtstermin gaben sie in allen Pariser Zeitungen ihre Absicht bekannt, erneut zu starten. Diesmal klappte es, Jacques Garnerin stieg auf, und von nun an viele Male.

Als das Jahr 1800 eingeläutet wurde, waren Jeanne und Jacques Garnerin bereits in ganz Europa bekannt. Die Kunde von der Existenz dieser tollkühnen fliegenden Menschen breitete sich wie ein Lauffeuer aus, und aus vielen Ländern erhielten die Fallschirmkünstler Einladungen, ihre Vorführungen vor gekrönten Häuptern zu wiederholen.

Wenig später widerfuhr ihnen eine außergewöhnliche Ehrung. Der französische Innenminister Lucien Bonaparte schenkte Jacques Garnerin anläßlich eines Empfanges eine Ehrenflinte und überreichte ihm einen Empfehlungsbrief mit folgenden Worten:

„Cher Monsieur Garnerin, dieser Brief von meiner Hand wird Ihnen die Türen zu den englischen, preußischen und russischen Herrscherhäusern öffnen, wenn Sie mit Ihrer reizenden Gattin Ihre große Kunstreise unternehmen."

Jacques Garnerin dankte dem Innenminister, indem er entgegnete: „Nehmen Sie meinen verbindlichsten Dank, Sire, und lassen Sie mich Ihnen versichern, daß wir alles tun werden, um den Ruhm Frankreichs im Auslande zu mehren. So werden wir stets die Trikolore mitnehmen auf unseren Fahrten in die Unendlichkeit des Himmels."

Innenminister Bonaparte war von dieser Aussicht entzückt. Der Empfang war für beide Seiten ein Erfolg geworden, und schon rüsteten die Garnerins mit ihren Freunden zur Reise nach England.

Man schrieb den 21. September 1802. Einen Tag zuvor hatte Jean-Baptiste Garnerin alles so weit vorbereitet, daß das Füllen des Ballons und der Aufstieg am anderen Vormittag durchgeführt werden konnte. In der North Audley Street am Rande der Stadt London waren die Mechaniker und die Helfer dabei, das Wasserstoffgas zu erzeugen, mit dem der Ballon aufsteigen würde. Dreiunddreißig Fässer mit verdünnter Schwefelsäure und eine große Menge Eisenspäne waren herbeigeschafft worden, um dieses Wasserstoffgas zu erzeugen. Das Füllen begann um 14 Uhr, und gegen 18 Uhr war der Ballon prall gefüllt und stieg in den Nachmittagshimmel empor. Der lange Fallschirm hing in der Mitte der Ballonkugel und führte an seinem unteren Ende die Fallschirmgondel mit, in der Garnerin saß. Zurufe erschallten, und die 10000 Zuschauer starrten dem kühnen Mann voll Bewunderung nach.

Acht Minuten lang stieg der Ballon höher und höher. Er war schließlich so hoch gestiegen, daß er kaum noch wahrgenommen werden konnte. Dann trennte Garnerin mit einigen raschen Axtschlägen den Fallschirm vom Ballon.

Unten auf der Erde schrien diejenigen, die mit Fernrohren den „Fallschirmabsturz" verfolgten, entsetzt auf, als sie sahen, daß der Fallschirmkorb zuerst ein paar Dutzend Meter in rasender Geschwindigkeit durchfiel. Doch dann blähte sich die weiße Seidenglocke des Fallschirms, und sanft pendelnd schwebte Jacques Garnerin der Erde entgegen. Aber noch immer schwankte der Korb heftig, und diese Schwankungen ließen erst nach, als er fast den Boden erreicht hatte. Dann setzte er sicher auf.

Er hatte diese Schwingungen befürchtet und die Gondel mit 230 Pfund Ballast beladen lassen, um ihre Lage zu stabilisieren. Bei einer Schirmausdehnung von 870 Quadratfuß war dies die äußerste Grenze der Belastbarkeit seines Schirmes. Mit dieser Belastung sank sein Schirm mit einer Geschwindigkeit von drei Meter in der Sekunde. Wäre er auf sechs Meter Sinkgeschwindigkeit gekommen, hätte die Gondel unter dem Schirm nicht diese enormen Schwingungen ausgeführt, von denen Garnerin gleich nach seiner Landung sagte:

„Mit der Kraft dieser Schwingungen hätte ich mich selbst und eine Menge Zuschauer töten können, wenn sie mich unten dicht über dem Erdboden erwischt hätte."

Die Menschenmenge, wie fast immer, sah für sich selber keine Gefahr und bangte nur um den braven Mann, der hoch über ihnen der Gewalt des Luftsogs anheimgegeben war, und sie beteten für ihn und nicht für sich selber.

Sie rannten zu dem Punkt hinüber, wo er niedergegangen war. Sie wetteiferten, als erster bei ihm zu sein, und als sie ihn erreichten und Garnerin seinen Korb verließ, mit grünweißem Gesicht, brüllten die ihn umgebenden Männer ein dreifaches Hoch auf ihn in den Abendhimmel.

Garnerin bedankte sich und faltete dann seinen Fallschirm zusammen. Aber die Menge wollte gar nichts davon wissen. Sie hievten Garnerin auf die Schultern einiger starker Männer und trugen ihn im Triumphzug zurück zum Startplatz.

Eines der Mitglieder des britischen Parlamentes, das dabei war, nahm die französische Trikolore, die Garnerin mit in die Luft genommen hatte, stellte sich an die Spitze, flaggenschwenkend, und laut brüllend bewegte sich der Zug weiter.

Inzwischen hatte der Duke of York die bereitgestellte Kavallerie-Schwadron in Marsch gesetzt, um Garnerin zu begleiten und ihn vor dem Publikum zu schützen, falls etwas schiefgegangen wäre. Dies war übrigens eine zeitgemäße Maßnahme für Garnerin. Aber diesmal wurde er nicht verfolgt und verhöhnt, erst recht nicht angegriffen. Diesmal ritt er auf den Schultern seiner Bewunderer. Garnerin hat seine Gefühle während dieser Augenblicke folgendermaßen ausgedrückt:

„Diese Ovation war für mich erstens sehr unbequem. Nach meiner Pendelpartie im Fallschirm waren meine Gefühle in

Aufruhr gebracht, und ich bat sie, von dieser Prozedur abzulassen. Noch wenig vorher hatte ich mich erbrechen müssen, und ich kämpfte immer noch mit dem Übelkeitsgefühl. Aber sie waren nicht zu halten."

Doch bei diesem Mißgeschick blieb es nicht. In dem Bemühen, ihn vor der erregten Menge zu schützen, war die Kavallerie zu schnell auf ihn zugeritten, und eines der Pferde hatte ihm auf den Fuß getreten und ihn, der den „Absturz aus den Wolken" heil überstanden hatte, noch nachträglich verletzt.

In London folgten große Ehrungen für das Ehepaar Garnerin und für Professor Bourguet. Der Fallschirm, den er nicht ganz hatte bergen können, wurde sichergestellt und später im Pantheon in Paris ausgestellt. Tausende von Menschen gingen dorthin, um diesen Schirm zu sehen, mit dem man vom Himmel sicher zur Erde zurückgelangen konnte.

Der Ballon war inzwischen weitergetrieben und wurde in Farnham, im Bezirk Surrey, 57 Kilometer vom Aufstiegsort entfernt gefunden.

In den nächsten Wochen feierte auch Madame Garnerin Triumphe in London. Aber den Höhepunkt erlebten die beiden bei ihrem Doppelabsprung ein Jahr später in St. Petersburg. Zu diesem Sprung, dem auch Alexander I. beiwohnte, der im Jahre 1801 Zar aller Reußen geworden war, erschienen beide Ausführenden in einem goldbestickten Kostüm. Garnerin trug eine Art Sturzhelm, während Jeanne ihr Haar in langen Flechten um den Kopf gewunden hatte.

Sie stiegen vor dem Planetarium auf, in dem der Zar mit seiner Begleitung Platz genommen hatte, um jede Phase des Startes, des Steigens und des Absturzes zu beobachten.

Sehr rasch stieg der Ballon empor. Dann hatte er fünfhundert Meter erreicht, und wie immer zog Jacques Garnerin die Trikolore auf. Ein Böllerschuß ertönte, als er die Flagge dreimal dippte, und dann wurde weiter unten im weiten Park, wo die Fallschirme niedergehen mußten, ein riesiges Feuer angezündet.

Jeanne Garnerin sprang als erste. Sie schwebte bald an ihrem Fallschirm direkt auf das Riesenfeuer herunter. Jacques Garnerin folgte ihr, und genau, wie sie es berechnet hatten, packte sie der Wind im richtigen Augenblick und trieb sie nur hundert Meter über das Feuer hinweg auf die sanft abfallende Wiese, wo sie niedergingen.

Auch hier wurden sie mit ungeheurem Jubel zum Planetarium begleitet, wo Zar Alexander I. ihnen kostbare Geschenke machte. Dazu erhielten sie fürstliche Honorare, sooft sie einen Fallschirmabsturz durchführten. So konnten die beiden Garnerins von dieser Tournee nicht weniger als 300 000 Goldmark an Ersparnissen mit nach Hause nehmen. Europa hatte seine Sensation, und es fanden sich eine Reihe Nachfolger, die versuchten, es den Garnerins nachzutun. Doch diese hatten dafür gesorgt, daß ihr Name auch weiterhin in aller Munde blieb. Die Nichte der Brüder Garnerin, Elisa, ein bildhübsches Mädchen, schickte sich an, die Nachfolge ihres Onkels und ihrer Tante zu übernehmen.

Inzwischen war auch Jean-Baptiste Garnerin nicht untätig geblieben. Da er selber nicht sprang und auch niemals einen Fuß in einen Ballon setzte, war er der Techniker der Truppe geblieben. Neben den erwähnten Verbesserungen an den Fallschirmen erfand er einen „Schwimmer", der eine Wasserlandung möglich machen sollte.

Als Jacques Garnerin im Frühjahr 1815 eines natürliches Todes starb, führte Elisa, eben 22 Jahre alt geworden, dessen Fallschirmabsprünge weiter fort. Die Männerwelt lag ihr zu Füßen, und es kam vor, daß dreißig ihrer Verehrer die Ballonseile hielten, ehrenamtlich, ohne Bezahlung. Von 1815 bis 1836 reiste Elisa Garnerin durch Europa und trat überall als „Fliegende Frau" auf. Wo sie erschien, erregte sie Staunen und Bewunderung. Sie führte die schwierigsten Fallschirmabsprünge aus, und niemals passierte auch nur der kleinste Zwischenfall.

Der Sturz in den Tod

In England schickte sich ein kühner Mann an, den Luftraum zu erobern. Er hieß Robert Cocking. Jacques Garnerin war sein Vorbild, dreißig Jahre lang versuchte Cocking, dieses Vorbild zu erreichen und außerdem seine eigenen Ideen in die Tat umzusetzen.

Cocking war ein Draufgänger und Tüftler, doch es fehlte ihm der notwendige Forscherverstand. Dies zeigte sich, als er ein einfaches Experiment begann, das er als den neuesten Weg bezeichnete, einen besseren Fallschirm zu bauen und damit sicherer zu springen. Cocking war der Ansicht, daß ein Fallschirm die umgekehrte Form wie die üblicherweise benutzten Fallschirme haben müsse.

Übrigens stand er mit dieser Idee nicht allein. Der englische Oberst Maceroni war der gleichen Ansicht und belegte diese Theorie in Journalen und Gazetten ausführlich. Ihr Gegensprecher war James Woodhouse, ein angesehener Wissenschaftler.

Cocking war von der Richtigkeit seiner Theorie überzeugt. Er sprang mit seinem nach oben offenen, „umgestülpten" Schirm aus dem obersten Fenster seines Hauses. Als er niederschwebte, pendelte dieser Schirm ebenso wie der von Garnerin. Cocking korrigierte den Schirm, und beim nächstenmal fiel er beinahe senkrecht zur Erde und schwang dabei nur noch ganz leicht hin und her.

Er benutzte bei diesem Absprung ein starres Rahmenwerk, bei dem drei aus Rohren gebogene Reifen von verschiedenem Durchmesser den Schirm absteiften. Der größere Reifen an der

Oberseite des Schirmes hatte einen Umfang von rund 32 Meter. Dieser obere Ring, so glaubte Cocking, mußte den vermeintlichen Luftdruck aushalten. Dieses Rahmenwerk wurde mit Irischem Leinen bezogen, wodurch der Fallschirm wie ein umgedrehter Konus aussah, der eine Gesamtfläche von nur 120 Quadratfuß hatte. Alles dies ergab — zusammen mit dem Korb und Cockings Eigengewicht — ein Gesamtgewicht von über 400 Pfund.

Als der Konstrukteur soweit war, bat er einige der bekannten englischen Ballonfahrer, ihm bei diesem entscheidenden Experiment zu helfen. Eben war der bedeutend verbesserte Royal-Vauxhall-Nassau-Ballon in Gebrauch gekommen. Die Ballonfahrer hatten damit die ersten Aufstiege von den Vauxhall Gardens in London ausgeführt. Zwei Ballonführer bestätigten Cocking, daß er mitfahren und mit seinem eigenen Fallschirm aus ihrem Ballon abspringen könne. Es waren die erfahrenen Luftschiffer Charles Green und Edward Spencer. Diese beiden verständigten den Manager der Vauxhall Gardens und berichteten über die Idee des Robert Cocking, mit ihnen aufzusteigen und seinen neuen Fallschirm auszuprobieren.

Am Tage der Durchführung drangen die beiden Ballonfahrer — denen Zweifel am guten Ausgang des Unternehmens gekommen waren — noch einmal in Cocking, diesen Versuch aufzugeben. Aber Cocking war ebenso mutig wie von der Wahnidee seines neuen Fallschirmes besessen; er gab nicht auf.

So stieg denn der Nassau-Ballon aus den Vauxhall-Gärten auf und wurde von Green und Spencer auf eine Höhe von 1500 Meter gebracht, die Cocking als die beste Absprungbasis für seinen Versuch bezeichnet hatte.

Als der Ballon diese Höhe erreichte, schwebte er zwischen Blackeath und Greenwich. Es herrschte nur schwacher Wind; ein paar kleine Wölkchen schwammen im Blau. Die Gelegenheit zum Sprung war sehr günstig.

„Good night, Spencer!" rief Cocking dem ihm zunächststehenden Ballonfahrer zu. „Gute Nacht, Green!" fuhr er fort.

Dies waren seine letzten Worte. Einen Moment später stand er auf dem Korbrand und schwang sich nach sekundenlangem Zögern hinaus. Der Fallschirm mit dem Innenkonus und dem daran hängenden Springer stürzte senkrecht in die Tiefe. Und während der Ballon seitlich fortgetrieben wurde, beugten sich Green und Spencer weit aus dem Korb hinaus, um Cockings Fall verfolgen zu können.

„Damned, er fällt viel zu schnell!" rief Green, als er sah, daß der Fallschirm mit dem Korb daran rascher und rascher der Erde entgegenstürzte. „Das hält der Schirm nicht aus! Wenn er voll Luft ist, wird er in Fetzen fliegen."

Nachdem der tollkühne Cocking einige hundert Fuß durchgefallen war, sahen die beiden Männer im Ballon, wie der umgedrehte Schirm nach oben wegflatterte. Sie hörten das Zerknacken der Spanten und sahen, wie Cocking in seinem Korb noch schneller wurde und der Erde entgegenstürzte. Dann krachte er wie ein Stein in ein Feld hinein.

Einige Bauern, die auf den Feldern arbeiteten, hatten das Fallen des Schirmes mit dem Korb daran beobachtet. So schnell sie konnten, rannten sie zur Aufprallstelle. Sie fanden Robert Cocking noch lebend. Doch noch ehe der herbeigerufene Wagen gekommen war, starb dieser glücklose Pionier, der von der Fallschirmleidenschaft besessen war.

Der Tod dieses Mannes zeigte seinen Nachfolgern, daß ihre zukünftigen Experimente einer genauen Kalkulation bedurften, bevor sie das Wagnis eines praktischen Versuches auf sich nahmen. Cocking kopierte Garnerins Fallschirm schlecht. Das war tödlich für ihn.

Dem englischen Luftschiffer James Hampton erging es besser. Er benutzte bereits 1839 einen Fallschirm, in dessen Scheitelmitte eine Kupferröhre eingelassen war, die als Ventil zum Ablassen der gestauten Luft diente.

Der nächste, der den Absturz wagte, war Eugéne Godard, der sich als „Aeronaut des Imperators" (Napoleons III.) einen

Namen machte. Godard benutzte zum Aufstieg eine „Montgolfière" mit einem Rauminhalt von 14000 Kubikmeter. Er baute einen bedeutend kleineren Fallschirm und arbeitete mehr an der weiteren Vervollständigung eines Ballons als an der eines Fallschirms. Mit seinem Ballon „L'Aigle" wurde er bald zu einer in Europa bekannten Persönlichkeit, dessen waghalsige Flüge allgemeines Aufsehen erregten. Er löste dabei einige Probleme der Sicherheit der Ballons.

Wo immer er auf seiner Reise durch ganz Frankreich mit seinem 12 Meter großen, konkav gebauten Schirm auftauchte, versammelten sich Tausende, um den Luftakrobaten zu sehen und ihm zuzujubeln. Alle diese Vorführungen brachten jedoch keinen Fortschritt auf dem Gebiet des Fallschirmbaues. Erst als das Ehepaar Poitevin auf den Plan trat, wurde dies anders.

Das Ehepaar Poitevin

Nach diesen Versuchen, dem Fallschirm eine neue Form und damit auch bessere Sinkeigenschaften zu geben, machte im Jahre 1849 zum erstenmal das Ehepaar Poitevin von sich reden. In Paris waren Madame und Monsieur Poitevin als Kunstreiter aufgetreten. In einem Dreß, der der damaligen Zeit weit voraus war, hatten sie ihre Reiterkünste vorgeführt, bis schließlich Charles A. Poitevin mit einem Fallschirmkonstrukteur Bekanntschaft machte. Am Abend dieses Tages kam er aufgeregt und voll neuer Pläne in seine Wohnung am Bois de Boulogne zurück.

„Lucie, ich habe für uns etwas Neues gefunden! Die Reiterei wirft nicht mehr viel ab. Wir werden Fallschirmabstürze vorführen."

Madame Poitevin lächelte. Sie war — wie ihr Mann — eine der Naturen, die immer etwas Neues unternehmen müssen. Die Idee, mit einem Fallschirm abzuspringen und Ruhm und Gold zu gewinnen, wie weiland die Familie Garnerin, behagte ihr sichtlich. „Hast du denn einen Fallschirm?" fragte sie.

„Wir bekommen ihn morgen. Ich habe noch einige Änderungen anbringen lassen", erwiderte Monsieur Poitevin.

Am anderen Tag wurde der Fallschirm gebracht. Sie legten ihn gemeinsam auseinander und machten sich mit diesem ungefügen Stück Baumwolle bekannt. Immerhin wog der Fallschirm dreißig Kilo. Er hatte die Form einer Halbkugel und maß 14 Meter im Durchmesser. Am Scheitelpunkt hatte Poitevin als Neuheit eine 15 Zentimeter große Öffnung anbringen lassen.

„Wozu ist dieses Loch denn gut?" fragte ihn seine Frau. „Dort strömt doch die ganze Luft wieder aus."

Charles Poitevin lächelte. „Die ganze nicht, Liebling, aber mindestens so viel, daß der Schirm nicht zu stark ins Pendeln gerät. Das weiß ich dank einer Zeichnung des englischen Luftschiffers John Hampton. Der hat vor zehn Jahren eine Kupferröhre in den Scheitelpunkt seines Fallschirms einbauen lassen, die ihm als Ventil diente. So aber, wie wir es machen, ist es bedeutend einfacher."

„Das werden wir sehen", erwiderte seine Frau, und wenige Tage später stiegen sie in der Ballongondel des Luftschiffers Morignan von einem Park bei Paris auf.

„Wirst du es schaffen?" fragte Lucie Poitevin ihren Mann, als der Ballon eine Höhe von 1 000 Meter erreicht hatte und der Kunstreiter sich zum Absprung fertig machte.

„Sicher, meine Liebe, ich schaffe es. Das wäre doch gelacht!"

„Fertig, wir haben die richtige Position erreicht, Monsieur", sagte der Luftschiffer, der den Ballon führte.

Charles Poitevin kletterte auf den Rand des Korbes und ließ sich dann – nach einem letzten Blick auf den bereitliegenden Fallschirm – über den Rand gleiten. In sausendem Fall legte er zwanzig, dreißig Meter zurück, ehe sich die Baumwollhülle seines Fallschirms mit einem knallenden Geräusch öffnete.

Weit über den Korbrand gelehnt, verfolgte Madame den Absturz ihres Mannes. Als sie die weiße Halbkugel des Schirmes geöffnet sah, stiegen ihr vor Erleichterung die Tränen in die dunklen Augen. Sie landeten mit dem Ballon eine Viertelstunde später, und wiederum eine Viertelstunde darauf lagen sich die Eheleute in den Armen.

„Es ist wie ein Dahinschweben, meine Liebe! Es ist wunderbar!" rief Poitevin begeistert.

„Dann werde ich es beim nächstenmal auch versuchen", erwiderte Madame.

In den nächsten drei Jahren lag ganz Paris diesen beiden Fallschirmspringern zu Füßen. Madame Poitevin errang einen

Erfolg nach dem anderen, und schließlich gab es keine Großveranstaltung in Europa mehr, zu der die beiden Fallschirmspringer nicht eingeladen wurden.

Diese beiden Pioniere des Fallschirmspringens erbrachten in 38 Absprüngen den Beweis, daß der Fallschirm nicht nur ein Gerät für Schausprünge, sondern auch als Rettungsgerät für Ballonführer unentbehrlich war. Zu viele Luftschiffer waren schon bei Unfällen ihrer Ballons mit den Ballonkörben in die Tiefe gestürzt und beim Aufschlagen auf den Erdboden getötet worden. Die Poitevins führten bald ihre Ballons selbst, und entweder Madame oder Monsieur hatte die Aufgabe, ihr Luftfahrgerät, das sie in die Absprunghöhe trug, sicher zu landen.

Dabei passierte es einmal, daß der Ballon in nur 600 Meter Höhe platzte. Madame Poitevin, die diesmal den Ballon führte, sprang mit ihrem zweiten Fallschirm ab und landete ebenfalls sicher am Boden, während Ballon und Korb völlig zerschmettert wurden.

Im Jahre 1852 wurden diese beiden tollkühnen Fallschirmspringer nach Parma eingeladen. Der Herzog von Bourbon-Parma hatte sich ein Schauspringen der Poitevins als Krönung seines großen Festes der Blumen gedacht. Madame Poitevin setzte allem die Krone auf, indem sie nach dem ersten Schausprung aus einer Höhe von 1000 Meter erklärte:

„Morgen um vier Uhr nachmittags werde ich versuchen, den Fallschirmabsturz aus einer Höhe auszuführen, aus der noch kein Fallschirmspringer der Welt abgesprungen ist."

Nach dieser Ankündigung war der große Festplatz hinter dem Palazzo della Pilotta am Nachmittag des nächsten Tages dichtgedrängt voller Menschen. Alle wollten die tollkühne Frau sehen, die höher emporsteigen wollte als andere und aus dieser schwindelerregenden Höhe den „Absturz" wagte.

Lucie Poitevin trug ihr schönstes Kleid, als sie mit ihrem Gatten in die Gondel des Ballons stieg, der von jungen Burschen an Seilen gehalten wurde. Madame persönlich gab das Zeichen zum Start. Der Ballon hob ab und gewann rasch an

Höhe. Kleiner und kleiner wurde er. Aber immer noch konnten die Menschen ihn und die Gondel darunter genau erkennen.

Als sie eine Höhe von 1800 Meter erreicht hatten, beschwor Charles Poitevin seine Frau, auszusteigen. Doch Madame war noch nicht zufrieden.

„Wir steigen bis mindestens 2000 Meter, mein Lieber; erst dann werde ich die Gondel verlassen", erwiderte sie.

„Aber wir kennen die Auswirkungen eines Absturzes aus dieser Höhe noch nicht. Wenn dir etwas passiert! Ich würde es mir nie verzeihen."

„Mir passiert nichts. Ein Absturz aus 2000 Meter Höhe ist nicht anders als einer aus tausend Meter. Nur daß ich länger am Fallschirm hängen werde."

Schließlich erreichten sie 2000 Meter. Lucie Poitevin küßte ihren Mann auf beide Wangen. Dann schlug sie das Kreuz, ehe sie sich auf den Korbrand setzte und die Beine nach außen baumeln ließ.

„Alles klar?" fragte sie.

„Alles klar, meine Liebe", erwiderte ihr Mann, und schon stieß sich Lucie Poitevin mit beiden Händen ab, fiel durch die Luft, spürte, wie sich ihr Schirm ruckartig entfaltete und — schwebte der Erde entgegen.

Während des Sinkfluges zur Erde wurde sie von einem unerhörten Glücksgefühl durchströmt. Unter sich sah sie die liebliche Landschaft der Emilia. Dann sichtete sie das von Süden nach Norden sich hinziehende blauschimmernde Band des Parma-Flusses, und schon erkannte sie auch tief unter sich die Stadt, auf die sie zugeweht wurde.

Näher und näher kam die Erde. Ein Weizenfeld, noch kaum kniehoch, war unter ihr als dicker grüner Fleck zu sehen und schien ihr entgegenzukommen. Sie hielt genau darauf zu und landete sicher.

Bauern kamen angerannt, und als sie Madame Poitevin geholfen hatten, den mächtigen Fallschirm zusammenzulegen und auf einen der Erntewagen zu verstauen, wurde sie im

Triumphzug zum Palastgarten zurückgebracht, wo der Herzog von Bourbon-Parma sie begeistert in die Arme schloß und auf beide Wangen küßte.

Lucie Poitevin hatte als erste Frau der Welt einen Absprung aus 2000 Meter Höhe gewagt. Dieser Rekord blieb lange erhalten. Erst der Fliegerin Lola Schröter, einer der Pionierinnen der Luftfahrt, gelang es im Jahre 1932, diesen beinahe achtzig Jahre alten Fallschirmrekord mit einem Absprung aus 6000 Meter Höhe zu überbieten.

Über drei Jahre lang war das Ehepaar Poitevin die Sensation in Europa. Die beiden vervollkommneten ihre Fallschirmabstürze durch kleine Tricks, welche die Sache noch sensationeller machten. Als Charles Poitevin im Jahre 1853 tödlich verunglückte, stellte auch seine Frau das Fallschirmspringen ein. Sie starb im Alter von 89 Jahren im Bett.

Einem Vogel gleich . . .

Der Fallschirm war durch diese ersten Pioniere, die einen Absturz wagten, aus der Sphäre des Wunderbaren in die der Realität gelangt. Immer mehr Menschen beschäftigten sich in der Folgezeit damit, einen Fallschirm zu bauen und oder die Eigenschaften der bekannten Schirme zu verbessern. Einer dieser unermüdlichen Forscher war der Engländer Louis-Charles Letur.

Ein Jahr nach Poitevins Tod faßte Letur den Entschluß, seinen in jahrelanger Forschertätigkeit konstruierten ersten lenkbaren Fallschirm öffentlich vorzuführen.

Leturs Fallschirm bestand aus einer halbkugelförmigen Oberfläche, die unten mit einem Griff versehen war, und aus zwei darunter angebrachten Flügeln, die er selbst durch diesen Griff bewegen konnte. Um seine Versuche ausführen zu können, mußte er sich unter der Gondel eines Ballons anseilen.

Als Letur im Frühjahr 1853 in Paris das erstemal eine Vorführung dieser Art durchführte, waren die Zuschauer begeistert; denn dieser tollkühne Mann, der unter einem Ballon hängend in die Luft emporgetragen wurde, verstand es, die Bewegungen seines Schirmes mittels der beiden Flügel so zu beeinflussen, daß er „einem Vogel gleich“ durch die Lüfte schwebte.

Zum erstenmal in der Geschichte des Fliegens und Schwebens war es einem Menschen gelungen, sich unabhängig vom Wind in die verschiedensten Richtungen zu drehen. Die Gazetten waren voll von dieser Sensation, und Letur mußte seine Vogelflüge nicht nur in Paris, sondern auch in Lyon und

Allein mit Wolken und Wind

Präzise Landung

Rundkappenfallschirm mit TU-Schlitz

mit automatischer (Zwangs-) Auslösung

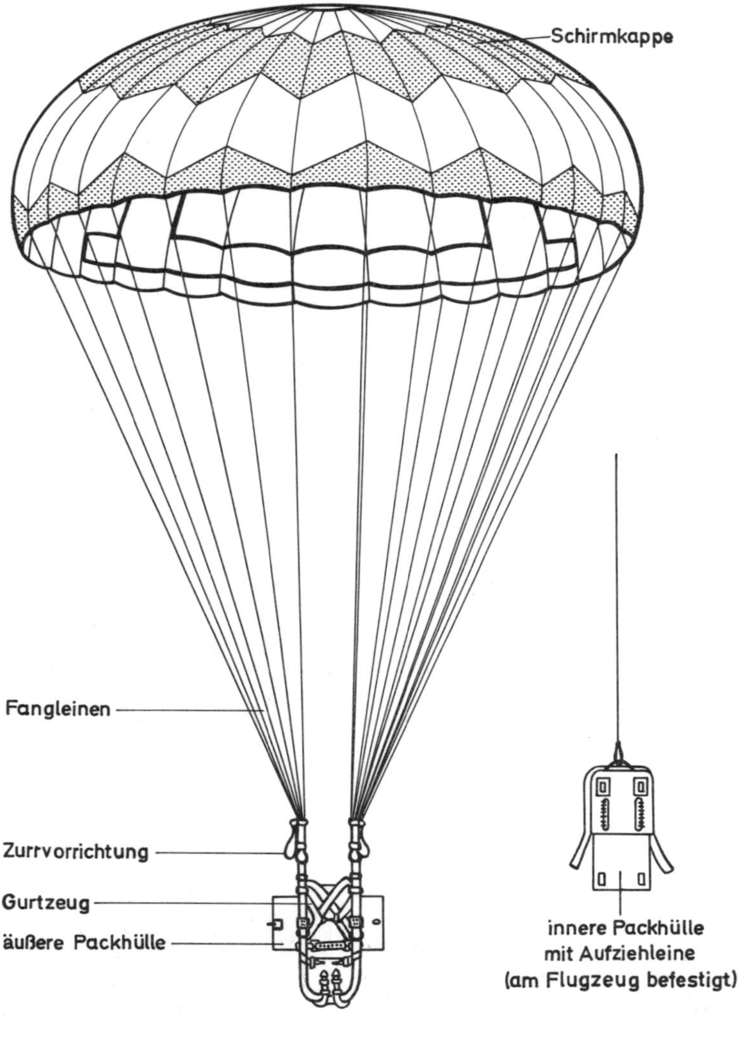

Rouen wiederholen. Im Juni 1854 erhielt er eine Einladung nach England. Jenseits des Kanals war man auf diesen Pionier aufmerksam geworden, der die Abläufe und die Technik des Fallschirmspringens um ein Beachtliches erweiterte. Letur nahm diese Einladung an.

Am Vormittag des 27. Juni 1854 stieg Letur mit dem Ballon des englischen Ballonschiffers Godefrey in Tottenham bei London auf. Er hing an den Halteseilen und führte die ersten Flugfiguren aus. Drunten auf der sicheren Erde standen die Londoner und starrten auf diese nie zuvor erlebte Darbietung. Über ihnen, in knapp zwanzig Meter Höhe, hing ein Mensch und — flog. Er flog nach rechts und links, und dann beschrieb er sogar eine ganze Kurve, während der Ballon langsam, zu langsam höherstieg.

„Achtung, der Park!" brüllte einer der Zuschauer, als er sah, daß der Ballon genau auf den Forst von Tottenham zugetrieben wurde.

„Der Ballon steigt sehr schnell. Er kommt heil hinüber", erwiderte ein anderer.

„Wollen wir wetten, daß er nicht rüberkommt?" fragte ein Dritter.

Doch zu einer Antwort auf das makabre Wettangebot kam es nicht, denn in diesem Augenblick gellte ein vielstimmiger Schrei durch die Menge, und alle sahen, daß Letur gegen die Baumwipfel geschleudert wurde. Einer seiner Flügel flatterte zu Boden, dann der andere. Immer wieder wurde der kühne Flieger gegen die Baumwipfel geschleudert, krachte in das Gezweig hinein, bevor es den beiden Luftschiffern in der Gondel des Ballons gelang, die Heißluft aus der Hülle zu lassen und jenseits des Wäldchens zu landen.

In schneller Fahrt waren zwei Ärzte, die dieser Vorführung beigewohnt hatten, in ihren Kutschen zur Stelle. Sie sahen den am Boden liegenden Flieger, um den sich die eben aus der Gondel gestiegenen Luftschiffer bemühten. Als der erste Arzt neben Letur kniete, sah er, daß dessen beide Beine mehrfach gebrochen waren. Der rechte Arm hing ausgekugelt in der Schulter, und die linke Hand war zerquetscht. Aber Letur atmete noch.

Sie brachten ihn in die Londoner Klinik. Genau acht Tage rangen die Ärzte um das Leben dieses mutigen Mannes. Aber vergeblich, am 5. Juli 1854 erlag Letur seinen inneren Verletzungen.

Einer jener Pioniere, denen der Fallschirmsport wie auch der Fallschirm als Rettungsgerät aus Luftnot viel zu verdanken hat, war nicht mehr. Er hatte als einer der ersten die Erkenntnis gehabt, daß es möglich sein müsse, einen Fallschirm zu lenken und den Ort der Landung selbst zu bestimmen.

Sein Tod hat den Fallschirm-Enthusiasmus nicht gelähmt, im Gegenteil. Mehr und mehr Menschen befaßten sich mit diesem Gerät, das den uralten Traum der Menschheit, frei durch das Luftmeer zu segeln, wahrmachen konnte. Und selbst jene Notiz, die nach dem Tode Leturs in der Londoner Presse erschien, konnte nichts daran ändern:

„Wieder ein selbstverschuldeter Tod durch die Fallschirmspielerei, die mit der wahren Wissenschaft nichts zu tun hat."

Im Jahre 1880 brachte die französische Zeitschrift „L'Aéronaute" in der Oktoberausgabe einen Bericht über den Fallschirmabsprung eines gewissen Monsieur Jovis, der bei Rouen aus einer Höhe von 1000 Metern abgesprungen und sicher gelandet sei. Anläßlich dieser Aufführung waren auch französische Generalstabsoffiziere zugegen. Was sie von diesem neuen Gerät hielten, ist leider nicht bekannt. Daß sie die Möglichkeit der Verwendung eines Fallschirms zu militärischen Zwecken prüften, darf als sicher angenommen werden. Offenbar hielten sie jedoch nichts davon. Sieben Jahre später aber begann eine neue Ära des Fallschirmspringens, tauchte ein Mann auf, der die Welt in Atem hielt. Sein Name war Thomas Sackett Baldwin.

Baldwins neue Methode

„Ich werde morgen mit Sonnenaufgang am Ufer der Jamaica-Bay, bei Rockaway Beach, aus einer Höhe von 300 Meter abspringen und mich, nur an einem Holzgriff mich festhaltend, zur Erde niederlassen", sagte Tommy Baldwin, ein hünenhafter Mann mit mächtigen Muskeln. Sein breitflächiges, an einen Indianer-Vorfahren gemahnendes Gesicht war ernst. Die beiden Reporter schrieben eifrig mit, denn es war eine Sensation.

„Wie ist Ihr Fallschirm beschaffen, Mister Baldwin?" fragte schließlich Fred Hudson von der „New York Times".

„Nun, wie jeder andere Fallschirm auch; mit dem einen Unterschied, daß ich die Gondel aus Weidenruten, in denen sonst die Abspringer hocken, weglassen werde."

„Aber wie wollen Sie sich am Fallschirm halten?" fragte der andere Reporter.

„Mit meinen beiden Fäusten werde ich mich an einem Eisenring festhalten, an dem die Fallschirmseile verknotet sind." Mit diesen Worten hielt Baldwin den Reportern seine Fäuste entgegen, die groß waren wie Kohlenschaufeln.

„Und warum tun Sie das? Immerhin ist dieses Unternehmen doch nicht ungefährlich."

„Sie haben eben die Untertreibung des Jahres von sich gegeben, Fred", meinte der zweite Reporter grinsend. „Sie ist lebensgefährlich, und das weiß Tommy Baldwin so gut wie ich. Er hat also noch etwas anderes auf der Pfanne. Worum geht es also, Tommy?"

„Um 1 500 englische Pfund", erwiderte der Fallschirmspringer gelassen und erntete zwei spitze Pfiffe. „Wenn ich es schaffe, werde ich die dafür ausgesetzten 1500 Pfund erhalten, und das ist immerhin einige Sekunden Anstrengung wert."

Es war noch nicht ganz Tag, als Tommy Baldwin am anderen Morgen den Aufstiegsplatz seines 15-Meter-Ballons in der Jamaica-Bay, nahe Rockaway Beach, erreichte.

„Hallo, Boys! Alles klar?" fragte er die Mannschaft.

Die Männer, die den Gasluftballon vorbereiteten, zeigten grinsend auf den „Himmelsstürmer", dessen Hülle bereits prall gefüllt war.

Baldwin kletterte in den Ballonkorb und untersuchte den zusammengelegten Fallschirm, der oberhalb seines Kopfes in einer Art Affenschaukel vertäut war.

Eben ging im Osten über Rockaway Beach die Sonne eines frühen Augustmorgens im Jahre 1887 auf, als Baldwins Blick noch einmal alle 24 Männer des Leinenkommandos umfaßte. Er straffte sich.

„Laßt los, Jungens! Langsam loslassen!"

Die 24 Männer ließen die Halteseile durch die Fäuste gleiten, und dann – schwebte der Ballon und stieg langsam mit der kühlen Morgenbrise empor. Er war bereits 150 Meter hoch, als Baldwin zu den Wartenden hinuntergrüßte.

„Um 05.27 Uhr also", sagte Fred Hudson, der Chefreporter der „New York Times", nach einem Blick auf die Uhr.

„Ist er nicht schon dreihundert Meter hoch, Fred?" fragte wenig später sein Kollege Webster.

„Noch nicht, Freund. Doch lange kann es bei dem Aufwind nicht mehr dauern. Und wenn der Wind so bleibt, dann wird Baldwin über Little Egg Marsh auf See abgetrieben werden und einen nassen Hintern bekommen."

„Ein Boot, da müßte doch ein Boot her, Fred!"

„Ist schon klar. Es liegt bereits auslaufbereit an der Pier", ließ sich Baldwins Mechaniker Olson, ein Schwede, vernehmen. „Das Boot wird genau in der Richtung, die der Ballon nimmt, auslaufen, um Tommy zu bergen, falls er auf See niedergeht."

Der Ballon war in 300 Meter Höhe angelangt. Die Männer auf der Erde hielten den Atem an, als sie sahen, wie Baldwin den Fallschirm löste und auf die Korbbrüstung kletterte. Dann warf er den Fallschirm seitlich fort und sprang.

„Er hängt wirklich an dem Eisenring, und wenn der Entfaltungsruck ihn packt, wird es ihn in Stücke reißen!" rief einer der Zuschauer.

Es dauerte nur Sekunden, bis sich der Fellsack ganz aufgebläht hatte. Er hatte die Form einer unten abgeschnittenen Kugel, die am unteren Rand mit einer Reihe von Schnüren besetzt war, welche wiederum am Eisenring in den Fäusten des Springers befestigt waren.

Prall voll Luft, hin- und herpendelnd, senkte sich diese Kugel mit dem Anhängsel Mensch der Erde, vielmehr der See entgegen.

Thomas Sackett Baldwin hielt sich — wie es die Ausschreibung der Wette verlangte — mit beiden Fäusten an dem Eisenring fest. Die Zuschauer sahen, wie er hin- und hergeworfen wurde und manchmal beinahe waagerecht lag, um nur Sekundenbruchteile später wieder zurückzuschwingen.

„Das hält er nicht aus! Gleich wird er einfach loslassen müssen", rief Webster beinahe verzweifelt.

Doch Tommy Baldwin hielt durch. Er hielt den Eisenring mit aller Kraft umklammert und spürte, wie seine Finger gefühllos wurden. Eine Minute hing er so an dem Fallschirm, dessen Pendelbewegungen ihn immer wieder fortzuschleudern versuchten. Unter sich entdeckte er Wasser. Er war noch gute 30 Meter hoch, und nun wußte er gewiß, daß er es schaffen würde. Aber wenn das Wasser tief genug war, würde er seine Mühe haben, hier herauszukommen, denn ein guter Schwimmer war er nicht.

Rasendschnell schien der in der Morgensonne glitzernde Wasserspiegel näherzukommen. Nach genau einer Minute und 24 Sekunden tauchten seine Füße in die Wellen. Er ließ den Ring los, platschte auf die Wasseroberfläche, und dann wurde es finster um ihn. Doch sogleich wurde es wieder hell, denn der leichte Wind wehte den Fallschirm über seinen Kopf hinweg und ließ ihn einige Meter weiter vorn aufs Wasser fallen.

Baldwin spürte entsetzliche Schmerzen in den Fäusten, während er schwimmend die nächste Sandbank erreichte und dort an Land kroch. Er winkte dem Boot zu, das sich ihm mit schnellem Ruderschlag näherte. Das Boot schrappte dicht vor ihm mit dem Kiel über den Sand. Hilfreiche Hände streckten sich dem Fallschirmspringer entgegen und zogen ihn ins Boot, das wieder ablegte und dem Aufstiegsort des Ballons zustrebte. Als sie dort an Land kamen, wurde Baldwin von den begeisterten Menschen umringt, auf die Schulter genommen und im Triumphzug zum Wagen getragen.

Damit hatte Thomas Sackett Baldwin die Aufmerksamkeit der Amerikaner wieder auf den Fallschirm gelenkt. Er erhielt seine 1500 Pfund und wurde in der Folgezeit einer der bekanntesten Fallschirm-Kunstspringer.

Der Fallschirm und die Militärs

Bis zu diesem Zeitpunkt hatten wohl hier und da Offiziere und Generale Fallschirmabstürzen zugesehen. Doch sie alle waren der einhelligen Überzeugung, daß dieses Beförderungs- und Rettungsgerät zu kriegerischen Handlungen nicht benutzt werden konnte, weil die Soldaten, die damit absprangen, irgendwo und nicht an einem bestimmten Zielort landeten.

Es waren zwei weitere Amerikaner, welche die Aufmerksamkeit deutscher Militärkreise auf dieses Mittel der Kampfführung lenkten. Aber bis dies soweit war, mußte man noch einen weiten Weg gehen.

Dieser Weg begann damit, daß Charles Leroux, ein Luftschiffer und Ballonführer, während einer Feuersbrunst in Chicago gezwungen war, aus dem vierten Stockwerk seines Hauses zu springen, um sein Leben zu retten. Er tat dies, indem er ein großes Bettlaken an den vier Enden ergriff und hinuntersprang. Leroux hatte Glück, daß sich das Laken entfaltete und daß er es, zum anderen, festhalten konnte. Sein Sturz wurde dadurch so gemildert, daß er nur ein paar Verstauchungen erlitt.

Dieser Fenstersprung regte ihn — verbunden mit den Nachrichten über Fallschirmabstürze — dazu an, selber einen neuen Fallschirm zu konstruieren. Gemeinsam mit seinem Freund Joe Loyal baute er einen Fallschirm, der als einer der ersten zusammenlegbar war, und führte mit diesem Gerät einige Sprünge aus, die sämtlich erfolgreich verliefen. Auch sein Fallschirm trug keine Gondel mehr, sondern war wie der Baldwinsche Schirm mit einer Haltevorrichtung versehen, die sich Leroux um Schulter und Brust legen konnte. In geschlossenem Zustand hing dieser Schirm von der Mitte des Ballonnetzes herab.

Als Leroux mit diesem Fallschirm im Frühjahr 1889 in der Nähe der amerikanischen Ostküste aus einer Höhe von 1500 Meter absprang, wurde — da er allein aufgestiegen war — sein Ballon führerlos auf das Meer geweht, wo er später niederging und abtrieb.

Mit der Zeit wurde er von der Strömung weit nach Osten getrieben und schließlich noch im Atlantik, aber schon am Rande der Nordsee von einem Hamburger Passagierdampfer gefunden, der aus Amerika heimschipperte.

In der Annahme, es handele sich um einen verirrten Ballon der deutschen Militärluftschiffer-Abteilung, nahm der Dampfer die Ballonhülle an Bord und brachte sie nach Hamburg. Von hier aus wurde sie der Militärbehörde in Berlin zugeschickt. Dort aber stellte man fest, daß dieser Ballon ohne Korb nicht zum Bestand der Abteilung gehörte.

Die Luftschiffer-Abteilung versuchte nunmehr, den Besitzer dieses seltsamen Ballons durch Zeitungsaufrufe ausfindig zu machen. Diese Zeitung wiederum gelangte in den Besitz der beiden Amerikaner. Sie meldeten sich und wurden nach Berlin eingeladen.

Per Schiff reisten Loyal und Leroux nach Deutschland. In ihrem Gepäck befand sich einer ihrer neuen Fallschirme. Als sie am 14. April 1889 in Berlin ankamen, wurden sie begeistert empfangen. Bankette und Einladungen folgten, und schließlich erklärte sich Leroux einverstanden, auf dem Übungsplatz der Militär-Luftschiffer-Abteilung in Berlin-Schöneberg, vor einem ausgesuchten Publikum aus Offizieren, einen seiner berühmten Fallschirmabstürze vorzuführen.

Am 16. April war es soweit. Auf dem Platz stand die Haltemannschaft bereit. Leroux kontrollierte noch einmal seinen Fallschirm, dann salutierte er vor den anwesenden Generalen und Offizieren und kletterte in die Ballongondel. Der zur

Verfügung gestellte deutsche Militärballon stieg rasch empor. Von ihrem erhöhten Standort — dem „Feldherrnhügel" des Platzes — verfolgten die Offiziere den Flug des Gasballons, unter ihnen der Chef des Großen Generalstabes Graf Waldersee und der damalige Generalquartiermeister und spätere Chef des Großen Generalstabes Graf Schlieffen.

Sie sahen, wie sich Leroux, in 1000 Meter Höhe angekommen, zum Sprung fertigmachte und absprang. Der Fallschirm öffnete sich planmäßig, und sicher landete Leroux wieder auf der Erde.

General Schlieffen, der den Fallschirmspringer beglückwünschte, meinte wenig später im Kreise des Generalstabes: „Diese Art des Absprungs wäre für einen Feind eine totale Überraschung. Damit könnten einige wenige Männer ein feindliches Hauptquartier ausheben, wenn — ja, wenn man diese Dinger auch zu lenken vermöchte."

In der Hasenheide vor dem seinerzeit berühmten Lokal „Neue Welt" absolvierte Leroux ein paar Tage später einen weiteren Fallschirmabsturz vor der Öffentlichkeit, die bei dem vorhergehenden Sprung ausgeschlossen gewesen war. Soviel war den Zuschauern klar: diese Fallschirmspringer waren Teufelskerle, und die Berliner kargten deshalb nicht mit ihrem Beifall, wenn sie auch diese Art von Zirkus überflüssig fanden.

Unter den Zuschauern befand sich jedoch einer, der sich ebenfalls mit Fallschirmen und Fallschirmabsprüngen befaßte. Es war der Ballonfahrer Herzberg. Er tüftelte seit langem an einem Fallschirm, der auch lenkbar war.

Leider stahl ihm hier Leroux die Schau, aber Herzberg schwor sich, daß er es allen zeigen werde. Genau vierzig Tage später als Leroux, am 26. Mai 1889, startete Herzberg auf dem Gesundbrunnen bei Berlin mit dem Gasballon der Brüder Damm zu seinem ersten Absprung, mit dem er beweisen wollte, daß man einen Fallschirm auch lenken und sogar an dem Platz niedergehen konnte, von dem aus man aufgestiegen war.

Wieder war der Platz voller Menschen, als Herzberg aufstieg. Als der Ballon 1000 Meter Höhe erreicht hatte, wandte sich der Ballonfahrer an den Springer.

„Also, Glück ab, Herzberg! Und sieh zu, daß du den Startplatz erreichst."

„Danke, Damm, das werde ich", erwiderte der drahtige Springer und schwang sich über den Rand des Ballonkorbes in die Tiefe.

Als sich nach wenigen Sekunden der Fallschirm geöffnet hatte, versuchte Herzberg, ihn zu dirigieren. Wild schwankte der Schirm hin und her, doch Herzberg schaffte es tatsächlich, ihn durch Slippen der verschiedenen Seilenden so zu drehen, daß er wieder dem Landeplatz entgegentrieb.

Er sank tiefer und tiefer, und schon konnte er den großen Platz am Gesundbrunnen mit den vielen Menschen unter sich deutlich erkennen. Daß er es schaffen würde, war nunmehr sicher. Er versuchte, noch mehr zum Zentrum zu gelangen. Noch hatte er fünfzig Meter Höhe, dann noch dreißig, als ihn plötzlich eine Bö erfaßte und zur Seite schleuderte. Herzberg prallte hart gegen die Seitenwand einer Turnhalle und verstauchte sich dabei das rechte Knie. Aber er hatte mit diesem Absprung bewiesen, daß ein Fallschirm lenkbar war und daß man mit ihm an den Ort des Aufstiegs zurückkehren konnte.

Es war Herzberg gelungen, die Pendelschwingungen des Fallschirms zu dessen Lenkbarkeit auszunutzen. Dies gab ihm und auch den Zuschauern die Illusion, daß er fliegen könne und den Flug sogar nach seinem eigenen Willen zu lenken vermöchte. Damit war auch er der Lösung jenes Problemes wieder ein Stück nähergekommen, welches den Menschen noch verwehrte, tatsächlich in der Luft zu fliegen.

Wenn nun auch die Militärs sich für Fallschirme interessierten und sie als Rettungsgeräte aus Luftnot akzeptierten, so waren doch die Menschen, welche diese Vorführungen in Berlin sahen, skeptisch. Die immer wieder bei Fallschirmabstürzen auftretenden, oftmals tödlich verlaufenden Unglücksfälle be-

stätigten ihnen außerdem, daß diese Fallschirmabspringer nichts anderes waren als Todesartisten, die für Geld ihr Leben aufs Spiel setzten, nur um die Sensationsgier der Menge zu befriedigen.

Diese Meinung wurde noch dadurch bestätigt, daß auch Charles Leroux wenig später, während eines Fallschirmabsprunges in Reval, tödlich verunglückte. In einem Artikel der „Neuen Wiener Presse" hieß es zu diesen ersten Pioniertaten der Fallschirmspringer in Europa:

„Der Fallschirm hat für den praktischen Aeronauten absolut keinen Wert, und es ist an der Zeit, daß in zivilisierten Ländern diese grauenerregenden Produkte verboten werden."

Dennoch gab es immer wieder Flugbesessene, die einen neuen Anlauf wagten. Einer davon war der Luftschiffer Carl Christoph Hermann Lattemann, der mit immer neuen Ideen aufwartete. Er war bereits am 18. Juli 1886 zum erstenmal mit einem Fallschirmballon aufgestiegen und hatte versucht, dieses neue Luftfahrgerät in Charlottenburg zu landen. Doch dieser Versuch war fehlgeschlagen.

In den nächsten Jahren machte Lattemann immer mehr von sich reden, und als er als erster bekannter Fallschirmabspringer einen Doppelabsturz vorführte, war sein Name in aller Munde, und er wurde von allen großen Städten zu Vorführungen eingeladen.

Sein berühmter Doppelabsturz, den er mit Hilfe zweier Fallschirme absolvierte, lief folgendermaßen ab: Zuerst sprang Lattemann mit seinem Fallschirm ab, der den Fallschirmkorb trug. Nach einigen hundert Metern kappte er die Seile dieses Schirmes und stürzte etwa fünfzig Meter im freien Fall weiter, ehe er einen zweiten Fallschirm aus der Packhülle zog und auswarf. Dieser zweite Fallschirm trug ihn dann sicher zur Erde hinunter.

Es war im Sommer des Jahres 1890 in Berlin, als Fräulein Käthe Paulus aus Zellhausen im Kreise Offenbach Hermann Lattemann kennenlernte. Mit ihr begann eine neue Ära des Fallschirmabspringens in Deutschland. Diese Frau wurde drei Jahre später zu einem Idol für die Luftfahrerwelt. Sie war die erste Aeronautin, die den „Fallschirmabsturz" zu einer hohen Kunst entwickelte.

Es gibt kaum einen jungen Menschen — außer Luftfahrt-Enthusiasten, denen diese Frau ein dauerndes Vorbild ist —, der den Namen Käthe Paulus jemals gehört hätte.

Wer war eigentlich Käthe Paulus? Auf diese kurze Frage eine ebenso kurze Antwort zu geben, ist nicht möglich. Käthe Paulus war wohl d i e Pionierin der deutschen Luftfahrt, auch wenn sie niemals als Pilotin in einem Flugzeug gesessen hat und es ihrem Fluglehrer nicht möglich war, ihr den Pilotenschein zu übergeben. Sie war vielmehr die erste deutsche Ballonfahrerin und Fallschirmspringerin. Und sie war um die Jahrhundertwende die meistgefeierte Fallschirmabspringerin in Europa. Von 1893 bis 1912 unternahm sie 516 Ballonfahrten und sprang 147 mal mit einem Fallschirm ab.

Dies ist jedoch nicht alles. In ihrem Berliner Fallschirmwerk — dem einzigen, das es damals gab — stellte sie nicht weniger als 7000 Fallschirme her, mit denen die deutschen Flieger und Ballonaufklärer in Hunderten von Fällen ihr Leben retten konnten. Darüber hinaus ließ sie über 1000 Ballonhüllen fertigen. Käthe Paulus war die erste, die einen brauchbaren und zweckmäßigen Verpackungssack für Fallschirme entwickelte. Damit trug sie maßgeblich zur weiteren Sicherheit des Fallschirmabsprungs bei; denn durch diesen Verpackungssack war gewährleistet, daß sich der Fallschirm in der vorgeschriebenen Weise entfaltete.

Käthe Paulus lebte in Frankfurt am Main, jener Stadt, die in der Geschichte der frühen deutschen Luftfahrt, im Zeitalter der „Alten Adler", eine bedeutende Rolle spielte.

Hier hatte der Franzose François Blanchard am 3. Oktober 1785 den ersten Aufstieg in die Lüfte unternommen. Hier war 25 Jahre später, am 16. September 1810, Madeleine Blanchard im Ballon aufgestiegen. Vom Frankfurter Zoo aus startete zehn Jahre lang, von 1881 bis 1891, Auguste Securis zu ihren berühmt gewordenen Ballonflügen. Hier wagte im Jahre 1908 Bruno Poelke aus vier Meter Höhe seinen ersten Luftsprung mit einem selbstgebastelten „Flugzeug".

Die „Alten Adler" August Euler, Oskar Ursinus, Gerhard Fieseler, Ernst Udet und Willy Messerschmitt führten in Frankfurt ihre ersten Kunstflüge vor, und auch Carl Christoph Hermann Lattemann, der seinen Beruf — wohl als einer der ersten — mit „Luftschiffer" angab, trat mit seiner Luftschau in der Mainmetropole auf.

Der Juninachmittag des Jahres 1890, an dem Käthe Paulus mit ihrer Freundin Trude Helfritz dem Luftschiffer Lattemann das erstemal gegenüberstand, war von strahlender Klarheit. Der bekannte Luftschiffer hatte gerade einen seiner Fallschirmabstürze ausgeführt.

„Hat es Ihnen gefallen, gnädiges Fräulein?" fragte Lattemann und verbeugte sich lässig vor der brünetten hübschen Frankfurterin, die von der Freundin seines Ballonführers mitgebracht worden war.

„Es war großartig", erwiderte das Mädchen, das im Dezember dieses Jahres 22 Jahre alt werden würde. Ihre dunkelbraunen Augen strahlten den hochgewachsenen Mann in der Kluft der Luftschiffer an, daß Lattemann förmlich die Begeisterung spürte, in die er dieses Mädchen versetzt hatte. So ganz nebenbei, ohne besondere Hintergedanken, nur um etwas zu sagen, fragte er weiter:

„Würden Sie es sich wohl zutrauen, einmal mit mir in einem Ballon mitzufliegen?"

„Sehr gern, wenn ich darf!" kam wie aus der Pistole geschossen die Antwort des Mädchens.

„Also gut, dann lade ich Sie ein, mich in meiner Werkstatt zu besuchen und sich einen Fallschirm einmal aus der Nähe anzusehen. Wenn Sie dann immer noch fliegen wollen, steht dem nicht mehr viel im Wege."

Käthe Paulus vertraute am Abend dieses Ereignis ihrem Tagebuch folgende Zeilen an: „Dieser Lattemann ist kühn und unerschrocken. Er hat mir imponiert. Als er mich einlud, einmal eine Fahrt mit ihm zu machen, schlug ich ein. Mein Entschluß steht fest: ich muß Luftschifferin werden!"

Doch so einfach, wie es sich die Frankfurterin vorgestellt hatte, war dies nicht. Zuerst lernte sie den Ballon und auch die Fallschirme Lattemanns nur vom Material und von ihrer Zusammensetzung her kennen. Beinahe drei Jahre lang folgte sie ihm zu den bekannten Plätzen Deutschlands, auf denen dieser tollkühne Luftschiffer seine Vorführungen absolvierte. Sie lernte alles über den Fallschirm von ihrem Lehrmeister, den sie inzwischen auch liebgewonnen hatte und um den sie bei jedem seiner gefährlichen Abstürze bangte.

Dieser Vorsorge und der geradezu peinlichen Sorgfalt ihres Verlobten Lattemann verdankte es Käthe Paulus, daß ihr später bei ihren eigenen Flügen und Fallschirmabsprüngen nie ein nennenswerter Unfall passierte.

Erst im Sommer 1893 war es auch für Käthe Paulus soweit. Hermann Lattemann hatte einen Vertrag zu einer Schauvorführung in Nürnberg unterschrieben.

„Wenn du willst", meinte er auf der Bahnfahrt dorthin, „dann kannst du mit aufsteigen und anschließend den Ballon weiterführen und an einer günstigen Stelle landen. Dann brauchen wir ihn nicht zu suchen. Du wirst ihn ja nicht gleich aufspießen, sondern heil herunterbringen."

Was Käthe Paulus, die inzwischen jeden Handgriff eines Ballonführers genau kannte, damals empfand, schrieb sie in ihr Tagebuch: „Dein Meister Lattemann hat schon so viele Fahrten unternommen, und es ist ihm nichts zugestoßen. Weshalb sollte es dann beim Aufstieg mit dir anders werden?"

Sie stieg also mit auf. Als sie die Absprunghöhe erreichten und ihr Verlobter sich zum Absprung fertig machte und auf den Korbrand setzte, wurde es ihr doch bänglich zu Mute.

Lattemann grinste sie mit seinem jungenhaften Gesicht an. „Keine Angst, Käthchen! Du brauchst nur zu tun, was du von mir gelernt hast", tröstete er sie.

Schon löste sich der Luftschiffer vom Korb und sprang ins Nichts. Pendelnd und schwankend gab der Korb dem Mädchen keine Gelegenheit, hinter Lattemann herzublicken. Erst als er 200 Meter unter ihr im geöffneten Schirm hing, erblickte sie ihn. Sie führte den Ballon weiter, ließ ihn niedergehen und landete ihn sicher in einem Hopfenfeld. Damit war das Mädchen aus dem Dorfe Zellhausen bei Seligenstadt gleich bei ihrem ersten Aufstieg Ballonführerin geworden. So durfte man sich im allgemeinen erst nach der sechsten Fahrt mit einem Ballon nennen. Käthe Paulus hatte es auf Anhieb geschafft.

Wenige Tage darauf stieg sie zum zweitenmal mit ihrem Verlobten auf. Als sie die Höhe von 1000 Metern erreicht hatten, wollte sie selbst abspringen. Doch Lattemann ließ es nicht zu. Schon der nächste Aufstieg des Brautpaares sollte jedoch anders verlaufen. Käthe hatte keine Ruhe gegeben, und um des lieben Friedens willen hatte Lattemann zugestimmt, daß nunmehr auch sie ihren ersten Absturz wagen dürfe.

Als sie 1200 Meter Höhe erreichten, hob Lattemann seine Braut auf den Korbrand. Er küßte sie auf beide Wangen. „Glück ab, Käthchen", sagte er leise.

Sie stieß sich entschlossen ab, fiel drei, vier Sekunden durch die Luft, bis der Entfaltungsstoß des Schirmes sie traf. Dann schwebte sie der Erde entgegen. Frei wie ein Vogel glitt sie durch den Luftraum. Sie, ausgerechnet sie verwirklichte hier den ältesten Traum der Menschheit! Es war ein einmaliges Erlebnis für sie. Von diesem Augenblick an war sie wie in einem Rausch: sie mußte weiter mit einem Fallschirm abspringen! Sie mußte immer wieder dabei sein, wenn ihr Bräutigam aufstieg.

Käthe Paulus und Hermann Lattemann wurden in ganz Deutschland zu einem Begriff. Sie blieben das ewige Brautpaar, denn zum Heiraten, zum Seßhaftwerden hatten sie keine Zeit. Sie fuhren in ganz Deutschland herum und wagten den Fallschirmabsturz.

Dann kam für sie beide der Tag von Elberfeld. Käthe sollte ihren ersten Doppelabsturz ausführen. Es regnete in Strömen, und Käthe schlug Lattemann vor, den Absturz zu verschieben, doch er wehrte ab:

„Die Leute haben ihr Geld bezahlt, und sie wollen ihren Absturz sehen. Ich werde ihn ausführen, das ist Ehrensache", meinte er. „Der Regen macht uns nichts aus. Er kann uns auch nichts anhaben."

Jetzt war es an ihr zu protestieren. Schließlich war es ihr Absprung. Auch diesmal setzte sie sich durch.

Sie stiegen auf. Nach wenigen hundert Metern steckten sie in dickem, dichtem Nebel, der jede Erdsicht verwehrte. Käthe Paulus machte es nichts aus. Sie würde den ersten Doppelabsturz einer Frau wagen. Sie selbst hat in ihren Tagebüchern einen solchen Doppelabsturz beschrieben:

„Der dem Kunststück zu Grunde liegende Gedanke ist die Wiederholung eines Fallschirmabsturzes vom Luftballon durch einen weiteren Absturz von dem ersten entfalteten Fallschirm mittels eines zweiten mitgeführten Schirmes.

Im allgemeinen hängen bei einem solchen Absturz, wie Hermann ihn oftmals vorgeführt hatte, beide Fallschirme zusammengerollt an einer Trapezstange. Sie sind gemeinsam befestigt durch ein um das Paket und die Stange laufendes Gurtband. Dieses Gurtband endet in zwei Ösen. Diese Ösen wiederum werden durch einen kleinen Ring in der Mitte des untersten Fallschirmringes durchgezogen und hier mit einem durchgesteckten konischen Holzstift festgehalten.

Jeder der beiden Fallschirme wird sorgfältig in der Länge gefaltet und mit seinem oberen Teil in einen Sack hineingebracht, der ihn wie ein Schirmfutteral vollständig bedeckt.

Sodann werden die Fallschirmleinen sorgfältig geordnet und in zwei Hälften geteilt. Diese Leinen werden darauf — jede Hälfte für sich — mit Zwischenlagen von Papier, die jede Vernestelung der Leinen untereinander verhindern, auf dem Sack nach der Spitze zu zusammengerollt. Dieses ganze Paket wird mit einem breiten Gummigurt umschlossen. Damit ist der sogenannte Touristenfallschirm zum Absprung fertig.

Der zweite Fallschirm wurde in der gleichen Weise gepackt. Lediglich daß das fertige Paket mit einem festen Gurt — anstelle des Gummibandes beim ersten Paket — verschlossen wird."

Wie beide Pakete beim Sprung funktionierten und die Fallschirme nacheinander freigaben, das hat Käthe Paulus ebenfalls berichtet:

„Hat der Luftballon einen Korb, so wird das Doppelpaket an einer Trapezstange außerhalb des Korbes befestigt. Ich setze mich alsdann auf den Korbrand, nach außen gekehrt. Das erste Paket ist an der Trapezstange festgebunden, während das zweite an einem Auslösehaken hängt und sich bei meinem Absprung durch die Gewichtsveränderung auslöst. Jetzt kommt für die Zuschauer ein aufregender Moment. Ich schließe die Augen und gleite hinab in die Tiefe. In drei bis vier Sekunden saust der Schirm mit mir sechzig Meter hinunter. Dann bläht sich die seidene Stoffhülle über mir, und die größte Gefahr ist vorüber. Ich pendele verhältnismäßig langsam zur Mutter Erde hinab und bereite mich auf den zweiten Absturz vor, der sich in genau derselben Weise vollzieht."

„Du solltest im Ballonkorb bleiben, Käthchen", sagte Lattemann, als ihr Ballon hoch über den Wolken die vorgeschriebene Höhe von 1200 Metern erreicht hatte. Aber sie schüttelte nur den Kopf. Ein letzter Kuß, noch ein Händedruck und dann — der Sprung ins Nichts.

Hermann Lattemann beugte sich weit über den wackelnden Korbrand. Er sah, wie sich die weiße Seide des ersten Fallschirms blähte, wie seine Braut niederschwebte und in der dicken Wolke verschwand.

Doch was geschah, wenn die Wolkendecke bis zur Erde reichte und Käthchen den ersten Schirm erst in dem Augenblick abwarf, da sie nur noch wenige Dutzend Meter über dem Boden war? Sie würde wieder sechzig Meter durchfallen, ehe sich der zweite Schirm öffnete, und dann ...

Der Luftschiffer schloß die Augen. Er verbannte diesen Gedanken aus seinem Gehirn, denn die Folgen würden schrecklich sein.

Käthe Paulus aber schwebte inzwischen mitten in der dicken Nebelwolke. Ihr Gesicht, die Hände und das Kleid wurden naß. Dann war es plötzlich unter ihr hell. Ungefähr fünfhundert Meter unter sich erkannte sie Menschen, die zu ihr emporstarrten. Sie löste den ersten Fallschirm, und als dieser nach oben wegflatterte, als sie wie ein Stein durchfiel und die wilden Entsetzensschreie zu ihr heraufgellten, zog sie den zweiten Schirm heraus, und auch diese weiße Kuppel der Hoffnung öffnete sich, fing ihren Fall ab und brachte sie sicher zur Erde zurück, wo sich die Erleichterung der zuschauenden Menge in wilden Hurrarufen Luft machte.

Käthe Paulus aber sah, daß sie auf ein Wäldchen zuschwebte. Sie versuchte, dem Schirm eine andere Richtung zu geben, vergeblich. Dann kamen die Kronen der Eichen näher, und prasselnd landete sie mitten in einer von ihnen und hob instinktiv beide Hände vor das Gesicht. Sie spürte die Schläge der Äste überall, und dann griff sie blindlings zu, hielt sich an einem dieser Äste fest und hatte es ohne ernsthafte Verletzungen geschafft. Leute rannten herbei und warfen ihr einen Strick hinauf, an dem sie sich zur Erde hinunterließ.

Käthe Paulus war seit diesem Absturz in aller Munde. Am 17. Juni 1894 waren Lattemann und Käthe Paulus zusammen nach Krefeld verpflichtet. Aus dem Garten der Krefelder Zentralhalle sollten sie aufsteigen, und diesmal sollte abermals Käthe Paulus abspringen, während der Luftschiffer Lattemann einen völlig neuen Fallschirm-Ballon ausprobieren sollte, den er selbst konstruiert hatte.

Dieser Ballon klappte bei Gasaustritt die untere Hälfte nach innen ein und verwandelte sich so in einen Fallschirm, der die Gondel mit dem Ballonführer sicher zur Erde bringen sollte. Gelang dieses Experiment, dann hatten die beiden eine narrensichere Methode zur Bergung ihrer Ballons gefunden, die sonst immer — auch mit einem Führer — kilometerweit flogen, ehe sie niedergebracht werden konnten.

Theoretisch hatte Hermann Lattemann dieses System oft überprüft, und stets waren diese Prüfungen zu seiner vollsten Zufriedenheit ausgefallen. Als Käthe am Vorabend dieses Experimentes Bedenken äußerte, sagte er zu ihr:

„Das funktioniert, Käthchen! Es gibt keine andere Möglichkeit, als daß die untere Ballonhülle nach innen klappt. Die Scharniere ermöglichen keinen anderen Weg des Schirmes."

Der Metallreifen in der Ballonmitte, der nach dem Ausströmen des Gases den unteren Rand des nunmehrigen Fallschirmes bildete, war mit Halteseilen versehen, die zum Korb führten. Sie hatten diesen neuen Ballon „Fin de siècle" genannt.

Am Spätnachmittag des 17. Juni 1894 also stieg dieser Ballon mit Käthe Paulus und Hermann Lattemann aus dem Garten der Krefelder Zentralhalle auf. Es herrschte heller Sonnenschein, und die Zuschauer waren zu Zehntausenden herbeigeeilt, um diese Sensation mitzuerleben. Als sich Käthe Paulus zum Absprung fertigmachte, gab Lattemann ihr die Hand.

„Glück ab, Käthchen!" sagte er nur, wie er dies immer zu sagen pflegte. Und schon segelte sie durch den Himmel, und Lattemann blickte hinterher, bis sich ihr Fallschirm geöffnet hatte und er wußte, daß sie in Sicherheit war. Dann wandte er sich seinem Ballon zu. Er griff ans Ventil und zog die Leine. Zischend entwich das Gas aus der unteren Ballonhülle.

Lattemann blickte empor. Jetzt mußte sich die untere Hülle hochblähen und sich in die lockere Wandung des Oberteils legen. Doch was er erhofft hatte, geschah nicht. Vielmehr sah er, wie sich die Hülle zusammendrehte. Er wollte nachhelfen, doch schon wurde der Fallschirm in kreisende Bewegung versetzt, und dann — dann stürzte er wie ein Stein in die Tiefe.

Als Käthe Paulus das seltsam sausende Geräusch hörte, spähte sie nach oben. Sie sah den Fallschirm, der nur ein zusammengerolltes Knäuel war, sie sah Lattemann an dessen Ende im Korb, sah, wie er schneller und schneller stürzte, sie passierte und in rasender Geschwindigkeit der Erde entgegenfiel und schließlich zwischen den Häusern der Stadt Krefeld verschwand.

Hermann Lattemann schlug in der Dissener Straße auf einen Zaun. Er wurde in eines der nahegelegenen Häuser geschafft, und als Käthe Paulus, die nicht einmal mehr wußte, wie sie zur Erde gekommen war, endlich dieses Haus erreichte, war ihr Verlobter, der Vater ihres Jungen, bereits tot.

Sie erlitt einen schweren Nervenzusammenbruch und mußte in das Krefelder Krankenhaus eingeliefert werden. Lange Wochen war sie krank, völlig am Ende ihrer Kraft.

„Ich steige nie wieder auf", sagte sie, als einer der Zeitungsmänner sie nach ihren Zukunftsplänen fragte. Dieser Satz machte die Runde durch alle Zeitungen Deutschlands und viele Gazetten Europas. Käthe Paulus erhielt ganze Waschkörbe voller Post, in der sie immer wieder beschworen wurde, weiterzumachen und das Werk ihres Verlobten fortzusetzen. Nach langem Zögern machte sie weiter.

Sie kaufte vier Ballons und reiste mit diesem Riesengepäck durch Deutschland und Europa. Nun erst wurde sie die berühmte Aeronautin, die die tollkühnsten Sprünge ausführte. Sie fuhr Fahrrad in der Luft und ließ sich — von Feuerwerk umgeben — an ihrem Fallschirm hinunterfallen. Sie führte einen Dreifachsprung aus und unternahm die Sprünge, von denen gesagt wurde, ihre Ausführung sei Tollkühnheit und Todesverachtung.

Als sie eines Tages in Scheveningen aufstieg, trieb ihr Ballon auf die See hinaus. Sie sprang ab, landete im Wasser und konnte sich von ihrem Fallschirm befreien. Ein Dampfer nahm die Schwimmerin auf.

In Düsseldorf geriet sie bei einem Schauspringen in eine Gewitterbö. Ihr Ballon war erst 120 Meter hoch, als er von einem Blitz getroffen wurde, mit lautem Knall auseinanderplatzte und in Flammen stand. Käthe Paulus sprang ab, und als sich ihr Fallschirm eben geöffnet hatte, landete sie auch schon auf einem Kartoffelacker.

Als sie ein Jahr später über dem Festplatz am Prater in Wien absprang, geriet sie in einen heraufziehenden Sturm. Sie segelte, unter ihrem Fallschirm hängend, über die Dächer Wiens hinweg und wäre um ein Haar am Turm des Stephansdomes hängengeblieben. Schließlich landete sie mitten auf der Kärntner Straße, und die dort flanierenden Wiener mußten ihre Fiaker anhalten lassen. Ein Schutzmann verhaftete sie wegen Verkehrsbehinderung. Es war nämlich verboten, mit dem Fallschirm auf der Hauptgeschäftsstraße Wiens zu landen.

Im nächsten Jahr stieg sie aus dem Lunapark in Berlin auf. Dreißig Männer waren dazu aufgeboten, die Taue ihres Ballons zu halten. Hier passierte folgendes:

„Taue loslassen!" rief Käthe Paulus den Männern zu, die zu ihr hinaufstarrten. Der Manager der Schau gab ein Zeichen mit seiner Trillerpfeife, und schon hob sich der Ballon in die Luft, und Käthe Paulus sah, wie die Menschen unter ihr kleiner wurden, und hörte, wie ihr Geschrei, das ihr diesmal besonders laut vorkam, langsam verhallte. Doch dann horchte sie auf. Hatte sie ganz in der Nähe Schreie gehört? Schreie dicht unter ihrem Ballon?

Unsinn, das konnte doch nicht sein! Das war nichts anderes als eine Sinnestäuschung. Und wenn . . .

„Hilfe, Hilfe, Hilfe!" klang es unter ihr, und nun schwante ihr Unheil. Als sie sich über den Korbrand lehnte, sah sie es: einige Dutzend Meter unter ihr hing an einem der Haltetaue ein Mann!

Die Aeronautin fluchte wenig damenhaft und machte sich daran, das Tau mit einer Seilwinde, die an Bord war, aufzurollen. Höher und höher kam der Mann, und dann krabbelte er, von der Aeronautin unterstützt, über den Korbrand in den Korb, auf dessen Boden er einige Minuten nach Atem ringend liegenblieb.

„Was fällt Ihnen ein?" herrschte Käthe Paulus den jungen Mann an. „Warum haben Sie das Seil nicht losgelassen?"

„Ich weiß nicht", stammelte der Bursche. „Ich schaute zu Ihnen herauf, und dann hing ich mit einem Mal zehn Meter über dem Boden und konnte nicht mehr loslassen . . ."

„Sie haben meine Vorstellung geschmissen! Wissen Sie, was Sie das kostet? Ich werde mich an Ihnen schadlos halten. Sie müssen mir alles ersetzen", rief sie wütend.

„Ich werde alles bezahlen, bestimmt!" rief der Mann verzweifelt. „Wenn Sie mich nur wieder runterbringen!"

Käthe Paulus mußte schmunzeln. Wenn sie das später erzählte, würde kein Mensch ihr glauben. Sie brachte den Ballon einige Kilometer außerhalb von Berlin herunter. Doch noch ehe der Korb aufsetzte, sprang der junge Mann mit einer Flanke über den Korbrand hinweg und rannte wie vom Teufel verfolgt einem nahen Wäldchen entgegen.

Die Ballonfahrerin lachte schallend — bis sie bemerkte, daß ihr Ballon, von dem Gewicht des jungen Mannes befreit, sich wieder in die Luft erhob und höher und höher stieg. Vergebens versuchte sie, erneut zu landen. Sie mußte eine Aufwindströmung erwischt haben, und es dauerte vier Stunden, ehe sie es geschafft hatte, den Ballon abermals niederzubringen. Doch da befand sie sich bereits nicht mehr im Großraum Berlin, sondern war von dem steifen Nordwestwind nach — Schlesien getrieben worden. Den „Kerl", wie sie den Burschen nannte, fand sie nie wieder, aber sie suchte auch nicht nach ihm, sondern schrieb diesen Verlust auf Unkosten ab.

Derlei Zwischenfälle gab es in Käthe Paulus' Laufbahn als Ballonfahrerin wie Sand am Meer. In Budapest zum Beispiel riß sie bei einer unvorhergesehenen Landung mitten in der Stadt mit ihrem Fallschirm einen Lampenkandelaber weg. Wieder etwas später mußte sie auf einem Acker in der Ortschaft Wöllstein in Hessen landen. Hier erhielt sie wegen „Flurfrevels" ein Strafmandat, das der Justizminister von Hessen persönlich aufheben mußte.

Immer wieder stieg diese Frau zu neuen sensationellen und gefährlichen Fallschirmabstürzen auf. Dieser engste Kontakt mit dem Fallschirm befähigte sie schließlich dazu, einen neuen Verpackungssack zu entwickeln, der den Fallschirm funktionssicherer machte. Ihr Fallschirmpaket wurde sehr bald von allen anderen Fallschirmspringern benutzt. Bereits am 27. Mai 1900 meldete Käthe Paulus ihren Ballon-Fallschirm als „Rettungsgerät für Luftfahrer" zum Patent an.

Mit diesem Käthe-Paulus-Schirm führte Flugkapitän J. Leitz — ebenfalls einer der großen Fallschirmkünstler der damaligen Zeit — in den Jahren 1904 bis 1914 eine Reihe von Fallschirmabsprüngen aus.

Als Käthe Paulus im Jahre 1912 mit dem aktiven Fallschirmsport und den Ballonfahrten Schluß machte, bot sie dem Preußischen Kriegsministerium ihr Fallschirmpaket an; denn inzwischen hatte das Flugzeug „schwerer als Luft" auch in Militärkreisen Anklang gefunden, und bei den Flugzeugwerken Rumpler schulten acht kaiserliche Offiziere.

Käthe Paulus hoffte, daß das Kriegsministerium für ihren Fallschirm Verwendung haben würde; denn wenn man flog, mußte man ein solches Rettungsgerät an Bord haben. Aber sie erhielt auf ihr Angebot nicht einmal eine Antwort.

Der Erste Weltkrieg brach aus. Von dem historischen 1. Februar 1910, da August Euler sein Flugzeugführer-Zeugnis Nummer eins erhielt, bis zum 31. Juli 1914 waren rund 800 weitere Flugzeugführer in den Besitz dieses begehrten Papiers gekommen. Fast alle meldeten sich zur neuen Fliegertruppe, und sie stiegen in den ersten Monaten des großen Krieges noch o h n e Fallschirme auf. Ebenso erging es den Ballonfliegern, die als Artilleriebeobachter aufstiegen. Wenn sie abgeschossen wurden, fand man sie später zerschmettert am Boden.

So erinnerte man sich im Jahre 1915, als sich an der Front der Mangel an Ballonhüllen und Fallschirmen bemerkbar machte, an diese Frau und erteilte ihr den Auftrag, Fallschirme und Ballonhüllen für die Regierung herzustellen.

Käthe Paulus nahm noch im Sommer 1915 ihre Produktion auf. Sie wußte, wie wichtig, ja lebensentscheidend ein Fallschirm war. Mit allem Nachdruck ging sie mit einigen Näherinnen an die Arbeit, denen sie selbst die Stoffbahnen zuschnitt. Sehr bald schon erwiesen sich die „Fabrikationsräume" in ihrer Reinickendorfer Wohnung, die sie mit ihrer Mutter teilte, als zu eng.

In der Folgezeit reichte Käthe Paulus die zugeschnittenen Fallschirmbahnen an die von ihr ausgesuchten Näherinnen weiter, die nach ihrer Weisung und unter ihrer Kontrolle arbeiteten. Käthchen, wie sie noch immer von ihren Freunden genannt wurde, trug die Alleinverantwortung für sämtliche Fallschirme. Damit war die Entscheidung über Leben und Tod jener Männer in ihre Hand gelegt, die sich ihren Fallschirmen anvertrauten. Diese Flieger und Ballonbeobachter enttäuschte sie nie. Keiner ihrer Fallschirme war fehlerhaft. Ihrer Kontrolle entging nichts.

So stellte Käthe Paulus mit ihren Helferinnen im Laufe der vier Kriegsjahre rund 7000 Fallschirme und über 1000 Ballonhüllen her. Diese Arbeit wurde dadurch ganz besonders erschwert, daß schon im Jahre 1917 keine Seide mehr zur Verfügung stand und sie sich mit Ersatzstoffen behelfen mußte.

Als sich im April bei Verdun aus abgeschossenen Fesselballons zwanzig Beobachter durch Fallschirmabsprung retteten, stand der Fallschirm, der diese Rettungssprünge ermöglichte, im Brennpunkt der Öffentlichkeit. Käthe Paulus erhielt wenige Wochen später aus der Hand des Kommandierenden Generals der Luftstreitkräfte von Hoeppner das Verdienstkreuz für Kriegshilfe. Darüber hinaus wurde sie mit bayerischen und hessischen Kriegsauszeichnungen beliehen.

Nach Kriegsschluß — durch das Versailler Diktat wurde jede Art fliegerischer Betätigung verboten — hatte man für Käthe Paulus und ihre Fallschirme und Ballonhüllen keinerlei Verwendung mehr. Es wurde still um diese Pionierin des Fallschirmsprunges, der viele Flieger ihr Leben verdankten. Auch

Ernst Udet, einer der bekanntesten Jagdflieger des Ersten Weltkrieges, der spätere Generalluftzeugmeister, konnte mit einem Käthe-Paulus-Fallschirm abspringen.

Dennoch war diese Frau nicht vergessen. Besonders ihre Heimatstadt Frankfurt am Main erinnerte sich ihrer. So auch im Jahre 1933, als man der vierzigjährigen Wiederkehr ihres ersten Fallschirmabsprunges gedachte.

Als sich im Jahre 1935 die noch lebenden „Alten Adler“ — Flugzeugführer, die vor dem Ersten Weltkrieg ihren Flugzeugführerschein erhielten — in Berlin versammelten, luden sie ihre alte Freundin ein und besuchten sie in ihrem Heim.

Wenige Monate darauf starb Käthe Paulus. Sie wurde auf dem Friedhof der Dankesgemeinde in Berlin-Reinickendorf beigesetzt. Die Nachwelt allerdings flocht dieser ersten wirklichen Aeronautin keine Kränze. Ihr Grab fiel der Vergessenheit anheim.

Im Sommer 1968 drohte, nach der Entfernung und Zerstörung des Grabsteines, nun auch die Einebnung des Grabes von Käthe Paulus. Da war es der alte Fallschirmpionier Richard Kohnke, der durch eine sofortige Spende die Liegezeit bis vorerst 1975 verlängern lassen konnte. Er rief das „Hilfswerk Käthe Paulus“ ins Leben. Präsident dieses Hilfswerkes wurde der Fallschirmjäger und General der Bundeswehr a. D. Walter Gericke, einer der Fallschirmpioniere und Förderer des deutschen Fallschirmsportes von der Stunde Null an. Den unermüdlichen Bemühungen dieses Hilfswerkes ist es zu danken, daß der Senat der Stadt Berlin ab 1. Januar 1971 die Ruhestätte von Käthe Paulus als Ehrengrabstätte anerkannte und für die Dauer von 25 Jahren in seine Obhut nahm.

Das Hilfswerk Käthe Paulus aber hat — mit der Spende aller Fallschirmspringer, auch der jüngsten — für diese Pionierin einen würdigen Grabstein errichten lassen. Es ist ein Findling, der in Bronzebuchstaben die Inschrift trägt:

„Hier ruht die erste deutsche Fallschirmspringerin und Ballonfahrerin Käthe Paulus. 1868—1935.“

Es geht nicht ohne Opfer

Man schrieb das Jahr 1891, als eine Nachricht durch die Presse der ganzen Welt verbreitet wurde, die viele Leser aufhorchen ließ. Sie lautete:

„Ein Mann namens Otto Lilienthal ist mit einem Flugapparat schwerer als Luft über 25 Meter frei geflogen."

Bis zu diesem Zeitpunkt war das Fliegen nur mit Freiballons und mit Luftschiffen gelungen, die leichter waren als Luft – ihnen dienten mit Gas oder Warmluft gefüllte Hüllen als Tragelemente.

An diese „Zeitungsente" glaubte niemand. Schließlich hatte der berühmte Professor und Physiker Hermann Helmholtz, der Präsident der Physikalisch-Technischen Reichsanstalt zu Berlin, bereits 1873 in einer tiefschürfenden wissenschaftlichen Schrift bewiesen, daß der „Menschenflug mit lenkbaren Maschinen" eine Utopie sei und daß es so etwas wohl auch niemals geben werde.

Und dieser Lilienthal sollte außerdem noch ein Dichter und Schauspieler sein! Dementsprechend war sicherlich auch seine „Flugmaschine" beschaffen, die er in seiner Maschinenfabrik in der Berliner Köpenicker Straße gebaut haben sollte. Zwar war dieser Lilienthal Maschineningenieur, aber in seiner Schrift „Der Vogelflug als Grundlage der Fliegekunst" hatte er ja freimütig selbst zum Ausdruck gebracht, daß man ein Vogel sein mußte, um fliegen zu können.

So war denn auch Lilienthals „Flugmaschine" nach seinem Tod am 10. August 1896 in Deutschland sehr bald vergessen. Nicht so im Ausland, wo Männer wie die Brüder Wright, von

Chanute, Herring, Pilcher, Voisin und Ferber sich die Erkenntnisse Lilienthals zunutze machten.

Otto Lilienthal war aber auch das erste Opfer der Luftfahrt, denn an jenem 10. August 1896 stürzte er bei einem Gleitflug in den Rhinower Bergen, in der Nähe des Dorfes Stöln, tödlich ab.

Als am 1. Januar 1900 die Menschen den Beginn des technischen Jahrhunderts feierten und Freiballons und Luftschiffe am Himmel flogen, bemühten sich in Deutschland Ingenieure bereits um den Bau einer Flugmaschine, die schwerer als Luft war. Einer von ihnen war der spätere Dr.-Ing. Ignaz Etrich aus Oberaltenstadt in Böhmen, den alle Freunde „Igo" nannten.

Etrich kam 1898 nach Berlin und kaufte von Lilienthals Patentanwalt für 200 Goldmark ein Gleitflugzeug sowie ein Schwingenflugzeug. Beide „Flugmaschinen" nahm er mit nach Trautenau. Nach diesen Modellen entwarf sein Vater ein Gleitflugzeug, das 1900 in der Etrichschen Werkstatt unter Igos Mitwirkung gebaut wurde. Igo Etrich führte 1901 damit Versuche durch, die erfolglos verliefen. Das Stabilitätsproblem machte ihm dabei sehr zu schaffen.

Die Bestrebungen der Familie Etrich, eine Flugmaschine zu bauen, zerschlugen sich schließlich. Bis Igo Etrich beim Studium der Flugliteratur eine Broschüre fand, die von Dr. phil. Ahlborn, einem Hamburger Professor, über den Vogelflug und die Strömungsforschung verfaßt worden war. In diesem kleinen Werk wurden die besonderen Flugeigenschaften der „Zanonia macrocarpa" — eines javaischen Flugsamens — hervorgehoben. Als Ingo Etrich las, daß der Same weite Strecken stabil durchfliegen könne, beschloß er, ein Gleitflugzeug nach diesem Vorbild zu bauen.

Aus einem Gleiter entstand im Laufe der Zeit, nachdem zuerst ein 24-PS-Antoinette-Motor und später ein größerer Motor eingebaut worden war, ein Eindecker, der auf dem Exerzierplatz Wiener Neustadt erprobt wurde. Im Juli 1909 gelang Igo Etrich mit dem „Praterspatz" der erste Flug.

Bereits im Jahre 1903 war in den USA den Brüdern Wilbur und Orville Wright der erste gesteuerte Motorflug mit einem Doppeldecker gelungen. In den Dünen von Kitty Hawk in Kalifornien hatten diese beiden Männer am 17. Dezember 1903 mit einem Flug von 90 Sekunden Dauer den großen Traum vom Fliegen mit einer Flugmaschine „schwerer als Luft" wahr gemacht.

Auch sie nannte man zuerst nicht die fliegenden, sondern die „lügenden" Brüder. Am 5. Oktober 1905 errangen die Brüder Wright den zweiten großen Erfolg, als ihnen ein Flug von 38 Minuten Dauer gelang, auf dem sie 39 Kilometer in ununterbrochenem Flug zurücklegten.

Ebenfalls im Jahre 1903 unternahm bei Hannover, in der Vahrenwalder Heide, Karl Jatho mit einem von ihm gebauten Doppeldecker die ersten Luftsprünge. Ihm gelangen vier Monate vor den Brüdern Wright Flüge bis zu 60 Meter Länge und drei Meter Höhe.

Alles dies, insbesondere die aufsehenerregenden Meldungen über die Flugkünste der Brüder Wright, ließ in Deutschland den bekannten Ballonführer Hauptmann Dr. Alfred Hildebrandt nicht ruhen. Zu einem seiner Freunde sagte er über den Rekord der Wrights vom 5. Oktober 1905:

„Dies ist die Luftfahrt der Zukunft! Der Motorflug wird die Länder der Erde miteinander verbinden. Ich muß mir dies alles selber ansehen."

Auf Kosten eines Berliner Zeitungsverlages fuhr Dr. Hildebrandt in die USA. Er beobachtete die Wrights, sah sich ihren Doppeldecker an und kehrte wieder heim. Einem Gremium von Wissenschaftlern trug er seine in Amerika gemachten Erfahrungen und Erkenntnisse vor. Zusammen mit Dr. phil. Hugo Hergesell, dem späteren Begründer des deutschen Flugwetterdienstes, und Hermann Moedebeck wurde Dr. Hildebrandt einer der Begründer der deutschen Luftfahrt.

Am 21. Dezember 1907 wurde der deutsche Aero-Club gegründet, der 1909 in „Kaiserlicher Aero-Club" umbenannt wurde. In ihm präsidierten Richard von Kehler, Georg von Tschudi und Max von der Groeben.

Auf dem Flugplatz von Avour bei Le Mans zeigte am 8. August 1908 Wilbur Wright zum erstenmal seine Kunst in Europa. Er flog zwei Stunden nonstop und legte in dieser Zeit in der Luft 124 Kilometer zurück.

Dies war das große Fanal, das allen Staaten der Welt zeigte, daß das Flugzeug das Fortbewegungsmittel der Zukunft war. Ingenieure, Professoren und Handwerker bauten nun Flugzeuge. Männer wie Henrich Focke, Hans Grade, Santos Dumont und Henry Farman traten auf den Plan.

In dieser ersten Zeit der Luftfahrt-Pioniere passierten viele tödliche Unfälle. Die meisten hätten vermieden werden können, wenn es einen Fallschirm gegeben hätte, den man in einem der durchweg kleinen Flugzeuge dieser Zeit hätte unterbringen können.

Diese Tatsache veranlaßte in Paris die führenden Flugzeugkonstrukteure, im Jahre 1910 den „Prix Lalance" auszuschreiben. Ziel dieser Ausschreibung war es, eine wesentliche Verbesserung der bekannten Fallschirme zu erreichen oder einen neuen brauchbaren Fallschirm zu entwickeln, der die Flugzeugführer und ihre Begleiter sicher zur Erde brachte, wenn die Maschinen in der Luft zu Bruch gingen.

Einige Monate, nachdem dieser Preis ausgeschrieben worden war, meldete sich ein österreichischer Schneider mit Namen Franz Reichelt, der in Paris arbeitete. Er stellte seine „Rettungskleidung für Piloten" vor. Diese Rettungskleidung war nichts als — eine Art weiter Mantel. Um die Tragfähigkeit dieses Mantels zu beweisen, sprang Reichelt im Oktober 1910 aus drei Meter Höhe in einen Heuhaufen, ohne Schaden zu nehmen. Doch diese Vorführung genügte dem Preiskomitee nicht. Es war nicht davon zu überzeugen, daß ein Stück Stoff von vier Quadratmeter einen menschlichen Körper tragen könne.

Aber Reichelt war seiner Sache sicher. Um dies zu beweisen, verkündete er, daß er von der Spitze des Eiffelturms abspringen und sicher mit Hilfe seines Mantels landen werde.

Freunde des Schneiders beschworen ihn, sich nicht in Lebensgefahr zu begeben, sondern zuerst eine Puppe zu benutzen. Schließlich könne ja ein unvorhergesehenes Ereignis eintreten, und ein Sturz aus dieser Höhe mußte mit dem Tod des Springers enden.

Reichelt ließ sich überreden. Er rüstete eine seiner Schneiderpuppen mit dem Rettungsmantel aus, und am 26. November 1910 wurde diese Puppe von der oberen Plattform des Eiffelturms hinuntergestoßen. Sie flog, schneller und schneller werdend, der Erde entgegen und zerschellte alsbald auf dem Boden.

Nunmehr vergrößerte Reichelt die Flächen seines Mantels von vier auf acht Quadratmeter. Wie Fledermausflügel konnte er seine Arme bewegen, und für ihn war es klar, daß diese Ausstattung genügen müsse. Sein Entschluß, diesen Versuch selber durchzuführen, stand fest!

Am 4. Februar 1912, frühmorgens um halb acht, hatten sich am Eiffelturm ungefähr fünfzig Eingeweihte eingefunden, um den Sprung des Schneiders in die Tiefe zu erleben. Es war ein trüber regnerischer Tag. Journalisten, Filmfachleute und junge Frauen — überwiegend Mannequins aus seinem Schneideratelier — starrten auf die obere Plattform des Turmes, auf der ein Tisch aufgestellt worden war. Franz Reichelt kletterte auf den Tisch. Er trug bereits seinen „Rettungsmantel". In diesem Augenblick sprang der Ingenieur Hervien hinzu und zerrte ihn vom Tisch herunter.

„Hören Sie, Monsieur", rief der Ingenieur aufgebracht, „dieses Wagnis wird tödlich für Sie enden! Sie sollten auf den Rat eines Fachmannes hören. Dieser Mantel wird Sie niemals davor bewahren, wie ein Stein in die Tiefe zu stürzen."

„Es ist mein Leben, und was ich damit mache, geht Sie überhaupt nichts an", erwiderte Reichelt wütend.

Wie ein Vogel am Himmel!
Im freien Fall in großer Höhe

Dreieckfallschirm mit Steuerschlitz

mit manueller oder automatischer Auslösung

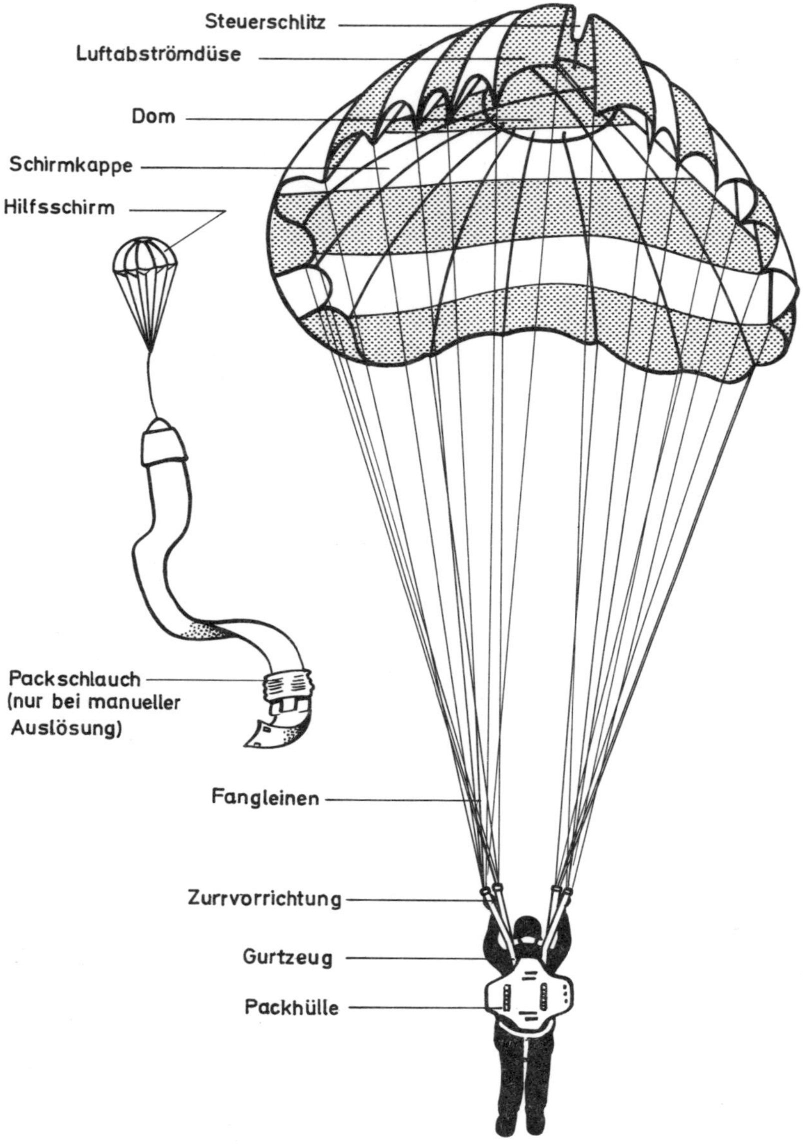

„Ich würde den Sprung für Sie unternehmen, Maître", erbot sich eines der bildhübschen Mannequins, doch Reichelt winkte nur ab.

„Meine Berechnungen sind bombensicher. Meine automatische Kleidung besteht diesmal aus Fledermaus-Pergament."

„Wie stellen Sie sich denn diesen Sturz überhaupt vor?" fragte Hervien, der am Ende seiner Nervenkraft angelangt war.

„Ich werde zunächst einen Sturzflug von zwanzig bis dreißig Meter hinunter machen. Dann wird sich mein Apparat entfalten, und ich werde die letzten zwanzig Meter leicht zur Erde niederschweben. Das ist absolut gewiß."

„Also, springen Sie, wenn Sie es nicht anders wollen", resignierte Hervien.

Franz Reichelt kletterte abermals auf den Tisch. Er blickte in die Weite, zögerte einige Sekunden und sprang ins Leere. Wie ein Pfeil stürzte der Schneider senkrecht hinunter; er prallte vier Sekunden nach dem Absprung unten auf dem Pflaster auf und blieb völlig zerschmettert liegen.

Ein vielstimmiger Schrei des Entsetzens begleitete diesen Todessturz. Der Filmmann hatte vor Schreck vergessen, den Auslöser seiner Kamera zu betätigen. Alles stand wie erstarrt. Seit diesem Tage ist es verboten, mit Fallschirmen vom Eiffelturm herunterzuspringen.

Noch im Jahre 1911 begann Madame Cayal de Castella in Frankreich mit dem „Schauspringen mit einem Fallschirm", der an einem Ballon befestigt war. Wenig später schon schrieb sie ihren Namen in die Liste der von Prix Lalance prämiierten Fallschirmspringer ein, als sie als erste Frau mit einem Fallschirm aus einem Flugzeug sprang. Sie verunglückte im Juli 1914 bei einer ihrer Fallschirmvorführungen.

Das Jahr 1912 wurde aber trotz aller Widrigkeiten entscheidend für den Fallschirm und seine Entwicklung. Dieser Fortschritt kam aus Amerika.

Vom Schaustück zum Rettungsgerät

Als zu Beginn des 20. Jahrhunderts in den USA durch die Brüder Wright das Flugzeug „schwerer als Luft" konstruiert und entwickelt wurde, nahm dort auch die Entwicklung des Fallschirms, der bis dahin nur von Ballonfahrern benutzt wurde, einen raschen Aufschwung.

Als erster benutzte der Artist Broadwick in seiner Luftzirkus-Nummer einen Fallschirm, der bereits in einer Packhülle untergebracht war. Ein Seil, mit der Oberkante des Packsackes verbunden, war mit seinem anderen Ende an einem Ballon-Trapez befestigt. Eine andere Schnur verband den Fallschirm mit dem Springer. Wenn Broadwick einmal von seinem Trapez herunterfallen sollte, mußte sein Körpergewicht den Fallschirm aus dem Sack ziehen, und im Fallen würde sich der Schirm öffnen. Auf diese Art und Weise hatte er den ersten automatisch funktionierenden Fallschirm entwickelt.

Es war im Jahre 1908, als Broadwicks Tochter Georgie, „Tiny" genannt und eben vierzehn Jahre alt, das erstemal mit einem Fallschirm aus dem Ballon ihres Vaters absprang. Sie war später die erste Frau, die den Absprung aus einem Flugzeug wagte. Als sie im Jahre 1922 aus dem Schaugeschäft abtrat, hatte sie 1100 Fallschirmabsprünge durchgeführt.

Im selben Jahr, da dieses damals vierzehnjährige Mädchen mit dem Fallschirm absprang, war der Amerikaner Leo Stevens dabei, die erste Reißleine zu einem selbsttätigen Fallschirm zu entwickeln.

Zwei Jahre darauf erfand ein Italiener, der in den USA lebte und von dem nur der Vorname Pino bekannt ist, einen

Schirm, den er in einem Rückenpacken zusammenfaltete. Der Hauptschirm kam erst heraus, wenn der kleinere Pilotenschirm draußen war und den Hauptschirm herauszog.

1911 trat ein weiterer Amerikaner, Grant Morton, auf den Plan und wagte den ersten Absprung aus einem Flugzeug. Er stieg als Copilot von dem Flugplatz Venice in Kalifornien auf. Dabei hielt er seinen aus Seide gefertigten Fallschirm im Arm. Als er die Wright-Brothers-Maschine verließ, warf er gleichzeitig den Fallschirm aus. Der Fallschirm blähte sich; sicher und wohlbehalten setzte Morton auf dem Platz auf.

Ein Jahr später schrieb sich der spätere Captain Albert Berry in die Liste derjenigen ein, die den Fallschirm weiterentwickelten. Er probierte eine neue Methode aus, indem er seinen Fallschirm in einem Metallkasten unter der unteren Tragfläche seines Doppeldeckers deponierte. Am 1. März 1912 startete er mit dem Piloten Tony Jannus in dessen Maschine vom Flugplatz St. Louis. Als sie auf die vereinbarte Höhe gestiegen waren, kletterte Berry aus dem zweiten Sitz heraus und erreichte nach einigen artistischen Leistungen eine Trapezstange, die zwischen den beiden Rädern der Maschine angebracht war. An diesem Trapez hängend, löste er den Fallschirm aus seiner Metallhülle. Als sich der Schirm hinter der Maschine blähte, wurde Berry fast heruntergerissen, doch er blieb hängen und schwebte schließlich am Schirm herunter. Dieser Absprung gilt in der Welt allgemein als erster Fallschirmabsprung aus einem Flugzeug, obgleich dies nicht stimmt.

Doch nun wieder zurück nach Europa. Dort führte im August 1913 der französische Flugzeugpilot Adolphe Pégoud einen besonders originellen Fallschirmabsprung aus. Er öffnete während des Fluges über der Gemeinde Buc seinen Fallschirm und ließ sich von diesem aus dem Pilotensitz ziehen. Während das nun führerlose Flugzeug abstürzte, landete Pégoud glatt auf der Erde. Über diesen Flug berichtete er:

„Ich starte schnell und steige bis 100 Meter empor. Dann lenke ich meine Maschine nach rechts zum Tal und drehe

zurück, um mit Gegenwind zu fliegen und Châteaufort anzusteuern. Als ich die Richtung hatte, stellte ich die Nase meiner Maschine nach unten und jagte im Steilflug der Erde entgegen. Gleichzeitig klinkte ich die Tür auf und öffnete den Fallschirm.

Der Fallschirm flatterte nach rückwärts hinaus und entfaltete sich binnen zwei Sekunden. Er riß mich aus dem Sitz, und im Fallen nach rückwärts spürte ich einen harten Schlag gegen die Schulter. Das Seitensteuer hatte mich getroffen. Auch der Schirm mußte etwas abbekommen haben, denn ich hörte einen reißenden Laut. Dennoch hielt er sich prächtig. Ich machte nun die Luftschaukel, während meine ‚Concon' in einigen wilden Drehungen der Erde entgegenraste, mit donnerndem Aufschlag zerschellte und gleich darauf in Flammen stand."

Mit Ausbruch des Ersten Weltkriegs und mit dem mehr und mehr verstärkten Einsatz von Ballonbeobachtern und Jagdfliegern wurde der Fallschirm, der bis dahin noch immer überwiegend ein Requisit für Schauabsprünge war, endgültig zum Rettungsgerät.

Der britische Fallschirmerfinder E. R. Chalrop brachte den „Guardian Angel" — Schutzengel-Fallschirm — heraus, und die Piloten des British Royal Flying Corps erhielten Weisung, nur noch mit Fallschirmen ausgerüstet zu starten.

Die deutschen Flieger konnten mit und ohne Fallschirm aufsteigen, und es waren zuerst die Ballon-Beobachter, die mit den alten bekannten Fallschirmen ausgerüstet waren.

Noch im ersten Kriegsjahr erfand der Münchener Konstrukteur Karl Schmittner zusammen mit Richard Kohnke bei der Luftschiffer-Versuchsabteilung in Berlin-Reinickendorf den ersten Ballonkorb-Fallschirm.

Dies war ein Gerät, mit dem sich im Notfall die Besatzung eines Fesselballons samt ihren Fernrohren und Bildkameras retten konnte, indem sie den Korb vom Ballon trennte und am Fallschirm zur Erde niederschwebte. Zwischen Ballon und Ballonkorb war im Tauwerk eine Vorrichtung eingebaut, die im Notfall eine Trennung der beiden Teile voneinander möglich machte. Da dieser Schirm eine bedeutend schwerere Last zu tragen hatte, war er auch entsprechend größer ausgelegt.

Der erste Absprung eines Fliegers im Ersten Weltkrieg auf französischer Seite fand am 16. März 1916 statt. Der Unteroffizier Lavassor d'Yerville war in einem Ballon nahe den deutschen Linien aufgestiegen, um das Feuer dreier schwerer Batterien auf ein deutsches Grabenstück zu lenken.

Als man auf deutscher Seite den Beobachter sichtete, wurde das Feuer auf den Ballon eröffnet. Allerdings erreichten die Granaten ihn nicht. Nur der Zufall in Gestalt eines Blindgängers schaffte, was die platzenden Granaten nicht vermochten. Dieser Blindgänger durchschlug das Kabel, an dem der Ballon hing.

Vor dem frischen Westwind wurde der Ballon des Unteroffiziers zügig auf die deutschen Linien zugetrieben. Lavassor d'Yerville mußte damit rechnen, in Kriegsgefangenschaft zu geraten. Um ihr zu entgehen, sprang er schließlich mit seinem Fallschirm aus 3200 Meter Höhe ab. Er landete im Niemandsland und kehrte am Abend dieses für ihn so aufregenden Märztages zu seiner Einheit zurück.

Erst im Jahre 1917 entwickelte der deutsche Luftschiffer-Maschinist Otto Heinicke den ersten wirklich brauchbaren Flugzeug-Sprung-Fallschirm. Die Einführung dieses Fallschirmes bedeutete für die Flieger des Ersten Weltkriegs eine wesentliche Herabsetzung des Unfallrisikos. Nunmehr konnten sie ohne besondere Vorkehrungen und Umstände ihre Maschine verlassen, wenn sie flugunfähig war, und ihr Leben retten.

Dieser erste brauchbare Flugzeugfallschirm soll hier in knappen Zügen in seinen Besonderheiten dargestellt werden. Er steckte in einem Verpackungssack. Die Enden der Fallschirmleinen schauten ein Stück heraus und wurden am Gurt des Fliegers befestigt. Der Verpackungssack selbst war mit einer sieben Meter langen Leine, der sogenannten Aufziehleine, am Flugzeug fest verknotet. Der Fallschirm bestand aus zwanzig Bahnen und hatte einen Durchmesser von acht Meter.

Die Packhülle wurde mit der Öffnung nach oben, ähnlich einem Rucksack, am Gurtzeug des Piloten durch Karabinerhaken befestigt. Dieser Rucksack befand sich zuerst auf dem Rücken des Piloten. Wenig später aber wurde er als Sitzfallschirm ausgebildet und so in den deutschen Fliegerstaffeln verwendet.

Die Öffnung der Packhülle war aus Sicherheitsgründen erweitert. Der Schirm war in dieser Hülle untergebracht und die Packhülle selbst mit einem Stahldrahtverschluß in T-Form verschlossen. Die notwendige Funktionsverzögerung war durch die sieben Meter lange Aufziehleine gegeben. Das heißt, der Fallschirm konnte sich nicht eher entfalten, bis der Springer nach einem Fall von sieben Metern durch sein Körpergewicht die gesamte Aufziehleine aus dem Packsack herausgezogen hatte. Dann kam sie auf Zug, der Stahldrahtverschluß des Packsackes wurde aufgerissen, und die Packhülle öffnete sich.

Um ein sicheres Freikommen der verpackten Schirmkappe zu erreichen, war zwischen der Aufziehleine und der Scheitelöffnung der Schirmkappe eine Sollbruchstelle aus einem 18 Kilogramm festen Band eingebaut. Dieses Sollbruchband riß durch das Gewicht des Abspringenden, sobald die Aufziehleine und die Schirmkappe mit den Fangleinen auf Zug gestreckt waren. Dadurch erst wurde die Schirmkappe zur Entfaltung freigegeben.

Dieser Schirm wurde in den beiden letzten Kriegsjahren zum wahren Rettungsengel für abgeschossene Flieger.

Noch während des Krieges nahmen sämtliche kriegführenden Nationen dieses System auf. Die Schirme der französischen, englischen, amerikanischen, russischen und italienischen Flieger beruhten sämtlich auf dem Prinzip, das Otto Heinicke erfunden hatte. Dieser Schirm wurde bei der Firma Schröder und Co. in Berlin gebaut, deren Mitinhaber Heinicke eine Zeitlang war.

Andere Fallschirmsysteme, die während des Ersten Weltkriegs entwickelt wurden, waren die Mears- und Guardian-Angel-Schirme der Engländer, die Ours- und S. T. A.-Fallschirme der Franzosen, die A. E. F.-Fallschirme der Amerikaner und die Salvator-Fallschirme der Italiener.

Als der Erste Weltkrieg zu Ende war und die Kriegsflieger aller Nationen entweder in der Armee blieben oder in ihre zivilen Berufe zurückkehrten, war es eine ganze Weile still um den Fallschirm. Insbesondere in Deutschland, wo ja die Fliegerei durch den Versailler Vertrag verboten war. Noch immer gab es keinen Fallschirm, mit dem man frei abspringen konnte, denn auch die vorgenannten Typen basierten sämtlich auf einer automatischen Öffnung durch die Aufziehleine.

Es war ein junger Amerikaner mit Namen Leslie Irvin, der dieses Problem löste.

Im freien Fall!

Mit staunenden Augen lief der zehnjährige Leslie Irvin durch die Budenreihen des Gleitbahnparks von Los Angeles. Seine Mutter konnte kaum die vielen Fragen beantworten, die dem Jungen über die Lippen sprudelten. Immer wieder hieß es: „Was ist denn das, Mutter?“

Sie fuhren in der Gleitbahn. Sie flitzten förmlich durch die Kurven, stießen steil bergauf und jagten ebenso steil wieder hinunter. Anschließend gab es Süßigkeiten und „Hamburger“ mit Senf und Brot. Plötzlich sah Leslie etwas, was seine besondere Aufmerksamkeit erregte. Hoch über dem Vergnügungspark stand ein dicker, praller Ballon. Darunter hing ein Korb, und in diesem Korb standen Männer, die mit Ferngläsern auf den Vergnügungsplatz herunterblickten.

„Was machen die Männer dort oben, Mutter?“ fragte Leslie.

„Das ist der Feuerwach-Ballon, Leslie. Wenn es irgendwo brennt, sehen es diese Männer sofort und geben Alarm. Dann kommt die Feuerwehr und löscht den Brand.“

Der Ballon konnte deshalb am Himmel stehen, so erfuhr Leslie, weil die Luft in ihm durch einen dicken Ballen brennenden Wergs erhitzt war. Das Wergbündel lag auf einem Netz nahe der unteren Ballonöffnung.

Leslie Irvin blieb wie angenagelt stehen und bemerkte, wie der Ballon, nachdem das Werg ausgebrannt und die Heißluft in seinem Innern abgekühlt war, niederschwebte.

Dies zeigte dem erfinderischen Sinn des eben erst Zehnjährigen den perfekten Weg, seine Fallschirme zu testen, die er seit einiger Zeit aus Seidenresten seiner Mutter bastelte.

Von nun an trug der junge Irvin alles zusammen, was an Lektüre über Luftschiffe, Ballons und Fallschirme erreichbar war. In den nächsten Jahren bis zum Ende des Ersten Weltkriegs hatte er sich ein enormes Wissen darüber angeeignet, das zwar seine schulischen Leistungen nicht verbesserte, ihm dafür aber den Weg zu seinem Traumberuf ebnete. Die Geschichte der Luftfahrt und des Fallschirms übte nämlich mit der Zeit eine solche Faszination auf ihn aus, daß er sich ihr ganz verschrieb.

Es war sein besonderes Glück, daß einer der ersten amerikanischen Flugzeugbauer, Gil Dosh, auf einem freien Feld nahe dem Hause der Irvins ein Flugzeug baute. Mit einigen Helfern war er an der Arbeit. Leslie nutzte diese Chance und war in jeder freien Minute dabei. Immer wieder überraschte er den Konstrukteur mit seinen Detailkenntnissen.

Eines Tages nahm Gil Dosh den Jungen auf die Seite und fragte ihn: „Hallo, Leslie, du machst dich gut als Flugzeugbauer. Wenn du einen Job suchst, kannst du ihn bei mir finden, klar?"

„Mensch, Gil, ich meine Mister Dosh", schäumte Irvin vor Freude über, „das wäre ein Ding! Ich bin Ihr Mann!" Er streckte dem Flugzeugkonstrukteur die Hand entgegen. Gil Dosh, der breitschultrige, rotschopfige Techniker im blauen Arbeits-Overall, grinste und schlug ein. Dann wurde er ernst.

„Vor allem mußt du die Erlaubnis deiner Eltern haben, Boy. Soviel ich gehört habe, gehst du noch zur Schule."

„Die werde ich bekommen, Mister Dosh. Ich gehe gleich heim und werde sie darum bitten."

Auf dem Heimweg war der junge Leslie doch nicht so fest davon überzeugt, wie er sich vor dem Big Boß gegeben hatte. Schließlich hatte er noch ein Jahr Schule vor sich. Dennoch faßte er sich ein Herz und sagte es seinen Eltern noch am selben Abend. Er legte ihnen auseinander, daß er Techniker und Flugzeugführer werden wolle und daß er dazu genau den richtigen Job gefunden habe.

Leslie Irvins Eltern ließen ihn diesen Weg gehen. Schließlich kannten sie die Luftfahrtbesessenheit ihres Sohnes, und sein Vater sagte dazu: „Dies ist ein Job wie jeder andere, und mir will scheinen, daß an dieser verdammten Fliegerei doch viel mehr dran ist, als wir uns heute träumen lassen. Vielleicht fliegen in den nächsten zehn Jahren mehr Leute, als in Autos fahren!"

Dieses Flugzeug, das Irvin mitbauen half, war die erste Maschine, die über der Stadt Los Angeles kreiste, und eines der ersten Flugzeuge, die für den kommerziellen Verkehr flogen; denn als die Maschine, „The Eagle from Los Angeles" genannt, von Los Angeles nach San Bernadino flog, kam sie von dort mit einer Ladung Zeitungen zurück. Es waren die ersten Zeitungen, die in den USA per Luftfracht befördert wurden.

Für die nächsten Jahre wanderte Leslie Irvin von Job zu Job. Aber jeder dieser Jobs hatte irgend etwas mit seinem Traum vom sicheren Fallschirm und von der Luftfahrt zu tun. So arbeitete er schließlich mit Lincoln Beachy zusammen, einem guten Piloten, der mit Schauflügen in niedrigster Höhe über die Schienen von Barney Oldfield hinwegraste und sich mit der Eisenbahn Rennen lieferte.

Ein Jahr später musterte Irvin bei Roy Knabenshue an, der eines der ersten lenkbaren Luftschiffe baute. Er mietete dieses Luftschiff und führte damit Fahrten über Los Angeles aus. Dann, in einer Aufwärtsperiode seines jungen wechselvollen Lebens, erhielt er bei der Universal Film Company im Angestelltenbüro der Firma einen Job, bei dem er allerdings nicht „in die Luft gehen" konnte. Sehr bald zeigte es sich, daß die Gesellschaft oftmals einen Flugzeugpiloten brauchte, der in dem einen oder anderen Film Schauvorstellungen gab. Natürlich gab sich Irvin, der ja im Büro saß, selber diesen Job. Nun saß er wieder in einer Maschine und flog.

Irvin kündigte schließlich und wanderte weiter durch Amerika. Er nahm nur Jobs an, in denen er fliegen konnte.

Fliegen mußte er um jeden Preis! Für Geld oder umsonst, aber — fliegen!

In aller Stille bastelte er weiter an seiner Idee, einen Fallschirm zu bauen, der den Freifall ermöglichte. Die alte Märchengeschichte, daß das Bewußtsein des Menschen im freien Fall aussetze, glaubte er nicht; denn schließlich hatte er auch einige Monate in einem Zirkus gearbeitet, wo er allabendlich aus einer Höhe von 25 Meter senkrecht in ein Netz hineinspringen mußte. Er sagte sich: wenn ich 25 Meter durchfallen kann und jeden Muskel unter Kontrolle behalte, dann muß ich auch ein paar Dutzend Meter tiefer fallen können. Dieser Sache wollte er ebenfalls auf den Grund gehen.

Im Winter, wenn die Flugsaison vorüber war, spielte er anläßlich von Karnevalsveranstaltungen und anderen Festen in den Sälen Klavier. Aber immer wenn es Frühling wurde und sich die Luftzirkusse und Luftschauen auf den Weg über den Kontinent machten, war Leslie Irvin dabei, denn der glänzendste Job war der eines „Höllentauchers", als der er in den Reklamen der Luftschau angekündigt wurde.

So war er schließlich auf dem besten Wege, eine Antwort auf jene Frage zu finden, die die höchsten Führungsoffiziere der US-Luftstreitkräfte ebenso wie die berühmtesten Mediziner der Welt bewegte: Kann ein Mensch, ohne Schaden zu nehmen, größere Strecken im freien Fall zurücklegen? Und: Gibt es einen Fallschirm, mit dem ein Flieger bei hoher Geschwindigkeit seiner Maschine sich durch einen Absprung retten kann?

Die größten medizinischen Autoritäten der Welt hatten alles dies verneint. Kein Mensch konnte nach ihrer Meinung mehr als hundert Fuß durch den Luftraum fallen, ohne die Besinnung zu verlieren; und wenn er noch weiter fiel, dann konnte nur der Tod die Folge sein. So bildete sich die Legende vom „armen Flieger, der im freien Fall längst tot sein würde, bevor er die Erde berührte".

Leslie Irvin glaubte nicht an diese oder ähnliche medizinische Voraussagen. Er war Praktiker und wußte es aus eigener

Erfahrung besser. Er sprang von den 20-Meter-Brettern der Schwimmbäder und von noch höheren Brücken. Er fand heraus, daß man nicht die Besinnung verlor, und er wußte aus der Lektüre der Fallgesetze, daß ein Mensch in einer Höhe von rund 1500 Meter nicht schneller fallen konnte als 220 Kilometer in der Stunde.

Es wurde allerdings das Jahr 1919, bis Irvin diese seine Theorie von der Durchführbarkeit des freien Falls unter Beweis stellen konnte. Er hatte inzwischen theoretisch einen Fallschirm entwickelt, der mit der Hand ausgelöst werden konnte. Das heißt: er sprang mit diesem Fallschirmpaket auf dem Rücken aus der Maschine und zog, wann er es wollte, die Reißleine, die an einem Aufziehgriff auf seiner Brust befestigt war, und der Fallschirm öffnete sich.

Er hatte all sein Geld zusammengekratzt, um den Menschen seine neue Erfindung vorzuführen und zu beweisen, was die größten Kapazitäten der Erde als blanken Unsinn abtaten: daß ein Mensch beliebig weit durch die Luft fallen konnte, ohne auch nur den geringsten Schaden zu nehmen.

Bis zu diesem Zeitpunkt hatte Irvin über 200 Fallschirmabsprünge aus Flugzeugen und Ballons, aus Luftschiffen und von Brücken ausgeführt. Doch diesmal würde alles anders sein.

Eingangs des Jahres 1919 hatte Major E. J. Hoffmann von der US Air-Force einen Aufruf erlassen, daß jeder Fallschirmspringer, der glaube, einen brauchbaren Typ eines Freifaller-Schirmes zu besitzen oder einen solchen Schirm konstruieren zu können, sich bei ihm melden solle. Mit einer Reihe von Experten prüfte er jeden Vorschlag. Die Zeichnung eines Fallschirms, die Leslie Irvin einschickte, erfüllte als einzige alle Bedingungen der Kommission. Man beschloß, ihn zu bauen. Irvin erbot sich, den ersten Test mit diesem Fallschirm selbst zu unternehmen.

„Wissen Sie, lieber Irvin, daß noch kein Mensch seinen Fallschirm im freien Fall geöffnet hat?“ fragte ihn Major Hoffmann.

„Ich weiß es, Major", war Irvins Antwort.

„Sind Sie auch sicher, daß Sie die Besinnung behalten und den Schirm öffnen können? Korrigieren können Sie nichts mehr; dazu werden Sie keine Chance bekommen, weil Sie dann tot sein werden. Unsere Mediziner sagen, daß jeder Mensch, der frei durch die Luft fällt, die Besinnung verliert, bevor er den Fallschirm aufziehen kann."

„Das stimmt nicht, und ich werde es beweisen", erwiderte Irvin entschlossen.

„Also gut, Irvin. Am 28. April geht es los! Wir werden diesen Test auf dem Dayton-Flugfeld von St. Louis machen."

Am frühen Morgen des 28. April 1919 war das Dayton-Flugfeld mit Menschen gefüllt. Viele Offiziere der Luftstreitkräfte standen bereit. Reporter kamen und notierten die Stimmung. US-Kriegsveteranen in Uniform, mit allen Orden, warteten auf den Mann, der es als erster wagen würde.

Da kam Irvin auch schon aus der Flugleitung. Er trug seine verwaschene Fliegerkombination und auf dem Rücken seinen neuen Fallschirm. Er mußte durch ein Spalier von Menschen, mußte viele Hände schütteln und den Reportern den Aufziehgriff auf seiner Brust zeigen und ihnen erklären, wie sein Wunderfallschirm funktionierte.

„Hoffen Sie heil runterzukommen, Leslie?" wurde er gefragt.

„Ich werde heil runterkommen, Freunde", erwiderte er und grinste. „Ich werde die Hypothesen der Himmelsabwehrkanonen entkräften, indem ich nicht bewußtlos werde."

„Drei Hurras für Leslie!" brüllte ein Kriegsveteran. Alle Menschen auf dem Platz stimmten in den Ruf ein.

„Sie sehen weiß aus um die Nasenspitze", frotzelte ihn einer der Reporter.

„Ja, das muß von dem Puder sein, mit dem ich mich gegen den Luftzug eingestäubt habe", riß er einen Witz, der mit lautem Gelächter quittiert wurde. Er selbst registrierte innerlich, daß er der einzige Mann auf dem Platz war, den in dieser rauhen Aprilluft nicht fror.

„Na, Floyd, alles klar mit der Kiste? Kommst du heute auch in die richtige Höhe?"

Floyd Smith, einer seiner alten Kumpel aus der Luftzirkuszeit, grinste und zeigte mit dem Daumen aufwärts. „Ich werde dich auf 600 Meter schaukeln und dir dann einen Tritt in den Hintern geben, daß du von allein rausfliegst. Daß du dich nur nicht anklammerst und nach der Mutti schreist!"

„Alter Buschräuber!" erwiderte Irvin grinsend. Er kletterte in den zweiten Sitz, und Floyd warf den Motor an. Nach einer Minute war er warmgelaufen, und Smith startete. Die Maschine hob ab, beschrieb einen weiten Bogen, gewann an Höhe, und als sie den Platz wieder erreichte, war sie genau 600 Meter hoch.

Auf dem Boden war alles still. Man hätte eine Stecknadel fallen hören können. Hoch über dieser schweigenden Menschenmauer schwebend, beugte sich Irvin hinunter und spähte auf den Platz. Alle Gesichter waren zu ihm emporgerichtet, wie er an den vielen ineinander verschwimmenden weißen Flecken sehen konnte. Er schlug Smith auf die Schulter und grinste ihn an, als dieser sich umdrehte.

„Viel Glück, Leslie!" brüllte Floyd gegen den Motor an.

Drei Sekunden später sprang Irvin. Er überschlug sich und stieß dann, stabil geworden, steil nach unten.

„Da ist er!" schrien wenige Sekunden später die wartenden Menschen. Hinter der weiterziehenden Maschine sauste Leslie Irvin — sich nun wieder und wieder überschlagend — in die Tiefe. Sechzig Meter fiel er so durch und noch einmal sechzig Meter, und dann war er bereits zweihundert Meter im freien Fall mit einer nun endgültigen Geschwindigkeit von über 200 Kilometer in der Stunde gefallen. Rufe gellten durch die Stille:

„Mein Gott! Er ist ohnmächtig geworden!"

„Er wird diesen Sturz nicht überleben!" riefen andere.

Major Hoffmann, der am Rande des Flugfeldes stand, spürte, wie seine Kehle trocken wurde. Was hatte er da zuge-

lassen? Die Fachwelt würde ihn dafür steinigen. In was für ein wildes Abenteuer hatte er sich da nur eingelassen!

Inzwischen war Irvins Lage abermals stabil geworden. Er war mittlerweile dreihundert Meter durchgefallen. Die Mediziner hatten mit allem recht! Dies hier mußte mit einem tödlichen Unfall enden. Alle diese Gedanken schwirrten Major Hoffmann durch den Kopf.

Dann aber, als Leslie Irvin vierhundert Meter im freien Fall zurückgelegt hatte, erblühte plötzlich über seinem Kopf — einer weißen Rose gleich — der Fallschirm. Er öffnete sich binnen weniger Sekunden ganz, und der Körper des Springers wurde in die Senkrechte zurückgezogen und pendelte dann am entfalteten Schirm der Erde entgegen. Kurz darauf landete Leslie Irvin beinahe mitten in der gelbgekleideten Gruppe der Experten, die beobachtend auf dem Platz stand. Er überschlug sich bei der Landung, rollte ab, sprang rasch wieder auf die Füße, umlief den zusammenfallenden Schirm und nahm ihn auf.

Erst jetzt brach der Jubel aus. Das weite Rund des Flugplatzes hallte wider von dem ohrenbetäubenden Geschrei der Menge, und als Major Hoffmann den Springer keuchend erreichte und ihn in die Arme schloß, meinte Irvin trocken:

„Sie sehen mich gesund und in einem Stück, Major. Und nun können Sie den Kapazitäten der Wissenschaft sagen, daß ein medizinisches Wunder geschehen ist — weil ich noch lebe!"

Die Reporter umringten Irvin. Fotos wurden geschossen. Leslie Irvin war als erster Mensch der Welt frei durch den Luftraum gefallen. Er hatte — wie ein Vogel im Sturzflug niedergehend — die Besinnung nicht verloren, sondern nach vierhundert Meter Freifall den Aufziehgriff gezogen und war sicher auf der Erde gelandet.

Drei Dinge hatte Leslie Irvin mit diesem Sprung erzielt: Er hatte als erster Mensch einen Fallschirmabsprung mit Verzögerung ausgeführt. Er hatte bewiesen, daß der Mensch mehrere hundert Meter frei fallen konnte, ohne dabei die Besinnung zu verlieren. Er hatte sich wohlweislich über zwei Drittel der Distanz durchfallen lassen, um diese Tatsachen zu demonstrieren.

Leslie Irvin war der erste Mann, der einen Sprung mit dem ersten Freifall-Typ eines Fallschirms ausführte. Er wurde somit zum Vater des Fallschirm-Sportspringens.

Die amerikanische Luftwaffe übernahm den Fallschirm sofort. Auch die britische Luftwaffe ließ ihre Piloten und Flieger mit solchen Schirmen ausrüsten; später übernahmen ihn fast alle Luftstreitkräfte der Erde.

Ironie des Schicksals ist es, daß ein Fallschirm ähnlicher Bauart in Deutschland bereits während des Ersten Weltkriegs bei der Luftschiffer-Versuchsabteilung in Berlin-Reinickendorf von dem damaligen Ballonbeobachter Dr. Paul Hermann von der Feldluftschiffer-Abteilung 37 vorgeschlagen worden war. Die medizinische Untersuchungsstelle hatte diesen Fallschirm abgelehnt, weil man auch in Deutschland der Ansicht war, daß der Mensch im freien Fall die Besinnung verlieren müsse und somit den Schirm nicht mehr rechtzeitig betätigen könne.

Diese Meinung hielt sich auch nach dem grandiosen Versuch Irvins noch lange. Noch im Jahre 1930 war man in Deutschland nicht sicher, ob ein Mensch einen längeren Freifall überleben würde. Um diese Frage zu klären, unternahm das Luftfahrtmedizinische Institut in Berlin unter Leitung von Professor Dr. Koschel in diesem Jahre einen Versuch. Und zwar sollte ein Fallschirmspringer aus der damals mit einer Maschine gerade erreichbaren Höhe von 8000 Meter abspringen und in freiem Fall so lange wie möglich der Erde entgegenfliegen, bevor er die Reißleine zog.

Die Wahl fiel auf den bekannten Fallschirmspringer Ingenieur Richard Kohnke, der 1916 im Ersten Weltkrieg zum erstenmal aus einem Ballon abgesprungen war. Der Absprung erfolgte aus einem Flugzeug des Typs „W 35" auf dem Exerzierplatz Oberwiesenfeld in München. Pilot dieser Maschine war der bekannte Flugzeugführer Fritz Held.

Zusammen mit einer Reihe von Ärzten startete Richard Kohnke zu diesem Höhenflug. Höher und höher schraubte sich die Maschine in den klaren Sommerhimmel empor. Dann hatte sie 7800 Meter erreicht, und Fritz Held berichtete, daß sie nicht höher kommen würden, weil die „W 33" zu stark beladen sei. Noch einmal wurden alle Körperfunktionen Kohnkes gemessen.

Dann war alles zum Sprung bereit. Das Sauerstoffgerät funktionierte vorzüglich, wie sich die Ärzte überzeugen konnten. Richard Kohnke sprang. Er spürte den Fahrtwind des freien Falls, der in dieser Höhe beinahe 320 Kilometer in der Stunde betrug und sich infolge der immer dichter werdenden

Luft verlangsamte. Während dieses ersten langen Freifalls in der deutschen Fallschirmgeschichte stellte Richard Kohnke fest, daß er durch Arme und Beine, selbst durch die Kopfhaltung seinen Flug steuern konnte.

Genau 142 Sekunden ließ sich der deutsche Fallschirmspringer durchfallen. Erst dann zog er — noch rund 600 Meter über dem Oberwiesenfeld — den Aufziehgriff, und der Fallschirm öffnete sich. Er landete sicher in der Mitte des Flugplatzes. Richard Kohnke hatte damit den ersten Zielsprung im freien Fall aus einer derartigen Höhe ausgeführt.

Als er viele Jahre später zu seinem 50jährigen Fallschirmspringer-Jubiläum nach seinen damaligen Eindrücken befragt wurde, meinte er verschmitzt:

„Auch ich ging damals mit gemischten Gefühlen an diesen Sprung heran, aber ich kann sagen, daß den meisten Medizinern schon der Höhenflug allein nicht sehr gut bekommen ist. Unterwegs fühlte ich mich dann wahrscheinlich schon sehr viel wohler als diese Herren, welche die Luftkrankheit arg erwischt hatte."

Nun zurück in die frühen und wilden zwanziger Jahre, die auch für die Fallschirmspringerei turbulent waren und neben Irvin eine Reihe weiterer Springer hervorbrachten.

Als im Jahre 1922 der US-Leutnant Harold R. Harris bei einem Motorschaden seines Flugzeugs aus 750 Meter Höhe absprang und 600 Meter tief mit dem Fallschirm durchfiel, war das für die Luftfahrtbehörden der USA ein Zeichen. Nicht daß Harris etwa absichtlich so lange mit dem Ziehen der Reißleine gewartet hätte! Nein, er fand in der Aufregung lediglich nicht den Reißgriff, weil dieser durch unkorrekten Sitz des Fallschirms verrutscht war.

Doch das Resultat dieses Sprunges und einiger anderer Sprünge zwang die oberste Luftfahrtbehörde, eine Weisung herauszugeben, nach welcher alle Piloten für jeden Flug einen Fallschirm zu tragen hatten. Wenn sie sich weigerten, einen Fallschirm anzulegen, erhielten sie keine Starterlaubnis.

Im folgenden Jahr rettete ein anderer Pilot der Luftstreitkräfte der USA sein Leben ebenfalls durch einen Fallschirmabsprung. Leutnant Frank Tyndall hatte einen Erkundungsflug durchzuführen. Bei diesem Flug geriet er in eine Schlechtwetterfront; in dem Sturm brach die rechte Tragfläche seiner Maschine ab, und die ganze Maschine trudelte steuerlos der Erde entgegen. Tyndall sprang ab und landete mit seinem Fallschirm heil auf der Erde.

Nach diesen Rettungssprüngen von Harris und Tyndall gründete Leslie Irvin, der inzwischen eine Fallschirmfabrik eröffnet hatte, den später in der ganzen Welt hochberühmten „Caterpillar-Club". Bei dem Namen „Caterpillar" — Raupe — wird er an die Seidenraupe gedacht haben, weil ja seine Fallschirme aus Seide hergestellt wurden.

In diesen Caterpillar-Club wurden nur Männer aufgenommen, die ein besonderes Fallschirmerlebnis aufzuweisen hatten. Drittes Mitglied des Clubs wurde Wilfred Bottomfield, ein Schauspringer jener Tage. Er war im Jahre 1923 mit sechs Fallschirmen abgesprungen. Die fünf ersten Fallschirme warf er nacheinander ab, um mit dem sechsten — dem Notfallschirm — zur Erleichterung seiner Zuschauer zu landen.

Ende des Jahres 1924 hatte dieser Club insgesamt 24 Mitglieder. Von ihnen waren 23 Amerikaner und nur ein Ausländer: der englische Pilot und Fallschirmspringer Eric Pentland. Heute hat dieser Club in aller Welt viele berühmte und weniger berühmte Mitglieder.

Mit demjenigen Fallschirmspringer und Piloten aber, der als vierter die Mitgliedschaft zum Caterpillar-Club erhielt, wollen wir uns im nächsten Kapitel bekannt machen. Sein Name ist Charles A. Lindbergh.

Charles A. Lindbergh, einer der Großen

Charles Auguste Lindbergh wurde 1902 in Detroit geboren. Nach Absolvierung der Schule studierte er eineinhalb Jahre an der Hochschule von Wisconsin Maschinenbau. Dann warf er die Schulbücher fort, riß einfach aus, um zu fliegen. Seit Jahren ging er zu jeder Luftschau, war er mit allem vertraut, was Fliegen und mit dem Fallschirm abspringen hieß.

Es war im Frühjahr 1922, als Lindbergh, eben zwanzig Jahre alt, in einen Luftzirkus eintrat und bei dem Piloten Ewald Bahl einen alten Doppeldecker fliegen lernte. Der alte Bahl hatte jedoch meistens die alte Kiste zu fliegen, während Lindbergh während des Fluges auf die obere Tragfläche kletterte und seine Schaunummer abzog, für die Bahl ihm nach jeder Vorführung fünf Dollar gab.

„Slim", wie der schmächtige Charles von seinen Kollegen gerufen wurde, vollführte mit der Zeit die tollsten Kunststücke und wurde ganz nebenbei von seinem alten Kumpel Bahl in die Kunst des Fliegens eingeweiht. Er liebte dieses gefährliche Leben. Sein großer Traum aber war ein eigenes Flugzeug, um damit die Freiheit des Luftraumes genießen zu können und in einem Beruf zu wirken, den er wirklich liebte.

Einer der damaligen Fallschirmkünstler, Charles A. Hardin, inserierte im Jahre 1922 in einer Zeitung, daß er als einziger Flieger der Welt imstande sei, sechs Fallschirmabsprünge in einem einzigen Absprung auszuführen. Dazu verpflichtete er sich, nach jeder Fallschirmöffnung und dem Abwerfen des Schirms einen Salto zu machen. Die Zahl der Fallschirmöffnungen hänge nur davon ab, wie hoch er aussteige und wie viele Fallschirme er übereinander an seinem Gurtzeug anbringen und jeweils auch funktionssicher abwerfen könne.

Hardins Frau Kathryn war ebenfalls Fallschirm-Kunstspringerin. Einer der Höhepunkte ihrer Luftschau bestand darin, daß Charles Hardin auf der linken und Kathryn auf der rechten Tragfläche stehend absprangen. Hardin hatte seinen Fallschirm selbst konstruiert, seine Frau schnitt die Seide zu und nähte. Dieser Hardin-Schirm kostete damals 125 Dollar.

Hardin hatte zu der Zeit, als Lindbergh seine Schau zum erstenmal sah, bereits über 100 Fallschirmabsprünge durchgeführt. Im ganzen Land war er auf Jahrmärkten und in Luftschauen dabei. Er war Soldat gewesen und hatte während des Ersten Weltkriegs einen Beobachterballon an der Westfront geflogen. Danach war es der Luftzirkus, mit dem er seinen Lebensunterhalt bestritt.

Am Sonntag, dem 18. Juni 1922, befand sich auch der junge Lindbergh auf dem Flugplatz von Lincoln in Nebraska unter den Zuschauern und verfolgte die Luftnummer der Hardins. Er beobachtete gespannt, wie Hardin den ersten seiner Fallschirme unter der Maschine festmachte. Danach stieg das Flugzeug auf, erreichte bald 600 Meter Höhe, und Hardin kletterte heraus und schnallte die Halter der beiden Fallschirme an seinem Gurtzeug fest. Danach kletterte er auf die Achse der Räder, ergriff ein Seil und ließ sich so tief hinunter, bis er von der Maschine freigekommen war. Dann ließ er sich los, und der erste Fallschirm öffnete sich. Hardin schwebte der Erde entgegen. Nach 100 Metern zerschnitt er die Leinen des ersten Fallschirms, fiel durch, machte tatsächlich den Salto vorwärts, und schon entfaltete sich die Seide des zweiten Schirmes.

Als Charles A. Lindbergh zu der Maschine emporblickte, als er Hardin fallen und die seidene Glocke des Fallschirms sich aufblähen sah, war er von diesem Gerät begeistert. Eine halbe Stunde später stand er Hardin gegenüber.

„Mister Hardin, ich habe beschlossen, Kunstspringer zu werden. Hätten Sie vielleicht einen Job für mich?“

„Ist das nicht ein bißchen voreilig, junger Mann?" erwiderte Hardin und grinste breit. „Haben Sie denn überhaupt schon einmal in einem Flugzeug gesessen?"

„Das habe ich, und ich habe auch schon auf einer Tragfläche gestanden und meine Schau abgezogen."

„Aber mit einem Fallschirm sind Sie noch nicht abgesprungen?"

„Nein, das nicht. Aber auch Sie haben ja einmal den ersten Sprung gemacht."

„Und was soll ich dazu tun, daß Sie Ihren ersten Jump machen können?" fragte Hardin.

„Sie könnten mich zum Beispiel in Ihre Kiste klettern lassen. Und wenn Sie mir dann noch die beiden Fallschirme und das Gurtzeug dazu leihen könnten, würde ich kostenlos für Sie den Doppelabsprung ausführen."

„Hast du gehört, Kathryn? Dieser junge Bursche will den Doppelabsprung als ersten Fallschirmsprung überhaupt machen. Mit einem einfachen Jump gibt er sich nicht ab."

Auch Lindbergh fiel in das Lachen der beiden Hardins ein. Doch dann verlegte er sich aufs Bitten: „Sie sollten mir diese Chance geben, Mister Hardin. Lachen kann jeder. Aber ich werde Ihnen beweisen, daß ich der richtige Fallschirmspringer bin."

„Also schön, Lindbergh! Sie sollen Ihren Willen haben. Schließlich können Sie sich höchstens den eigenen Hals brechen."

Wenige Minuten später stieg die klapprige Schaumaschine wieder in den Himmel empor. Geflogen wurde sie von Hardin persönlich. Als sie 600 Meter Höhe erreicht hatten, drehte sich Hardin zu dem blassen schlanken Burschen um.

„Sie können es immer noch lassen, Boy", meinte er und grinste. Ohne ein Wort zu erwidern, verließ Lindbergh die Maschine und kletterte hinunter zum „Trapez". Dann hing er an der Stange und sah tief unter sich den Flugplatz und daneben die Stadt.

Als Lindbergh frei trieb, ließ er sich fallen. Der Schirm öffnete sich knatternd über ihm. Er spürte, wie er getragen wurde. Die Erleichterung und die Begeisterung, daß er frei schwebte, erfüllte ihn. Dann zerschnitt er die Leinen. Der erste Fallschirm segelte fort, er stürzte durch, fiel schneller und schneller, und schon öffnete sich mit einem knallenden Geräusch der zweite Fallschirm, und der Entfaltungsstoß traf den Springerneuling.

Lindbergh blickte zur Erde unter seinen Füßen, sah hinauf in den klaren blauen Himmel, dann setzte er auch schon sicher und wohlbehalten auf. Er hatte es geschafft. Sein erster Fallschirmabsprung war zugleich auch ein Fallschirm-Doppelsprung gewesen.

Von nun an sprang „Slim" zu jeder sich bietenden Gelegenheit. Und so erlernte er einige Spezialtechniken und Grundbegriffe des Fallschirmspringens. Sie hießen:

Immer mit dem Gesicht nach vorn zu sein, wenn er Boden erreichte.

Niemals mit einem Fallschirm zu springen, dessen Fläche kleiner als 22 Fuß im Quadrat war.

Immer so zu steuern und die Seite des Schirmes herabzudrücken, die in die Richtung wies, in die er zu treiben wünschte.

Über Bäumen und Zäunen stets die Füße anzuziehen.

Charles A. Lindbergh kaufte einen nagelneuen Hardin-Schirm und führte ihn in Bird City, Kansas, zum ersten Mal einem interessierten Publikum vor, das begeistert und gebannt mitging. Die kleine Truppe, in der er sich befand, wurde zu einem Begriff, und in den Ankündigungen wurde Lindbergh mit Fettlettern als „Der Waghals der Luft" bezeichnet, und es hieß, daß er der einzige Kunstflieger sei, der ein Programm zeige, in welchem der Tod persönlich herausgefordert werde.

Lindbergh kletterte auf die Flügel, später auch in die Verspannung der Maschine. Er stolzierte dort herum, bis er genau den Punkt erreicht hatte, an dem er den Zuschauern ganz besonders auffiel. Dann endlich, wenn die Menschen fürchteten, daß es ein Unglück geben und daß Lindbergh abstürzen müsse, ließ er den Fallschirm herausflattern und trieb gemütlich der Erde entgegen.

Wenig später fand die Uraufführung seines tollsten Tricks statt. Er stand frei auf der oberen Tragfläche des Doppeldeckers, während der Pilot einen Looping drehte. Und als der Looping beendet war, ließ sich Lindbergh platt auf die Fläche fallen, als sei er tot oder zum mindesten schwer verletzt. Doch dann ließ er sich von der Fläche herunterrollen und zog den Fallschirm auf.

In der Ausführung dieser Tricks gewann er eine solche Routine, daß ein so gefährlicher Ausstieg und Absprung für ihn fast ein Spaziergang war. Furcht vor dem Sprung gab es bei Lindbergh tatsächlich nicht. Ihn erfüllte eine solche Spannung und Freude, ein solches Hochgefühl bei der Vollendung seiner Aufgaben, daß jede andere Empfindung versank.

Dieser Luftzirkus, in dem Lindbergh schließlich der Top-Star wurde, wanderte durch Kansas, Colorado, Nebraska und Montana. In Billings, Montana, war schließlich die Saison zu Ende. Lindbergh hatte so viel Geld verdient, daß er für 500 Dollar sein erstes eigenes Flugzeug kaufte. Dadurch wurde der 9. April 1923 für ihn ein entscheidender Tag. Es handelte sich um eine „Jennie", einen alten ausgedienten Armee-Doppeldecker mit 90 PS-Curtiss Motor. Mit dieser alten Maschine flog er 1923 über das ganze Land, um dem Publikum seine Kunststücke mit dem Fallschirm vorzuführen.

Während des Internationalen Luftrennens auf dem Lambert-Flugfeld in St. Louis im Oktober 1924 bat ihn sein alter Freund Bud Gurney, der mal wieder in Geldschwierigkeiten steckte, ihn mit hinauf zu nehmen und ihn einen Doppelsprung versuchen zu lassen. Lindbergh war sofort einverstanden. Er wußte, wie notwendig manchmal ein paar Dollar waren.

Lindbergh stieg auf und bekam an diesem Tage die alte Kiste nicht höher als 510 Meter. Zu allem Unglück hatte Gurney auch noch Pech mit den Fallschirmen, die zu spät ausgelöst wurden. Als er nach dem Abwurf des ersten Schirms mit dem zweiten niederging, war dieser nicht ganz geöffnet. Hart schlug Gurney auf und brach sich beim Aufprall auf den Boden die linke Schulter.

Auch Lindbergh blieb in diesem Jahr nicht ungeschoren. Seine Maschine war schon so klapprig, daß er mehrere Male irgendwo auf dem Lande notlanden und in freier Wildbahn übernachten mußte. Da war er es leid; beeindruckt von den großartigen Trainingsmöglichkeiten, die sich ihm bei der US Air-Force bieten würden, meldete er sich zum nächsten Kadettenlehrgang der Fliegertruppe der US Army.

Von den 104 Bewerbern erreichten 33 das Klassenziel, und von diesen wiederum erhielten nach der Ausbildung ganze 18 die berühmten „Schwingen" des fliegenden Personals der Luftwaffe. Lindbergh war der Kadett mit den besten Noten.

Während seiner Dienstzeit als Kadett hatte Charles A. Lindbergh Gelegenheit, seine Besonnenheit unter Beweis zu stellen; er mußte sich nach einem Zusammenstoß mit einem seiner Fliegerkameraden durch Fallschirmabsprung retten. Damals stand er als Kadett im Luftdienst auf dem Kelly-Flugfeld in Texas.

Man schrieb den 6. März 1925, als die an den SE-5-Jagdflugzeugen ausgebildeten Kadetten Love und Lindbergh zusammen mit ihrem Ausbilder, Leutnant McAllister, eine der V-Formationen ihres aus dreimal drei Maschinen bestehenden Verbandes flogen. Ihre Aufgabe war es, aus 4000 Fuß Höhe einen Angriff auf eine „De Havilland 4 B" zu fliegen, auf die schwere Maschine niederzustoßen und mit den Kamera-MG zu schießen.

Der Verband hatte die vorgeschriebene Höhe erreicht, und Lindbergh, der in dem V seiner Rotte an der linken Flanke flog, sah vor sich den Kadetten Love, der die Spitze dieses V bildete. Als er den Blick zur Seite wandte, konnte er auf gleicher Höhe mit sich Leutnant McAllister erkennen, der die Linke hob und ihm zuwinkte, daß alles klar sei.

Noch einmal rekapitulierte Lindbergh den Auftrag. Was hatte der Team-Leiter gesagt?

„Aus der Angriffsposition in 4000 Fuß im Sturzflug auf die Zielmaschine niederstoßen, ihr den Laden vollrotzen und dann wieder so schnell wie möglich Höhe gewinnen. Sobald der erste Angriff erfolgt ist, stößt die zweite Maschine nieder, und wenn diese nach dem Angriff hochzieht, folgt die dritte."

„Angriffsposition!" hörte Lindbergh den Summer, den der Leutnant betätigte. Und schon sah er, wie sich Loves SE 5 neigte und im Sturzflug auf die unter ihnen in 1800 Fuß fliegende Maschine stürzte. Als Love nach dem Angriff hochzog, drückte Lindbergh den Steuerknüppel nach vorn. Der Jagdeinsitzer stellte sich fast auf die Nase, in rasendem Sturzflug flitzte Lindbergh der „De Havilland" entgegen. Riesiggroß wurde sie, füllte das ganze Visier aus, und dann schoß Lindbergh.

In dem Augenblick aber, als er das Kamera-MG betätigt hatte, spürte er einen leichten Stoß, und eine Fünftelsekunde später war um ihn herum ein einziges Krachen und Bersten. Sein Kopf wurde wie von Riesenhand nach vorn geschleudert. Er prallte mit der Stirn gegen das Kabinendach, sah Sterne und war einen Augenblick lang bewußtlos.

Als er wieder zu sich kam und sich bewegen wollte, spürte er, daß er beinahe bewegungsunfähig im Cockpit der Maschine eingeklemmt war.

„Drosselventile!" rief er sich selber zu und schloß sie. Und dann sah er — keine zwei Meter entfernt — an seiner linken Flanke Leutnant McAllister in dessen Cockpit, und nun wußte er, daß er von der Maschine des Leutnants gerammt worden war und daß beide Jagdflugzeuge, mit parallelen Rümpfen, ineinander verkeilt waren.

Was sie vor der völligen Vernichtung durch einen Frontalzusammenstoß gerettet hatte, war die Tatsache gewesen, daß der Leutnant etwas gezögert hatte, bevor er zum Sturzflug ansetzte. So kam es, daß Lindberghs Maschine, als dieser sie nach dem Zielschießen hochriß, genau unter die von Leutnant McAllister geriet und schräg von unten in sie hineinkrachte.

Die rechte obere Tragfläche seines Doppeldeckers war in die linke untere Tragfläche von McAllisters Jagdmaschine hineingefetzt. Der Propeller seiner Maschine schlug sich einen Weg frei, indem er diese Seite der „SE 5" zerfetzte und dabei einen Sprühregen von zertrümmertem Holz und Leinwand, von Spieren und Blech emporschickte, bevor er selbst in Stücke brach.

Da die beiden Maschinen nur in einem sehr spitzen Winkel zusammenstießen, war die Wucht der Kollision verhältnismäßig schwach. Beide Cockpits waren unbeschädigt, aber die Maschinen rettungslos ineinander verkeilt und nicht mehr flugtüchtig.

Als Lindbergh dies eben dachte — es war nur Sekunden später —, gerieten die „Zwillinge" ins Trudeln und stürzten der Erde entgegen.

Noch immer halb betäubt von dem Schlag, mit dem sein Schädel gegen das Kabinendach gebumst war, löste Lindbergh seinen Sicherheitsgürtel und richtete sich, so gut es gehen wollte, im Cockpit auf. Doch da begann die zerstörte linke untere Fläche der Maschine des Leutnants zu flattern und zu wippen und senkte sich bei jedem Mal tiefer herunter und hätte bald auch Lindberghs Kopf getroffen.

Nach oben war ein Aussteigen also unmöglich. Er mußte es auf der einen Seite versuchen. Also versuchte er seitlich aus dem Cockpit herauszukommen. Er schaffte es einfach nicht, denn durch das Trudeln der Maschine wurde er immer wieder eingeklemmt.

Mit einem Blick sah Lindbergh, daß der Boden rasch näherkam. Nicht mehr lange, dann war es für einen Absprung zu spät. Er arbeitete verbissen, und als sich die beiden noch immer ineinander verkeilten Maschinen für eine Sekunde lang in der

Horizontale befanden, stemmte er sich mit einer letzten gewaltigen Kraftanstrengung mit den Füßen vom Cockpitboden ab, half mit beiden Händen nach und sprang rückwärts, dabei immer bemüht, sich so weit wie möglich aus der Nähe der stürzenden Wracks zu bringen.

Er spürte, daß er freikam, empfand, wie er durch die Luft flog, und für eine oder zwei Sekunden war es ihm, als stürze er in der gleichen steilen Linie wie die beiden Wracks der Erde entgegen; und er fürchtete, daß ihn eines der Wracks bei einer weiteren Trudelbewegung erfassen könne. Wenn er keinen Zusammenstoß riskieren wollte, durfte er die Aufziehleinen noch nicht ziehen.

Im freien Fall beschrieb Lindbergh einen Salto vorwärts, und als er nach vorn fiel, tauchte er in eine Wolke ein. Wasserschwaden flogen über sein Gesicht. Er zählte die Sekunden. Jetzt schien die Zeit gekommen!

Er packte den runden Ring der Reißleine und zog daran. Sein Fallschirm funktionierte sofort. Er blähte sich auf, und die Wucht des Entfaltungsstoßes traf ihn beruhigend. Was mochte mit Leutnant McAllister sein? War er herausgekommen?

Als Lindbergh den nassen Waschküchendunst der Wolke passiert hatte und wieder Sicht bekam, sah er den Leutnant, der in seinem Fallschirm hängend einige Dutzend Meter schräg über ihm der Erde entgegenschwebte.

Rechts unter den beiden Fliegern trudelten noch immer die beiden Wracks der Erde entgegen und hinterließen eine Fährte weggeplatzter Spieren und Stücke, dann prallten sie hart auf. Eine Sekunde später standen die Trümmer in Flammen.

Als Charles A. Lindbergh sah, daß der Wind ihn an seinem Schirm in die Kakteenwildnis hineinzutreiben drohte, die nur noch ungefähr 600 Meter seitab begann, versuchte er, seine Richtung zu ändern. Er zog an den Halteseilen und gab dem Schirm etwas Drehung. Die stachlige Kakteenwildnis wanderte seitlich aus, und als er aufsetzte und sich dabei über die linke Schulter abrollen ließ, bemerkte er mit Erleichterung, daß es ihm gelungen war, auf einem weichen Feld zu landen.

Er sprang auf die Füße, umlief seinen Fallschirm und packte ihn zusammen. Ein Blick in die Runde zeigte ihm, daß er verdammt viel Glück gehabt hatte; denn wohin er auch schaute, überall war die gleiche düstere Kakteenwildnis.

Wenig später landete auch Leutnant McAllister. Leider hatte er nicht soviel Glück wie Lindbergh, denn er setzte auf einem der Kakteen auf und spickte seinen Hosenboden mit einer Legion von Stacheln, daß er aufbrüllend von diesem Fakirbett emporschnellte. Im übrigen war auch er unverletzt.

Die beiden Flieger hatten eine jener Situationen erlebt, die hin und wieder in der Fliegerei auftreten und ohne Fallschirm stets tödlich enden. So aber hatten sie sich mit dem Rettungsring der Luft retten können. Sie beide waren jedoch die einzigen Flieger, die nach einem Total-Zusammenstoß das Weiße im Auge des anderen sahen und dennoch überlebten.

Was für ihre Rettung den Ausschlag gegeben hatte, war die Tatsache gewesen, daß Leutnant McAllister, der schon im Geiste sah, wie sein Propeller Lindbergh den Kopf wegrasierte, im letzten Augenblick seine Maschine nach oben riß. Da aber Lindberghs Maschine zu schnell war, konnte er einen Zusammenstoß auch damit nicht mehr verhindern, sondern nur durch einen günstigeren Aufprallwinkel mildern.

Am Abend, nachdem die Meldung beim Commander vorüber war, feierten die beiden Soldaten ihren „zweiten Geburtstag" im Kreise ihrer Freunde. Bezeichnend für Charles A. Lindbergh war es, daß er nach dem Essen sehr wütend war, weil er seine Schutzbrille und seine Kamera, die er in der Maschine lassen mußte, verloren hatte.

Einen weiteren Fallschirmabsprung machte Lindbergh drei Monate später. Er war inzwischen Leutnant im Luftwaffen-Reservekorps geworden und sollte eine neue Maschine testen. Es war ein schneller Eindecker, der vier Passagieren Platz bot und nach Meinung der Experten alle anderen Flugzeuge dieser Art an Schnelligkeit und Wendigkeit übertraf.

Am frühen Morgen des 2. Juni 1925 stieg Leutnant Lindbergh vom Flugfeld St. Louis in Lambert auf, dem Stützpunkt der 35. US-Luft-Division. Er jagte die Maschine mit Vollast empor, flog einige Runden, drehte Messerkurven und Loopings und wollte gerade zu einer Acht ansetzen, als er plötzlich ein lautes Krachen vernahm. Er steuerte gerade, sah auf einmal, wie eine der Tragflächen sich wie ein Flugdrachen von ihm fortbewegte, dann flatterte das Heck-Seitenruder weg, und die Maschine schien in ihre Einzelstücke zu zerbrechen.

Er mußte aussteigen! Aber so einfach, wie er sich selbst diesen Befehl gab, war es nicht. Sein Sicherheitsgurt klemmte, und nun stellte sich die zerbrechende Maschine auf den Kopf und sauste der Erde entgegen.

Fieberhaft arbeitete der Pilot. Sollte dies das Ende sein? Er schaffte es! Genau 90 Meter über dem Boden wuchtete er sich aus der Todeskanzel heraus, und sein Schirm entfaltete sich sofort. Beim Aufprall verletzte er sich im Gesicht und an der Schulter.

Zum zweitenmal war er durch einen Fallschirm gerettet worden. Doch das sollte nicht das letztemal gewesen sein. Obgleich er als Reserveleutnant in diesem Jahr nur insgesamt drei Wochen Dienst bei der Luftwaffe tat, geriet er noch einmal in eine ähnliche Situation, aus der ihn ebenfalls nur ein entschlossener Sprung in die Tiefe retten konnte.

Dann schied er aus der Luftwaffe aus und erhielt am 1. September 1926 einen Job als Luftpostpilot im Liniendienst von St. Louis nach Chikago. Nebenbei diente er weiter in der National-Garde von Missouri, die aber nur ein „Feierabendverband" war, der in Notfällen eingesetzt wurde. Der Job eines Luftpostpiloten war zu dieser Zeit ein Himmelfahrtskommando. Von den ersten 40 Postfliegern der US Mail sind nicht weniger als 31 tödlich abgestürzt. Lindbergh reizte dieser Job, insbesondere deshalb, weil die Robertson Corporation ihn als Chefpiloten der 14 Liberty De Havillands und der zwei Curtiss Oriole-Maschinen einsetzte.

Am Nachmittag des 16. September 1926 stieg Charles Lindbergh wieder einmal mit seiner Luftpostmaschine, volle Postsäcke an Bord, in St. Louis auf. In Springfield und Peoria legte er Zwischenlandungen ein, um die für diese Städte bestimmte Post zu landen, und um 18.10 Uhr startete er vom Flugfeld Peoria wieder zu seinem planmäßigen Weiterflug. Er ging auf Nordostkurs, der direkt zum Zielhafen führte. Zu dieser Zeit war der Himmel klar, mit nur wenigen kleinen Wölkchen in großer Höhe. Es würde ein Spazierflug werden, wie auch der Mann im Tower versichert hatte. Als Lindbergh auf Höhe war und den genauen Kurs eingestellt hatte, sah er, daß es vor ihm am Horizont, aber ebenfalls sehr viel höher, etwas dunstig war. Dies war nicht weiter beunruhigend. Vergnügt pfiff Lindbergh vor sich hin. Immerhin hatte er unter den vielen Bewerbern diesen erstklassigen Job erhalten, der eine Lebensstellung bedeutete.

Aber bereits nach ein paar Dutzend Meilen Flug, als Lindbergh nordostwärts Marseille den Illinois River erreichte, trieb aus der Richtung, in die er fliegen mußte, eine dicke Wolke näher und näher an ihn heran. Dann hatte seine Postmaschine die Wolke erreicht. Lindbergh steuerte mitten hinein und stellte durch einen kurzen Sinkflug fest, daß die Wolkenuntergrenze bei 600 Fuß lag; bald hatte sich von seiner Maschine bis hinunter zur Erde eine dichte Waschküche gebildet.

Eine ganze Weile flog Lindbergh mitten in dieser Wolke. Schließlich wurde ihm klar, daß er höher steigen mußte, wenn er einen neuen Weg für seine Maschine und Sicht für sich finden wollte.

Er stieg höher empor, drehte den richtigen Kurs ein. Währenddessen wurde die Wolke dünner, und Lindbergh hoffte, bald genug Erdsicht zu haben und landen zu können. Nach seiner Berechnung befand er sich in der Nähe des Flugplatzes von Maywood. Er mußte sich bemerkbar machen, dann würden sie auch die Landelichter für ihn anbrennen. Er griff in das Fach halblinks vor sich unter den Armaturen und holte ein Leuchtsignal heraus. Er zündete es und warf es hinaus. Doch dieses Signal, das sicherlich unten gesehen worden wäre, versagte.

Nach einer geraumen Weile sichtete er ein Wolkenloch, und durch dieses Loch erblickte er einen großen hellen Punkt und an dessen Rand auch einige kleinere helle Lichtpunkte. Dort mußte eine Stadt liegen. Der hellglänzende Mond, der am Himmel über ihm hing, blendete ihn fast, denn sein Licht wurde von der Wolkendecke reflektiert. Er strengte die Augen an, um in der wieder zunehmenden Finsternis unter sich etwas zu erkennen. Ab und zu sah er Lichter. Oder waren es nur Vorspiegelungen seiner Phantasie? Die Stadt mußte rund um den Flugplatz liegen. Aber wo der Flugplatz liegen konnte, dafür fand er keinen einzigen Anhaltspunkt. Schliefen die denn dort unten?

Auf dem Flugplatz von Maywood hatte man die Motorgeräusche der Maschine des Luftpostdienstes wohl gehört. Der Kommandant des Platzes ließ sofort den Drehscheinwerfer einschalten. Er selbst eilte auf das Dach des Flughafengebäudes, und als er hörte, daß die Maschine direkt über Kopf war, rief er ins Telefon:

„Sofort Spotlichter setzen! Zwei Kanister Benzin anzünden und Drehscheinwerfer auf größte Reichweite schalten!"

Ein wahres Feuerwerk erstrahlte auf dem Flugfeld. Am Platzrand brannten die beiden hellen Benzinfackeln. Ihre weißen Lichter schienen die Wolken zu durchdringen, die über dem Platz lagen.

„Sirenen ein!"

Mit ohrenbetäubendem Heulen versuchte man nun auch akustisch, den Flieger zu erreichen, der über ihnen eine große Schleife flog. Wenn er tief genug heruntergestoßen war, mußte er es auch hören. Aber nichts geschah, keine Maschine durch-

Kameraden der Luft

Nachtsprung ins Weserstadion

Kameraden der Luft

Nachtsprung ins Weserstadion

Kameraden der Luft

Nachtsprung ins Weserstadion

stieß die Wolkenuntergrenze, um sich der Führung der Bodenstelle anzuvertrauen und zu landen.

Nicht weniger als 35 Minuten lang waren die Motorgeräusche vom Flugfeld her zu vernehmen. Immer wieder wurden sie lauter und lauter, und immer wieder flammten Benzinkanister auf, versuchte der suchende Lichtbalken des Scheinwerfers, das Flugzeug einzufangen.

„Verdammt, warum kommt er denn nicht runter?" rief der Kommandant erbittert. „Sieht er uns denn nicht?"

Zu dieser Zeit stellte Lindbergh mit einem Blick auf die Uhr fest, daß er 35 Minuten über der Stadt herumgeirrt war. Ihm fiel ein, daß man dort unten die Landefeuer erst — wie üblich — um 21.30 Uhr einschalten würde. Er glaubte also diese lange Zeit überbrücken zu müssen. Deshalb ging er auf Westkurs, in Richtung zum Michigansee. Schließlich drehte er die Maschine nach Südwesten, um auf der Linie des Illinois River zu fliegen. Er hoffte, dabei das Ende dieser gigantischen Wolkenbank zu erreichen oder eine dünne Stelle darin zu finden.

Es war genau 20.20 Uhr, als der Motor seiner Maschine zu spucken begann und schließlich stehenblieb. Lindbergh drehte den Reservehahn der Benzintanks auf. Doch der Motor nahm keinen Sprit mehr auf. Er flog nun in einer Höhe von rund 500 Meter, und das machte die Situation besonders gefährlich, weil er selbst im Gleitflug schneller unten sein würde, als ihm lieb war. Er mußte sich auf einen Fallschirmabsprung vorbereiten, das war klar. Charles Lindbergh griff nach einem Blitzlicht und rüstete sich, seinen Fallschirm freizugeben.

Plötzlich lief der Motor wieder. Er kam sogar besser auf Touren als vorher. Das besagte jedoch nichts, denn schließlich lief der Motor nur auf dem Sprit des Reservetanks, und das ließ ihm nicht allzuviel Zeit, bevor er endgültig trockenlief.

Lindbergh suchte weiter. Aber er fand kein einziges Loch in der kompakten Wolke. Nun dachte er auch an seine Post. Schließlich war es seine Aufgabe, diese Briefe und Päckchensendungen sicher ans Ziel zu bringen. Und wenn das nicht ging, dann mußte er versuchen, die Säcke zu retten, indem er sie über Bord warf. Dann konnten sie bei Tage gefunden werden.

Er öffnete den Postraum; das heißt, er versuchte es fieberhaft. Aber die Klappe klemmte, er bekam den Raum nicht auf. Nun würde also die gesamte Ladung beim Aufprall der Maschine auf dem Boden im Aufschlagbrand mit vernichtet werden.

Aber eines konnte er noch tun: die Maschine so steuern, daß sie beim Sturz in die Tiefe nicht auf die Häuser der Stadt fiel. Er zog sie so hoch wie möglich. Das gab ihm die Chance, sie im langen Gleitflug irgendwohin außerhalb der Stadt zu bringen. Als er 5000 Fuß – das sind 1500 Meter – erreicht hatte, begann der Motor abermals zu spucken. Nun war es aus! Nun mußte er aussteigen und die Maschine samt der Postladung ihrem Schicksal überlassen.

Charles Lindbergh glitt aus den Sicherheitsgurten. Er kletterte auf den Sitz, erreichte den Oberrand und ließ sich in die Finsternis hinabfallen.

Nach einem Freifall von ungefähr 50 Meter, der ihn tief genug unter die Maschine brachte, zog er die Reißleine, und fast augenblicklich spürte er den harten Schlag des Entfaltungsstoßes, der ihm zeigte, daß der Fallschirm sich geöffnet hatte. Ruckartig riß der sich aufblähende Schirm ihn in die Senkrechte zurück. Er holte die Blitzlichtlampe aus dem Gürtel, und während er sicher abwärts schwebte, leuchtete er nach unten und gab Morsezeichen ab. Aber die Wolkenbank unter ihm schluckte alles Licht auf.

Während er langsam der Erde entgegensank, hörte er, wie schräg über ihm der Motor der Postmaschine plötzlich wieder ansprang. Was war denn nun passiert? Da sah er auch schon die Maschine, die im Mondlicht blitzend, in leichter Schräglage nach vorn, direkt auf ihn zudrehte. Furcht fiel ihn an, drohte ihn zu lähmen. Doch der Reflex der oft geübten Bewe-

gungen setzte ebenfalls sofort ein. Er rammte die Blitzlichtlampe in den Kasten am Gürtel, griff nach den Hauptseilen des Schirmes und begann rasch zu slippen. Mit jeder Bewegung schwenkte sein Fallschirm etwas zur Seite und damit aus der Gefahrenzone der in einem weiten Kreis auf ihn zukommenden Maschine heraus.

Als die Maschine auf seiner Höhe war, passierte sie ihn in einem Seitenabstand von knapp hundert Meter und drehte in einer flachen Spirale weiter abwärts. Sie entfernte sich in der Drehung von ihm, und aufatmend rekonstruierte Lindbergh, wie es hatte geschehen können, daß der Motor wieder ansprang:

Er erinnerte sich, daß er die Zündung nicht herausgenommen hatte, und als sich seine Maschine nach seinem Absprung leicht nach vorn neigte, waren die wenigen Liter Treibstoff, die im Tank zurückblieben, wenn die Maschine waagerecht flog, infolge der Neigung nach vorn gelaufen und hatten dem Motor neuen Treibstoff zugeführt. Seine Annahme, daß die Maschine trocken sei und nun steil herunterstürzen werde, hatte sich damit nicht bewahrheitet.

Schon wurde das Dröhnen des Motors erneut lauter, und bald darauf sah Lindbergh seine Maschine abermals, und es schien ihm, als wolle sie ihn unbedingt mit sich in die Tiefe reißen, als ziele sie diesmal direkt auf ihn, um ihn zu töten.

Wieder begann er fieberhaft zu slippen, und dabei stellte er fest, daß er sich mitten in der Spirale befand, die nunmehr seine Maschine, schräg zur Erde fliegend, um ihn herum beschrieb, und daß nach jeder Drehung der Tod abermals auf ihn zukommen würde.

Er spürte, wie sein Atem stockte, fühlte, daß sein Gaumen trocken wurde und die Angst ihren Würgegriff um seinen Hals legte. Unter Aufbietung aller Willenskraft zwang er sich dazu, weiterzuslippen, sich mitten ins Zentrum der Spirale zu manövrieren, denn herauszukommen durfte er nicht versuchen, sonst würde die Maschine entweder in ihn oder in den Fallschirm hineinrasen.

Er schaffte es, gelangte mitten ins Zentrum der Spirale, sah, wie die Maschine ihn wie ein lauernder Raubvogel umkreiste und mit jeder Umdrehung etwas näher kam. Ein einziges Umschlagen des Windes, eine harte Bö oder ein Aussetzen des Motors konnte sie aus der Bahn werfen und wie eine Granate direkt auf ihn schleudern. Seine Sinkgeschwindigkeit war offenbar genau so groß wie die seiner Maschine.

Als die Postmaschine ihn fünfmal umkreist hatte, stellte er jedoch erleichtert fest, daß sie immer ein wenig später als er die gleiche Höhe erreichte. Dann tauchte er mit einem Mal in die feuchten Düsternisse der Wolkenbank ein. Das Mondlicht über ihm schien schlagartig zu erlöschen. Lindbergh suchte nach seinem Taschenscheinwerfer, fand ihn aber nicht. Er mußte ihn vorhin, als er ihn schnell in den Kasten steckte, verloren haben.

So sank er durch absolute Finsternis. Noch immer mußte er rund 1000 Fuß hoch sein. Dennoch zog er die Beine an, denn er wollte nicht mit ihnen in einer Hochspannungsleitung oder in einem Baum landen. Außerdem nahm er die Hände schützend über das Gesicht und wartete ab.

Ganz plötzlich wurde es um ihn lichter, und schon landete er mit einem harten Schlag auf der Erde und rollte mit einem eigentümlich raschelnden Geräusch über etwas ab, das sich dämpfend auf seinen Sturz auswirkte.

Er rappelte sich auf und fand sich — die Untergrenze der Wolkenbank nur rund 15 Meter über seinem Kopf — in einem Kornfeld wieder. Schnell raffte er den Fallschirm zusammen, und als er ihn verschnürt hatte, setzte die Maschine am anderen Ende des Kornfeldes mit hörbaren Anprall auf. Sie ging nicht in Flammen auf, weil nunmehr der letzte Tropfen Sprit verbraucht war.

Lindbergh machte sich auf den Weg und erreichte fünfzehn Minuten später ein Farmhaus. Er klopfte kräftig gegen den Verandapfosten. Wenige Sekunden später wurde die Tür geöffnet, und der Farmer kam ins Freie. Er stutzte, als er den Flieger im Overall erkannte.

„Wo kommen Sie denn her?" fragte er verwundert. „Der Flugplatz ist doch über zehn Meilen von hier entfernt."

„Ich heiße Lindbergh und bin Postflieger. Meine Maschine ist einige Meilen nördlich von hier niedergegangen."

„Und Sie?" fragte der Farmer verblüfft. „Wo kommen Sie her?"

„Ich bin mit meinem Fallschirm abgesprungen. Würden Sie mir bei der Suche nach meiner Maschine helfen?"

„Sicher, Mister Lindbergh", sagte der Farmer begeistert. Sie fuhren nach einer Stärkung mit dem Wagen los und fanden die Maschine zwei Meilen entfernt in der Nähe einer anderen Farm. Lindbergh barg die Post und stellte sie sicher.

Sein Bericht an die Postgesellschaft war kurz und bündig, und der Schlußsatz lautete: „Das Flugzeug kam am Ende des Kornfeldes zur Ruhe. Die Post wurde gesichert."

Seinen vierten Absprung aus einer flugunfähigen Maschine unternahm Lindbergh, der von seinen Freunden „Slim" gerufen wurde, im November 1926. Er flog auf seiner alten Route, und die De Havilland war prallvoll mit Postsäcken, als plötzlich dichter Nebel einsetzte. Zuerst hoffte er, unterhalb der Nebeldecke weiterfliegen zu können, doch schon bald hatte der Nebel ihn eingeholt. Der Flugplatz von Springfield, wo er landen wollte, lag in einer dicken Nebelwand.

Da er wußte, daß sein Sprit nicht zum Rückflug nach St. Louis reichte, flog er in Richtung Chicago. Als er eine Öffnung unter sich erkannte, setzte er ein Leuchtsignal, doch dies funktionierte nicht, sondern traf nur das Höhenruder der Maschine und fiel dann wie ein Stein zur Erde.

Fluchend stellte er wenig später, in 3200 Meter Höhe fliegend, fest, daß sein Reservetank trockenlief. Er drehte die Maschine und sprang in der Drehung ab. Sofort kam er klar und zog die Reißleine. Nachdem der Fallschirm sich geöffnet hatte, holte er eine Blitzlichtpatrone aus der Tasche und zündete sie.

Es schneite, und der beißende Wind trieb dem Piloten den Schnee ins Gesicht. Nach einer langen Zeit des Sinkens landete „Slim" Lindbergh, total durchgefroren, auf einem Stacheldrahtzaun. Zum Glück schützte ihn die schwere Fliegerkombination.

Nach diesem vierten Rettungsabsprung war Lindbergh der einzige Flieger, der viermal aus einem Flugzeug abgesprungen war, das abstürzte.

Neben seiner Postflieger-Tätigkeit betätigte sich Lindbergh auch weiterhin als Kunstflieger. So flog er im Sommer 1926 anläßlich der großen Mississippi-Regatta in St. Louis im Rahmen seines „Aerobatic-Programms" unter den beiden Brücken her, die bei St. Louis den Mississippi überspannen.

Charles Lindbergh, der Postflieger, Kunstflieger und Soldat, sollte ein Jahr später den größten Triumph seines Lebens erleben und die 25 000 Dollar erringen, von denen ihm sein Freund William Pearce auf dem Flugfeld von Peoria erzählte. Dieser Betrag war von dem Franzosen Raymond Orteig für denjenigen Flieger ausgesetzt worden, der als erster den Atlantik im Nonstopflug überquerte.

Lindberghs Konkurrenten waren Commander Richard Evelyn Byrd und Captain René Pierre Fonck. Lindbergh nützte seine Chance.

Mit der drei Tonnen schweren „Spirit of St. Louis" stieg er am 20. Mai 1927 um 7.30 Uhr in New York auf. Er landete 33,5 Stunden später am Samstag, dem 21. 5. 1927, mit fast leeren Tanks in Paris.

Das war Captain Charles A. Lindbergh, der es nach dem Zweiten Weltkrieg noch zum Brigadegeneral brachte. Er war einer der großen Flieger und Fallschirmspringer und — eines der wenigen Star-Mitglieder des Caterpillar-Clubs.

Vom Rettungsring der Luft zum Kriegsgerät

Nachdem es nun Fallschirme mit automatischer Auslösung und mit Handauslösung gab, bemühte man sich, das Gerät noch zu verbessern und immer sicherer zu machen.

Bereits im Jahre 1925 stellte der schwedische Ingenieur Raoul Thörnblad in Stockholm einen Fallschirm vor, der oberhalb seiner zentralen Fangleinenführung ein Stabilitätssegel besaß. Auch dieser Fallschirm war brauchbar und erfüllte durchaus die Anforderungen an Funktionssicherheit und Festigkeit.

Zwei Jahre darauf wurde der Robur-Fallschirm vorgestellt. Es war ein manueller Rettungsfallschirm; sein Konstrukteur hieß Carl H. Lundholm; er kam ebenfalls aus Stockholm. Dieser Fallschirm bewährte sich gut. Eine Besonderheit, die ihn von allen anderen Fallschirmen unterschied, stellten die in jeder zweiten Bahn befindlichen elastischen Öffnungen dar. Bei hoher Geschwindigkeit, die bis zu 400 Stundenkilometer betragen konnte, dämpften diese Öffnungen den Entfaltungsstoß.

Der Robur-Fallschirm wurde auch in Deutschland verkauft, und zwar von der Deutschen Fallschirmgesellschaft. Besitzer dieser Firma mit Sitz in Berlin waren die Weltkriegs-Flieger Göring, Körner und Lörzer.

Ebenfalls im Jahre 1927 stellte Maria Popelakova in Prag einen Fallschirm vor, dessen Hülle fest mit der Fliegerkombination verbunden war. Die Firmen Schmittner in Berlin, Irvin in den USA und Aviorex in Frankreich haben später ebenfalls solche Fliegeranzüge hergestellt, in denen der Fallschirm als Rückenschirm untergebracht war. In der Praxis hatte diese Anordnung jedoch keine Chance zu dauern.

Da bis dahin jeder Fallschirm so genommen werden mußte, wie ihn der Hersteller gefertigt hatte, und niemand wissen konnte, welches Risiko er bei seiner Benutzung einging, erwies es sich als notwendig, daß alle Fallschirme von einer Kommission geprüft wurden, ehe sie zugelassen werden konnten.

So kam es im Jahre 1927 zur ersten planmäßigen Fallschirmerprobung nach wissenschaftlichen Grundsätzen. Da die Flugzeuge mit immer höheren Geschwindigkeiten flogen, mußten an die Fallschirm-Rettungsgeräte ständig höhere Ansprüche gestellt werden. Die Luftfahrtbehörden in aller Welt richteten die ersten Fallschirmerprobungsstellen ein. In Deutschland befand sich diese Stelle in Berlin-Adlershof, wo sie eng mit der Prüfstelle für Luftfahrzeuge zusammenarbeitete.

Die Fallschirmerprobung wurde nach strengen Richtlinien durchgeführt. Darauf ist es auch zurückzuführen, daß es kaum einen Unfall in der Luftfahrt gab und gibt, der auf das Versagen eines Fallschirms zurückzuführen wäre.

Im Jahre 1933 wurden die Belange des Fallschirmwesens in Deutschland, soweit sie den militärischen Sektor betrafen, vom Technischen Amt des Generalluftzeugmeisters beim damaligen Reichsluftfahrt-Ministerium wahrgenommen. Diesem Technischen Amt standen für die Entwicklungs-, Erprobungs- und Forschungsaufgaben des Fallschirmwesens viele Dienststellen zur Verfügung. Darunter die in aller Welt bekannte Deutsche Versuchsanstalt für Luftfahrt in Berlin, die Erprobungsstelle der Luftwaffe in Rechlin, in der später auch die berühmte deutsche Pilotin Hanna Reitsch arbeitete, und das Flugtechnische Institut der Technischen Hochschule Darmstadt.

Der Fallschirmerprobungsstelle des Flugtechnischen Institutes stand von nun an eine Kinotheodolit-Meßstation zur Verfügung, in der alle Phasen eines Fallschirm-Entfaltungsvorganges festgehalten werden konnten. Die Kinotheodolit-Kamera wurde in diesem Gerät mit dem Entfaltungsstoß-Schreiber gekoppelt, und zwar durch funktechnische Übermittlung von Zeitzeichen. Somit war es möglich, jede aufgenommene Entfaltungsphase eines Fallschirms und die in ihr aufgetretenen und wirksam werdenden Kräfte zu ermitteln.

Damit war auch in Deutschland der Fallschirm in den militärischen Bereich eingeführt.

In Rußland hatte man bereits in den späten zwanziger Jahren eine Fallschirmtruppe gebildet. Diese kleine Truppe wurde von dem damaligen Oberbefehlshaber der Roten Armee, Marschall Tuchatschewski, stark gefördert. Sie gehörte jedoch zum allgemeinen Heer und bildete keine eigene Waffengattung. Als dieser Sowjetmarschall im Verlauf der sogenannten „großen Säuberung" der dreißiger Jahre wegen angeblicher staatsfeindlicher Beziehungen und Spionage zum Tode verurteilt und 1937 in Moskau hingerichtet wurde, hatte die sowjetische Fallschirmtruppe in ihm ihren größten Förderer verloren.

Erst um die Jahreswende 1931—1932 erfuhr man in Deutschland und in der ganzen Welt von der Existenz russischer Fallschirmspringer. Im Aerodynamischen Institut in Moskau wurden immer wieder neue Fallschirme untersucht. Die Idee, Fallschirmspringer im Rahmen einer Armee einzusetzen, war übrigens von einem Amerikaner ausgegangen. Und zwar hatte im Ersten Weltkrieg der Oberbefehlshaber der amerikanischen Luftstreitkräfte in Frankreich, General William Mitchell, einen Monat vor dem Waffenstillstand einen Luft-Großangriff auf Ypern geplant, der jedoch von General Pershing, dem Oberkommandierenden aller US-Streitkräfte in Europa, auf das Frühjahr 1919 verschoben worden war.

General Mitchell wollte bis dahin die gesamte 1. US-Division mit Fallschirmen ausrüsten. Ende Februar 1919 sollte dann diese Division mit allen verfügbaren Flugzeugen in den Abschnitt Menin—Roselare transportiert und dort im Rücken der deutschen Front abgesetzt werden. Daneben sollten an großen Lastenfallschirmen Munition, Maschinengewehre und Proviant gelandet werden.

Gleichzeitig mit dem Absetzen der ersten Luft-Division der Geschichte sollten sämtliche verfügbaren Flugzeuge der Alliierten — insgesamt 2000 Maschinen aller Art — mit Bomben beladen einen Angriff fliegen. Alle Geschütze im genannten Abschnitt sollten das Feuer auf die deutschen Stellungen eröffnen.

„Wenn dann die Nervosität einsetzt, wird unsere Panik-Party aus der Luft beginnen", hatte General Mitchell ausgeführt. „Dieser Einsatz von Fallschirmspringern im Rücken der Deutschen wird uns den Durchbruch bei Roselare sichern!"

Der Kriegsschluß am 8. November 1918 vereitelte diesen geplanten ersten Großeinsatz von Fallschirmspringern. Die ganze Operation wurde vergessen, und erst im Jahre 1930 veröffentlichte General Mitchell seinen Angriffsvorschlag von Oktober 1918. Er wurde auch jetzt noch allenthalben für verrückt erklärt. Lediglich in der Sowjetunion wurde in praktischen Übungen der Versuch unternommen, die Idee des amerikanischen Generals in die Tat umzusetzen. Beim Manöver des Sommers 1931 sprangen zum ersten Mal sechs russische Soldaten mit einem schweren MG aus einer „Antonow 14" ab. Sieben Minuten nach dem Absprung hatten sie ihr MG an einem strategisch wichtigen Punkt in Stellung gebracht und griffen entscheidend in die Kampfhandlungen ein.

Dieser erste kleine Erfolg wurde systematisch ausgebaut. Alle Fallschirme der Welt wurden in der Sowjetunion erprobt, und derjenige, der am besten erschien, wurde einfach nachgebaut. Im Winter 1931 verfügte Marschall Tuchatschewski, daß der Fallschirmabsprung zur Fliegerausbildung gehöre.

Daß die Russen in bezug auf den Fallschirm weit voraus dachten, machte ein Jahr später der Besuch eines sowjetischen Fliegergenerals in Frankreich deutlich. General Michail Schtscherbakow wurde von Marschall Pétain persönlich in der Maginot-Linie herumgeführt.

„Diese Festungen und Anlagen", sagte der damalige Chef der Landesverteidigung Frankreichs, „werden jeden Feind vor unserem Land aufhalten. Es sind Bunker, die bis zu 80 Meter tief unter der Erde liegen. Alle Kasematten und Bunker, Kasernen und Lazarette sind schuß- und gassicher ausgebaut. Glauben Sie, daß irgendeine Armee der Welt diesen ehernen Schutzwall durchbrechen könnte?"

Der russische Fliegergeneral nickte; und zur Verblüffung des französischen Marschalls erwiderte er:

„Diese Festungen sind in Zukunft möglicherweise überflüssig. Wenn ein Gegner sich die Vorschläge des amerikanischen Generals Mitchell zu eigen machen und mit Fallschirmspringern angreifen würde, könnte er alle Festungen einfach überspringen. Im Rücken dieser gigantischen Werke, Herr Marschall, könnten Fallschirmspringer niedergehen, das Hinterland besetzen und die Festung von ihrer Versorgung abschneiden."

Zuerst verschlug es Marschall Pétain die Sprache, dann sagte er mit einem Lächeln: „Das, mein Lieber, wird sicherlich nicht geschehen!"

Trotz seines zur Schau getragenen Optimismus war der Marschall von Frankreich nach dieser Unterredung nicht mehr so zuversichtlich. In einem Erlaß befahl er den Ausbau der Luftabwehrwaffen und den Einsatz von Flakbatterien bei allen Festungsanlagen. Vor allem sollten schnelle, stark bewaffnete Patrouillen im Kriegsfalle nach niedergehenden Fallschirmspringern Ausschau halten.

Die russische Armee arbeitete weiter am Ausbau ihrer Fallschirmwaffe. Sie konnte jedoch nur dann schlagkräftig eingesetzt werden, wenn auch eine genügend starke Luftwaffe zur Verfügung stand. Auch diese wurde nunmehr stark gefördert. Das im Jahre 1920 gegründete Aerohydrodynamische Zentral-Institut in Moskau hatte bereits 1921 für damals 300000 Rubel die ersten ausländischen Flugzeuge und Motoren gekauft. Bis zum Jahre 1932 waren 1500 Flugzeuge gebaut worden, und in einem zweiten Fünfjahresplan hatte es sich die Rote Armee zum Ziel gesetzt, bis zum Jahre 1937 8000 Flugzeuge zu besitzen. Ein sowjetischer Wehrverband, die „Ossaviachim", ließ

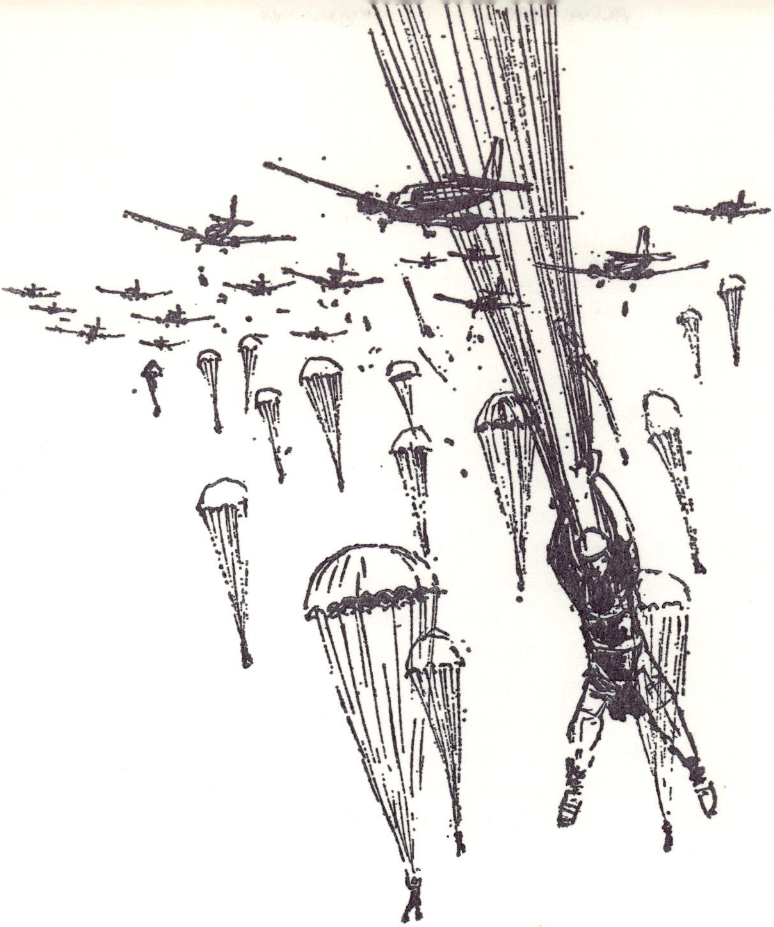

sämtliche jugendlichen Mitglieder — Jungen und Mädchen — als Flugzeugführer, Beobachter, Funker und Fallschirmspringer ausbilden. Die Akademie für Luftfahrt, die Hochschule für Navigation, insgesamt 20 Flieger-Vorschulen und 33 Schulen für Mechaniker, Flugwarte und Meteorologen sorgten für die Besatzungen dieser Maschinen. Im großen Moskauer Vergnügungs- und Bildungspark wurde 1932 ein Fallschirmspringerturm aufgestellt, von dem aus die Jugend mit Fallschirmen „abspringen" konnte.

Während der Flugtage 1933 und 1934 in Moskau ließen sich jeweils 400 Fallschirmspringer aus rund 5000 Meter Höhe absetzen, über 4000 Meter mit geschlossenem Schirm durchfallen, um dann gleichzeitig die Reißleinen zu ziehen.

Anläßlich der sowjetischen Sommermanöver des Jahres 1935 in der Ukraine wurden Fallschirmabsprünge größerer Verbände demonstriert, zu denen auch die ausländischen Militärattachés und hohe Diplomaten geladen waren. Damals sprangen mit einem Schlage 1000 sowjetische Fallschirmspringer ab. Sie kämpften einen Flugplatz frei, für die Landung von 5000 nachfolgenden Luftlandesoldaten. Die Militärs aus aller Welt waren verblüfft, und der damalige Oberst Archibald P. Wavell — der spätere britische Oberkommandierende in Nahost — schrieb an seine Regierung:

„Wäre ich nicht selbst Augenzeuge gewesen, ich hätte niemals geglaubt, daß eine solche Operation möglich wäre."

Selbstverständlich meldete auch der deutsche Militärattaché diese sensationelle Manövereinlage nach Berlin. Dort hatte man seit einiger Zeit ebenfalls die Ausbildung von Fallschirmtruppen ins Auge gefaßt. Gewiß hat diese Meldung aus Rußland den Aufbau der deutschen Fallschirmtruppe beschleunigt.

Fallbahn des zwangsausgelösten Fallschirms

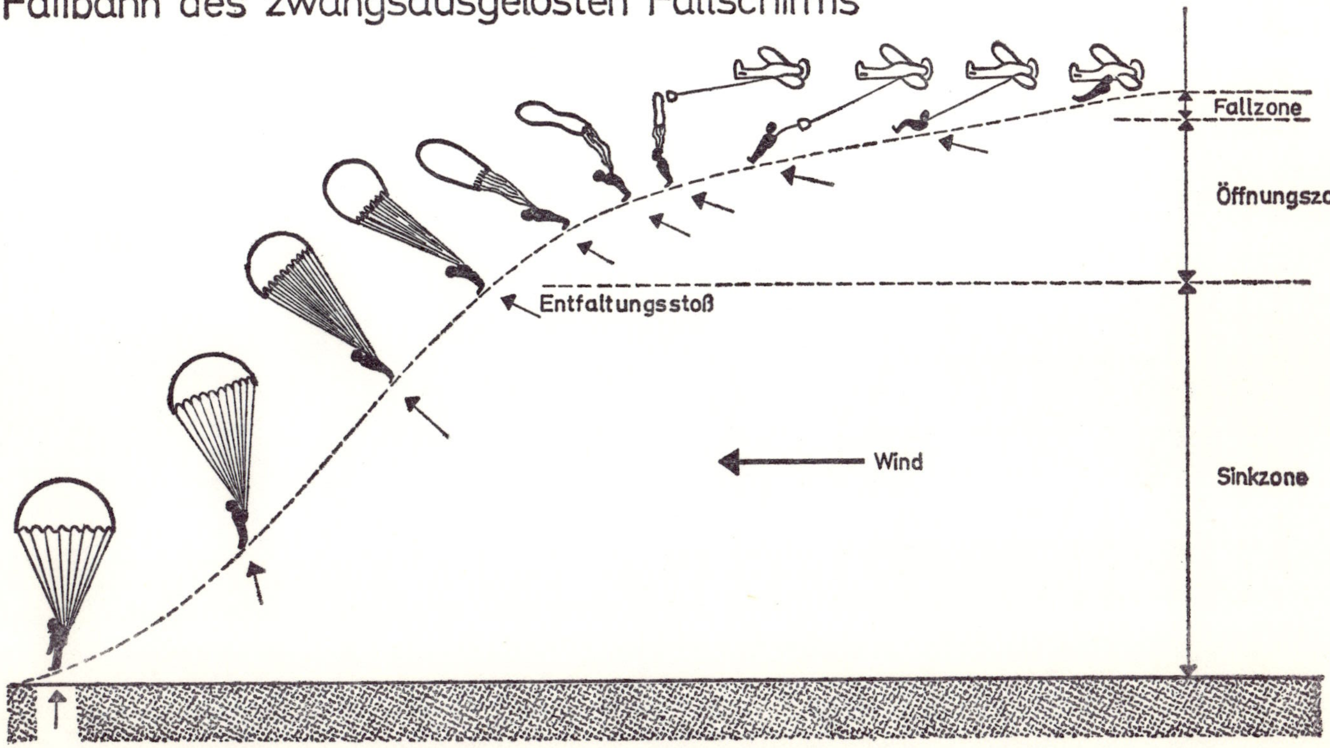

Fallbahn des handausgelösten Fallschirms

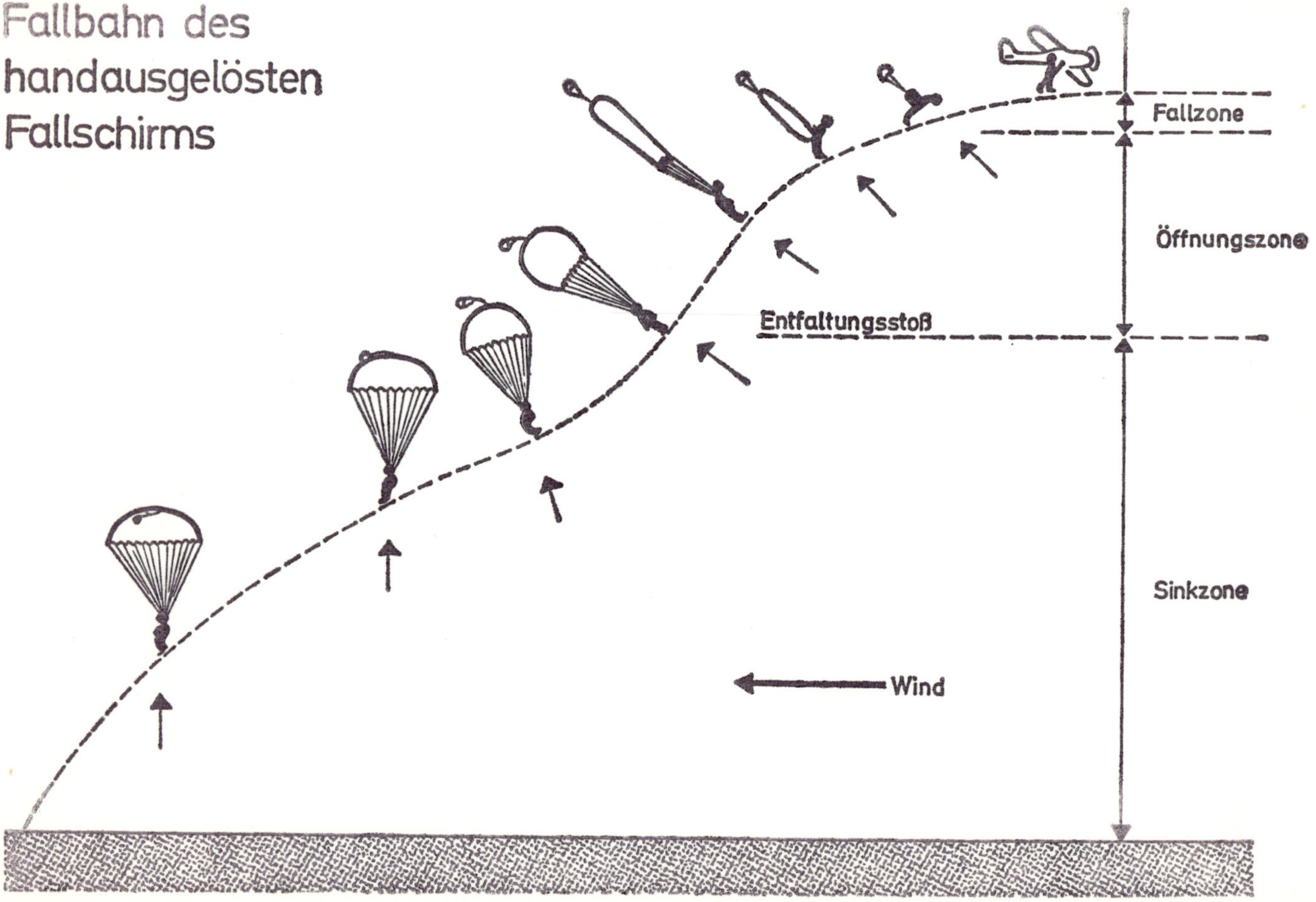

Die russischen Fallschirmsportler

Neben der militärischen Seite des Fallschirmspringens ist in den zwanziger und besonders in den dreißiger Jahren in Rußland auch der Fallschirmsport entwickelt worden. Einer der bekanntesten russischen Springer jener Zeit war der Sowjetrusse Evdokimow. Er war einer der wenigen Spezialisten des Freifalls, und am Ende einer Reihe von 95 Absprüngen mit Öffnungsverzögerung war er in der Lage, jede Steuerung des Körpers im freien Fall im Schlaf auszuführen. Evdokimow selbst erzählt von einem Absprung am 16. Juli 1934:

„Auf dem Flughafen hatten sich mein Chef, die Piloten und Mechaniker, meine Eltern und meine Freunde bereits am frühen Morgen eingefunden. Ich war sicher, daß es mir gelingen würde, die selbstgestellten Bedingungen zu erfüllen. Wenn bis zu diesem Morgen alle Absprünge nur für mich allein interessant und wichtig gewesen waren, so war dies am Morgen des 16. Juli 1934 anders.

Von allen Seiten umringt, wurde ich zur Maschine geführt. Als ich im Sitz saß und vor mir die Uhr und den Luftdruckmesser sah, fiel die Aufregung von mir ab. Die Maschine startete und begann im Steigflug emporzuziehen. Langsam verging die Zeit. Während wir also aufwärts flogen, dachte ich an meinen Sohn Yondka und an meine Frau. Doch dann blickte ich auf die Signaltafel und orientierte mich über die Höhe. Die Temperatur in der Maschine ging zügig zurück, es wurde kälter und kälter.

Nachdem wir eine Stunde geflogen waren, gab mir mein Pilot, Igor Datschkow, ein Zeichen. Dann drehte er sich um und rief mir zu: ‚Das Gebiet ist mit Wolken bedeckt; ich suche eine Stelle, die freie Sicht erlaubt!'

Nach einem Blick auf den Höhenmesser teilte ich Datschkow mit: ‚Höhe achttausend. Temperatur 29,5 Grad minus.'

‚Bereite dich vor. Erwarte mein Signal!' gab Datschkow mir zur Antwort.

Dies bedeutete, daß ich meine Sauerstoffmaske nehmen mußte, denn bald würde sich die Tür öffnen, und ich mußte springen. Ich legte die Maske an, prüfte ihre Funktionssicherheit und wartete auf das Signal. Plötzlich leuchtete vor mir am Armaturenbrett die rote Lampe auf:

‚Bereit zum Springen?' fragte dieses Licht.

Ich schnallte die Gurte meines Sitzes los. Eine Sekunde später leuchteten die beiden Lampen auf, die das Zeichen zum Sprung bedeuteten. Ich ließ mich durch die Falltür unter meinen Füßen aus der Maschine hinausfallen.

Mein erster Eindruck war: ‚Saukalt!' Es reifte sehr stark. Ich hob den Kopf und erblickte die Maschine schräg über mir. Als ich nach unten blickte, sah ich nichts als ein dichtes graues Wolkenmeer. Als der Höhenmesser am Handgelenk 6000 Meter anzeigte, tauchte ich in diese Wolkenschicht ein und trudelte etwas müde durch die Milchsuppe, die sich feucht und klamm auf mich legte. Plötzlich geriet ich ins Flachtrudeln. Auf dem Rücken liegend, spürte ich, wie meine Füße einen großen Kreis beschrieben, während der Kopf den kleineren ausführte. Die Schnelligkeit dieser Bewegungen wurde größer.

‚Das ist ein verflixt unangenehmes Karussel!' sagte ich mir. Daß ich diese Art von Bohrerbewegung beenden mußte, war klar; aber wie?

Ich warf meinen rechten Arm vorwärts und steuerte damit der Bewegung entgegen. Das Trudeln wurde langsamer, hörte dann ganz auf, und nun erst bemerkte ich, daß ich die erste Wolkendecke passiert hatte. Aber von der Erde war noch immer nichts zu sehen, denn in genau 4000 Meter breitete sich die zweite Wolkendecke aus. Doch nun konnte ich mich meiner

Sauerstoffmaske entledigen, denn in dieser Höhe gab es bereits wieder genügend Sauerstoff für die Freiatmung.

Nun aber empfand ich ein lästiges Sausen in den Ohren. Um meinen Blutdruck zu verteilen, versuchte ich zu singen. Es war ein altes Volkslied, das meine Frau unserem Sohn immer wieder vorsingen mußte. Doch auch das half nichts, und ich begann zu brüllen: einfach Worte, die mir gerade einfielen. Das half. Das Brausen des Blutes in den Ohren verschwand.

Dann durchstieß ich die Untergrenze dieser Wolkenschicht und — noch immer war nichts von der Erde zu sehen, denn bei 3400 Meter lag die nächste Wolkenschicht. Zum drittenmal stürzte ich mitten hinein in die feuchtgraue Waschküche. Es handelte sich um die Endschicht eines stürmischen Schlechtwettersystems, das über unserem Flughafen herrschte. Der gespenstische Wirbel des Sturmes packte mich, schleuderte mich herum, riß mit Riesenkrallen an mir. Gesicht, Stirn und Nase, Ohren und Nacken schmerzten wie verrückt. Es war ein richtiger Hexenkessel, in den ich geraten war.

‚Du hast die Orientierung verloren!' ging es mir schließlich durch den Kopf. Ich sah nichts mehr, wurde wie ein Fetzen Papier von einer Seite zur anderen geschleudert. Nun drehte ich mich, unternahm, ohne es zu wollen, gefährliche Sprünge und Rollen und fühlte mich von diesem finsteren Element, als das sich mir heute der Luftraum darbot, völlig geschlagen. Ich fand keinen Weg, was zu tun sei, um aus diesem Dilemma herauszukommen.

Diese letzte Wolkendecke hatte es in sich. Die hier herrschenden Turbulenzen beutelten mich nach Strich und Faden. Schon stahl sich meine Hand zum Griff. Ich wollte die Reißleine ziehen, um diesen Zustand zu beenden. Aber bevor ich dazu die Zeit fand, durchbrach ich die Wolke; schlagartig ließ der Sturm nach, und nun endlich sah ich unter mir die Erde.

Binnen weniger Sekunden wurde es völlig klar, und der Anblick der vertrauten Landschaft beruhigte mich unmittelbar. Nun war es geschafft! Alles war vorüber, auch die Zweifel!

Noch immer fiel ich kopfüber im steilen Flash nach unten. Mit einem Blick auf den Chronometer erkannte ich, daß ich bereits 140 Sekunden in der Luft war.

Die Erde war nahe herangekommen, und mit jeder Sekunde des Falles kam sie rasch näher. Jetzt war es soweit! Ich legte die Hand an den Griff, schloß die Augen, während ich nach oben zog. Obgleich ich schon unzählige Male gesprungen bin, schließe ich noch immer bei jedem Sprung während des Entfaltungsvorgangs die Augen. Der Fallschirm flatterte auf, zwei, drei Sekunden, dann folgte der Entfaltungsstoß, der mich traf und sogleich auch die Fallgeschwindigkeit des Schirmes bremste. Kräftig wurde ich durchgeschüttelt und nach oben gezogen, während der Unterkörper nach unten in die normale Senkrechte fiel.

Nun erst bemerkte ich, daß ich keine Schuhe mehr an den Füßen hatte und daß mir die Uhr vom Handgelenk gerissen worden war. Aber die Gefahr war vorüber. Nach einer Minute des Hinabsinkens am Fallschirm setzte ich mitten in einem Haferfeld auf.

Bauern, die in der Nähe arbeiteten, kamen angerannt. Der erste, der mich erreichte, war ein alter Mann mit einem weißen, wallenden Bart. Seltsamerweise war er schneller gelaufen als die anderen. Oder hatte er weniger Furcht gehabt? Einige Schritte vor mir blieb er stehen und beäugte mich neugierig.

‚Woher kommen Sie?' fragte er wißbegierig, und seine kleinen Äuglein funkelten mich an.

‚Vom Himmel!' versuchte ich einen Scherz. Aber ihn focht das nicht an, und da er sicher war, ein Wesen aus Fleisch und Blut vor sich zu haben, bot er mir seinen Tabaksbeutel an. Er schien erraten zu haben, wonach ich lechzte. Wir beide drehten uns jeder eine Zigarette, ich paffte in langen Zügen, und gleich danach wurde mir besser.

Nun erst stellte ich fest, daß ich 7900 Meter im freien Fall durchgesprungen war. Das hatte noch keiner vor mir geschafft. Nicht in der UdSSR und nicht in der übrigen Welt. Ein Rekord also! Doch ich war schon zu dieser Zeit sicher, daß es nur ein vorläufiger Rekord sein würde, denn: man konnte es besser machen, und bei günstigerem Wetter wäre es sicherlich nicht schwieriger als heute. Mein Sprung war nur Ausdruck des Wunsches, der unsere Luftfahrt belebte: ‚Immer höher hinauf!' Man mußte in die Stratosphäre oder wenigstens an ihre Grenze, in 11 000 Meter Höhe gehen."

Igor Evdokimow hatte den Ehrgeiz, seinen alten Rekord schnell und beträchtlich zu überbieten. Diese Versuche führten beinahe zwangsläufig dazu, daß er immer weniger an die eigene Sicherheit dachte. Und eines Tages, noch im Jahre 1934, war es soweit. Er startete zu einem Höhenrekordflug und zum Absprung aus 11 000 Meter Höhe.

Niemand konnte seinen Absprung beobachten außer dem Piloten des Stratosphärenflugzeugs, das ihn so hoch hinaufgebracht hatte. Erst geraume Zeit später wurde er gefunden.

Er lag zerschmettert in einem Acker. Seine Hände waren erfroren. Sie hielten noch immer krampfhaft den Aufziehgriff, der sich nicht hatte lösen wollen, weil er angefroren war.

Von den sowjetischen Fallschirmspringern dieser Jahre gingen große Impulse aus, die weit ausstrahlten und immer neue Begeisterung hervorriefen. Während es in Rußland in der ersten großen Pionierzeit des Fallschirms kaum jemanden gab, der diesen Rettungsring der Luft benutzte, traten in den dreißiger Jahren unseres Jahrhunderts immer neue sowjetische Sportler und Flieger auf den Plan, welche die tollsten Sprünge absolvierten.

Bald nach Evdokimows Tod, am 6. April 1935, stieg der Fallschirmspringer Zabeline zu einem Rekordversuch auf. Er wollte einen Weltrekord brechen, und zwar den Weltrekord im Nachtspringen. Zabeline hatte eine besondere Vorliebe für diese Art des Fallschirmspringens entwickelt. Er selbst berichtete über diese Sprünge:

„Ich möchte damit beginnen, daß man sich nach jedem gelungenen Fallschirmsprung mindestens einige Minuten lang angenehm munter und angeregt fühlt. Dieses Hochgefühl, das rund fünfzehn Sprünge lang anhält, um sich danach mehr und mehr abzuschwächen, veranlaßt viele Springer zu weiteren Versuchen; so auch mich. Da ich seit einiger Zeit Geschmack an Nachtabsprüngen gefunden hatte, weil während dieser Sprünge das verschwunden geglaubte Hochgefühl sich wieder einstellte, beschloß ich also, den bestehenden Rekord anzugehen. Ein Sturz in die Finsternis hinterläßt einen unbeschreiblichen Eindruck, der durch nichts anderes übertroffen wird. Ich erinnere mich an jeden einzelnen meiner 17 Sprünge, die ich nachts unternahm.

Bei diesem 18. Nachtsprung hatte ich mir vorgenommen, den Fallschirm erst an der Untergrenze des noch Möglichen zu öffnen. Die einzige Schwierigkeit, die es dabei gibt, ist die Tatsache, daß man den Boden nicht oder nicht genau genug sieht und man sich allein auf die persönliche Schätzung und die Kontrolle der Meßinstrumente verlassen muß. Die erreichte Höhe mit den Augen zu kontrollieren ist dabei nicht möglich.

Der achtzehnte Nachtsprung sollte aus einer Höhe von rund 6000 Meter ausgeführt werden. Nach 5000 Meter im freien Fall wollte ich den Schirm öffnen. Da ich wußte, daß im Frühling die Temperatur in dieser Höhe noch sehr niedrig liegt, mußte ich mich warm anziehen. Ich trug also eine pelzgefütterte Kombination und eine ebensolche Fliegerhaube. Der Chronometer war im Handschuh der Linken verborgen. Wenn ich die Linke anhob und sie in Höhe der elektrischen Laterne auf meiner Brust hielt, konnte ich ihn ablesen. Ich hatte die Absicht, über dem großen Flugplatz von Moskau abzuspringen. Da jedoch das Wetter dort zu schlecht war, mußte ich nach Tscheljabinsk ausweichen, wo ich dienstlich zu tun hatte.

Um aus der dafür vorgesehenen Maschine auszusteigen, mußte man die Kabinenhaube aus Zelluloid abwerfen. Geschah dies, dann mußte der Pilot in der offenen Kabine sitzend die Maschine wieder landen. Es sei denn, man legte die Haube seitlich neben sich in die Kabine. Aber dann war es kaum möglich, auszusteigen.

Wie auch immer: am frühen Morgen des 6. April gegen 3.00 Uhr starteten wir. Orek, mein Pilot, der das Gelände genau kannte, konnte sich auch in der Finsternis gut orientieren. Deshalb konnte ich mich ganz auf ihn verlassen und hatte ihm die Wahl des Absatzortes anvertraut. Unser Hauptziel war die Stadt Tscheljabinsk, ungefähr 50 Kilometer vom Flugplatz entfernt. Sie war von Feldern und Wäldern umgeben.

Nach einigen Minuten flogen wir bereits in 2000 Meter Höhe. Die auf dem Flugplatz angezündeten Holzstöße waren noch zu erkennen. In 3000 Meter flogen wir in eine dichte Wolkenbank hinein, die sich im Norden vor uns aufschichtete. Wir stiegen dennoch weiter, erreichten 4800 Meter und konnten den Flugplatz und die Richtfeuer infolge der Wolkendecke nicht mehr erkennen.

Die Lage wurde kompliziert, denn dort, wo wir niedergehen sollten, befanden sich auch einige Seen, in die hinunterzuspringen nicht eben angenehm sein würde. Man konnte auch in der Hochspannungsleitung hängenbleiben, die westlich des Flugplatzes vorbeiführte. Als Orek den Motor seiner Kiste drosselte, beugte ich mich zu ihm vor.

‚Was ist, Orek?' fragte ich ihn.

‚Geben Sie den Plan auf, aus 6000 Meter springen zu wollen, Zabeline. Begnügen Sie sich mit den erreichten 4500 Meter', meinte der Pilot. ‚Von hier aus können wir den Flugplatz noch erkennen. Vor allen Dingen kann die Kommission Sie später nicht landen sehen und Ihren Sprung also auch nicht registrieren.'

‚Versuchen Sie erst einmal, ein Wolkenloch zu finden.'

Eine Stunde flogen wir in großen Schleifen und Kehren, aber die Wolkendecke war dicht und blieb es auch.

‚Also dann herunter auf 4500 Meter. Ich werde von dort springen', sagte ich. Orek verlangsamte den Flug. Doch nun ergab sich für mich eine Komplikation. Nachdem ich die Plexiglaskuppel abgenommen und neben mir verstaut hatte, konnte ich nicht aus dem Wust des Gepäcks die Kabine verlassen. Erst nach einigen Mühen konnte ich mich – die Beine noch binnenbords – auf den Kabinenrand hochwuchten. Ich leuchtete mit der Lampe auf den Chronometer. Dann gab Orek das Signal.

Rücklings ließ ich mich aus der Kabine hinausfallen und drückte meine Stoppuhr. Ich wurde fortgerissen, in einigen Überschlägen stürzte ich hinunter und bemühte mich danach sofort um eine gute und stabile Lage.

Ich fiel nun stabiler, mit weniger Umdrehungen, ich fiel in eine totale Finsternis und sah weder Erde noch Sterne. Alles war von Wolken bedeckt. Aber ich spürte ganz genau, wo Himmel und wo Erde war: am Wehen der Luft, die mich viel stärker traf, wenn mein Gesicht der Erde zugewandt war. Nach meiner Berechnung konnte ich mich 60 bis 65 Sekunden durchfallen lassen, ehe ich den Fallschirm zog, um die noch verbleibenden 1000 Meter am Schirm hängend zurückzulegen. Diese Berechnung war genau und sicher. So schien es wenigstens auf der Erde. Hier oben aber, im freien Fall, beschlichen mich Zweifel. War sie wirklich sicher? Vielleicht hatte ich mich getäuscht?

Mein freier Fall dauerte genau eine Minute. Auf der Erde ist dies nicht viel. Aber sechzig Sekunden durch den Raum zu fallen, das erscheint einem wie eine Ewigkeit. Es schien mir, als liefe der Zeiger der Uhr, die ich beobachtete, besonders langsam. Dann aber erreichte der Sekundenzeiger die Zwölf. Sechzig Sekunden war ich jetzt unterwegs. Meine Hand schnappte den Aufziehring. Während mein Verstand mir sagte: ‚Du hast noch ein paar Sekunden Zeit!' zog ich dennoch sofort. Ich muß gestehen, ich war nicht imstande, diese wenigen Sekunden länger zu warten.

Während ich die Reißleine zog, drückte ich den Knopf der Stoppuhr, und fast zur gleichen Zeit spürte ich eine heftige Erschütterung. Der Schirm war auf und bremste binnen zwei oder drei Sekunden meine Fallgeschwindigkeit stark ab. Einer der Gurte schlug hart gegen meine Wange. Das Lederband der Brille riß, die Brille fiel mir von den Augen.

Der Entfaltungsstoß traf mich deshalb so hart, weil ich im Augenblick des Ziehens einen Salto ausführte und sich mein Kopf unten befand. Das bedingte, daß ich auch noch zusätzlich, mit einem Salto rückwärts, in die Senkrechte gerissen wurde.

Wieder ein Blick auf die Uhr. 66 Sekunden! Dann versuchte ich, etwas zu erkennen. Weit rechts unter mir sah ich plötzlich den brennenden Holzstoß, den man auf dem Flugplatz entzündet hatte. Das Feuer zeigte mir, wie weit ich abgetrieben worden war. Ich slippte, um in eine Drehung zu gelangen und das Feuer anzusteuern. Noch hing ich rund 600 Meter über dem Platz, unten nichts als dunkle Finsternis, und ich konnte nicht im voraus wissen, wo ich aufsetzen würde — in ein Feld oder mitten in die Kronen der Bäume hinein.

Dann aber sah ich hellere Schatten, die Erde näherte sich mir schnell, und schon spürte ich, daß der Fallschirm gehalten wurde. Ich wurde herumgeschleudert, prallte dann auf dem Boden auf und stürzte hintenüber. Ich spürte einen harten Schlag am Kopf und fürchtete, die Besinnung zu verlieren. Doch nach einigen Sekunden war ich wieder voll bei mir. Als ich mich an die Dunkelheit gewöhnt hatte, erblickte ich über meinem Kopf den Fallschirm. Er war in der Krone eines Baumes hängengeblieben. Dann rappelte ich mich auf, leuchtete mit meiner Taschenlampe den Boden ab und sah, daß ich mit dem Hinterkopf auf einen Baumstumpf gefallen war.

Nun spürte ich, wie meine Hände doch leicht zitterten, als ich die Zigaretten und eine Tafel Schokolade aus der Tasche zog. Ich aß davon, aber dann spuckte ich sie wieder aus. Sie erschien mir zu bitter; eine Reaktion, die ich schon mehrfach gespürt hatte. Nun zündete ich mir eine Zigarette an und ging zum Rande des Gehölzes. In der Nähe sah ich die Lichter einer Maschine, die eben zur Landung auf dem Flugfeld ansetzte. Tscheljabinsk war also ganz nahe.

Zehn Minuten später war ich bei meinen Freunden, die mich zu meinem neuen Nachtsprung und der gelungenen Landung beglückwünschten. Hier erfuhr ich auch, daß man das Aufklinken des Fallschirms in der stillen Nachtluft bis herunter auf den Platz hatte vernehmen können. Und auch den Absprung selbst hatte man, dank meiner Lampe, beobachten können. Die Geräte zeigten, daß ich 3600 Meter im freien Fall zurückgelegt hatte."

Den Höhenrekord Evdokimows zu brechen, schickte sich 1937 ein Franzose an. Er hieß Jean Niland, nannte sich aber mit seinem Künstlernamen James Williams. Ein Jahr lang hatte er die Vorbereitungen zu seinem Fallschirm-Höhenabsprung getroffen. Am 8. März 1938 war es soweit. Um 10.15 Uhr ergaben sich günstige meteorologische Bedingungen. Mit der Maschine „Les Mureaux", die von dem bewährten Piloten

Michy gesteuert wurde, startete er von einem Flugplatz nahe Chartres. Sie wollten die größtmögliche Höhe erreichen, und dann wollte Williams springen. Ein Maschinendefekt zwang sie dazu, in 9000 Meter aufzugeben.

Am selben Tage um 15.30 Uhr erfolgte der zweite Versuch. Williams wollte es unter allen Umständen schaffen. Nach langer Flugzeit hatte sich seine Maschine auf eine Höhe von 11265 Meter emporgequält, als er absprang.

Williams hatte das seltene Glück, bis zu 6000 Meter völlig stabil durchfliegen zu können. Als seine Stoppuhr versagte, richtete er sich nach dem Höhenmesser, und als er Ausschau hielt, stellte er fest, daß er sich in die Richtung eines Dorfes bewegte. Mittels der Schatten, die die Häuser warfen, war es ihm möglich, seine Entfernung zur Erde ziemlich genau zu schätzen. Deshalb zog Williams die Reißleine erst, als er sich ungefähr 140 Meter über dem Boden befand. Neunzig Meter über der Erde hatte sich sein Fallschirm ganz entfaltet.

Da das Öffnen eines Fallschirms aus Sicherheitsgründen bedeutend höher liegen mußte, hatte er damit den Rekordspringern der Zukunft nur die Möglichkeit gelassen, noch höher aufzusteigen, wenn sie seinen Rekord brechen wollten.

Am 19. August 1938, nur fünf Monate nach seinem sensationellen Weltrekord, stieg James Williams anläßlich einer Schauvorführung bis in 1000 Meter Höhe auf, um von dort abzuspringen und über ein Mikrophon den Radiohörern einige Eindrücke von seinem Absprung zu berichten. Diese Vorführung fand in Lons le Saunier statt. Seine beiden Fallschirme standen kurz nach dem Absprung plötzlich in Flammen. Dennoch hatte Williams den Mut und die unglaubliche Kaltblütigkeit, bis zum Aufschlag auf dem Erdboden seinen Bericht weiterzuführen. Er war sofort tot.

Damit war auch der Mann nicht mehr, der schon am 27. 2. 1937 auch den amerikanischen Rekord im Vielfachsprung egalisiert hatte, indem er aus nur 800 Meter Höhe absprang und nacheinander sechs Fallschirme zog.

Deutsche Fallschirmspringer

Richard Kohnke

In Deutschland, wo nach den Artikeln 198 bis 202 des Versailler Friedensvertrages keine Luftstreitkräfte unterhalten werden durften, war das Fallschirmspringen zunächst in der Versenkung verschwunden. Nur sehr wenige Männer und Frauen hatten sich diesem Sport und der weiteren Entwicklung des Fallschirms verschrieben. Dennoch gingen von ihnen entscheidende Impulse aus, nicht nur in sportlicher, sondern auch in fachlicher Hinsicht. Einer der ganz Großen war der im April 1972 verstorbene Ingenieur Richard Kohnke.

Als der Primaner Richard Kohnke im Jahre 1913 nach Bork in die Mark Brandenburg zog und bei Altmeister Hans Grade das Fliegen lernte, ahnte er noch nichts davon, daß er später einmal als Fallschirmspringer hohen Ruhm ernten würde. Zunächst ging er mit Kriegsausbruch 1914 als Flieger an die Front. Als Aufklärungsflieger kam er mit den Ballonfahrern des Ballonzuges 11 in engen Kontakt, und als ihn einer seiner Kameraden, der Vizefeldwebel Meurer, einmal in einem Fesselballon mitnahm, fragte er Kohnke:

„Wenn wir beschossen würden, Richard, könntest du dann mit dem Fallschirm aussteigen?"

„Klar!" erwiderte Kohnke sofort.

„Wollen wir wetten?" fragte Meurer.

„Um 50 Flaschen Wein!" erwiderte Kohnke nur.

Der Vizefeldwebel band Kohnke den einen Fallschirm um, deutete in die Tiefe und sagte nur: „Glück ab, Richard!"

Kohnke sprang, landete unversehrt in einem Granattrichter, und von diesem Augenblick ließ ihn die Fallschirmspringerei nicht mehr los. Als er später — er war inzwischen zur berühmten Jagdstaffel 5 gekommen und hatte eine Reihe gefährlicher Luftkämpfe absolviert — schwer verwundet abgeschossen wurde, versetzte man ihn zur Luftschiffer-Abteilung Berlin-Reinickendorf. Hier diente er als Abnahme-Offizier für Fallschirme und Ballons. Dabei kam er mit Käthe Paulus in Kontakt, die ja die Fallschirme für die Front herstellte. Zusammen mit dem Sergeanten Schmittner konstruierte Kohnke einen Ballonkorbschirm, der bald auch bei Fesselballons eingeführt wurde. Er selbst führte die Erprobung dieses Ballonkorbschirmes durch und unternahm die ersten Absprünge mit diesem Gerät.

Nach Kriegsschluß studierte Richard Kohnke an der Technischen Hochschule zu Danzig Maschinenbau und legte 1924 sein Staatsexamen als Ingenieur ab. Danach ging er zur Luftfahrt; als Flugzeugführer und Fallschirmpilot und seit 1926 auch als Lehrer und Sachverständiger bei der Luftpolizei. Im Institut für Technik und Verkehr in Berlin-Tempelhof, in der Friesenstraße, war Richard Kohnke zu Hause. Im Jahre 1928 gründete er eine Fallschirmfirma und stellte Personen- und Lastenfallschirme her. Wo von da an Zeppeline für den Postbeutelabwurf Lastenfallschirme benötigten, wandten sich die Verantwortlichen an Richard Kohnke. Pyrotechnische Werke bestellten bei ihm Spezialschirme zum Absetzen von Leuchtbomben.

Im Jahre 1930 gründete Kohnke eine Fallschirmschule in Berlin. Über 600 Schüler und Schülerinnen gingen als fertige Fallschirmspringer aus dieser Schule hervor. Das lag nicht zuletzt daran, daß Richard Kohnke auf allen Veranstaltungen in Deutschland und im europäischen Ausland dabei war. Er selbst sagt über seine Anfangszeit, als er sich auch noch das Geld für das Studium verdienen mußte:

„Der Fallschirm ist ein Rettungsgerät und zugleich auch ein Sportgerät. Er ließ mich seit dem ersten Absprung nicht mehr los. Was tat ich doch alles, um das notwendige Geld zusammenzubekommen und springen zu können. Ich machte Reklamesprünge für Zigaretten- und Schuhcremefirmen; ich half mit meinem Fallschirm Schokolade verkaufen und bereicherte Pferderennen mit Zielabsprüngen. Bei Ruderveranstaltungen sprang ich sogar ins Wasser. Doch nicht allein das Geld trieb mich dazu. In erster Linie wollte ich praktische Erfahrungen sammeln. Und wo gab es die, wenn nicht beim Springen? Allein die Praxis entscheidet über die Sicherheit eines Fallschirms."

Wenn irgendeiner der bekannten Filmstars eine riskante Flug- und Fallschirm-Einlage zum besten geben mußte, war es Richard Kohnke, der diese Einlage als Double ausführte. So sprang er für Harry Piel einmal im Abendmantel mit Zylinder aus sechshundert Meter Höhe ab. Er berichtete darüber in seiner trockenen, humorvollen Art:

„Das erste, was baden ging, war der Zylinder. Als zweites riß die Hose. Dann flatterte der Abendmantel davon, und die Serviette, die ich anstelle des Frackhemdes umgebunden hatte, hing heraus. Ich war heilfroh, als ich glücklich wieder auf dem Boden war. Allerdings mußte ich von der Stelle meiner Landung aus zwei Kilometer zu Fuß gehen; mit einer Frackhose, die achtern weit aufklaffte."

In dem Film „FP 1 antwortet nicht", spielte Kohnke als Double von Hans Albers in der berühmten Absprungszene.

Erstmals wurde im deutschen Rundfunk am 28. September 1934 von einem Fallschirmspringer direkt aus der Luft berichtet. Der Sprecher, der auf dem Berliner Flugplatz Staaken diesen ersten Fallschirm-Sprungbericht gab, war Richard Kohnke.

Aber auch die humorvollen Einlagen wurden von ihm bestritten. So erlebten die Zuschauer auf einem Flugtag in Königsberg im Sommer 1934 eine tolle Überraschung:

Nach einem Fallschirmabsprung von fünf deutschen Springern, die vom Flugplatz Devau aus mit den kleinen schnellen Klemm-Maschinen auf Höhe gebracht wurden, suchte man über den Platzlautsprecher den verwegensten Flugtagbesucher. Ein biederer Königsberger Droschkenkutscher mit blauem abgewetztem Bratenrock, Zylinder und Peitsche meldete sich und stolzierte unter den ehrfürchtigen Blicken der 70 000 Zuschauer über das Rollfeld zur Maschine. Umständlich kletterte er in die kleine „Klemm" hinein, um dann festzustellen, daß er verkehrt herum saß. Man schnallte ihm den Fallschirm um und gab ihm die letzten Instruktionen. Empörte Zuschauer riefen protestierend dazwischen. Als die offene Sportmaschine losrollte, flog als erstes der Zylinder des Kutschers davon. Die Klemm gewann Höhe, umkurvte den Platz, und dann sahen die entsetzten Zuschauer, wie der Droschkenkutscher bei einer Kunstflugrolle aus der Maschine stürzte und in mehreren Überschlägen erdwärts purzelte, ohne daß sich der Fallschirm öffnete.

Ein vielstimmiger Schreckensschrei hallte über den Platz. Das mußte ein Unglück geben! Weit gefehlt! Vierhundert Meter über dem Boden entfaltete sich der Schirm wie eine große weiße Blüte, und der Droschkenkutscher, der niemand anders war als Richard Kohnke, landete kurz darauf sicher mitten auf dem Platz.

Während des Zweiten Weltkriegs unternahm Richard Kohnke verschiedene Versuchssprünge aus schnellfliegenden Maschinen, und als seine Fallschirmfabrik 1944 in Berlin ausgebombt wurde, verlegte er seinen Betrieb nach Kalisch. Hier wurde er 1945 von den Russen vereinnahmt.

Richard Kohnke, der Mann, der inzwischen über 350 Fallschirmabsprünge ausgeführt hatte, arbeitete nach Kriegsschluß als beratender Ingenieur. 1950 übersiedelte er nach Westdeutschland. Im Jahre 1951 nahm er in Heidelberg-Ziegelhausen die Produktion von Fallschirmen wieder auf. Ein Jahr später wurde er zum Prüfer und Sachverständigen für Fallschirme und Luftfahrtsicherungsgerät ernannt. Darüber hinaus bildete er von 1952 bis 1970 Hunderte von Fallschirmpackern aus.

Als 1955 nach Rückgabe der Lufthoheit an die BRD in Westdeutschland mit der praktischen Ausübung des Fallschirmsportspringens begonnen werden konnte, war es Richard Kohnke, der die Zügel in die Hand nahm und die deutschen Fallschirmspringer rasch an den internationalen Standard heranführte.

Durch seine Initiative war bereits am 28. September 1952 die Deutsche Fallschirmsport-Kommission gegründet worden. Einstimmig wurde Kohnke zu ihrem ersten Vorsitzenden gewählt. Knapp ein Jahr später, am 7. Juni 1953, wurde das Fallschirmspringen als fünfte Sportart in den Deutschen Aero-Club e. V. aufgenommen.

Mit 398 Absprüngen war Richard Kohnke zu dieser Zeit der meistabgesprungene Fallschirmsportler.

Der Mann, der im Fallen fotografierte

Willi Ruge war neben Richard Kohnke nach dem Ersten Weltkrieg einer der bekanntesten Fallschirmspringer. Binnen weniger Jahre absolvierte auch er mehrere hundert Fallschirmabsprünge.

Auch Ruge mußte, bevor er — immerhin ein alter Flieger — das Fallschirm-Pilotenzeugnis erhielt, bei der Firma Schmittner einen Fallschirm erwerben und einen vierzehntägigen Kursus absolvieren, der die Theorie des Fallschirmsprungs und das Fallschirmpacken einschloß. Dann erst konnte er den ersten Prüfungsabsprung vor den Beamten der Luftpolizei ausführen. Erst wenn diese alles für gut befanden, wurde dem Springer das Pilotenzeugnis für Fallschirme ausgefertigt.

Pilotenzeugnis? Für einen Fallschirm? Ja! Der Fallschirm ist nämlich nach dem Recht ein „Luftfahrgerät" und sein Benutzer demzufolge ein „Pilot".

Zusammen mit seinem Fliegerkameraden Boettcher stieg Ruge schließlich zu seinem ersten Fallschirmabsprung auf. Was die Prüfbeamten nicht wußten, war die Tatsache, daß jeder von ihnen eine Schmalfilmkamera mitführte. Sie wollten ihre Umgebung und auch einander fotografieren.

Vom Flugplatz Staaken aus schraubten sich die beiden Maschinen mit den Anwärtern auf ein Fallschirmpilotenzeugnis in die vorgeschriebene Höhe von 500 Meter empor. Von seiner Maschine aus konnte Ruge erkennen, wie Boettcher seinen Sitz verließ und auf die Tragfläche kletterte. Dort erwartete er in Hockstellung den Springbefehl des Piloten. Plötzlich sauste er mit seinem Fallschirm hinunter. Nach einer Fallzeit von 30 Meter öffnete sich der Schirm, und Boettcher schwebte dem Platz entgegen. Nun kam es darauf an, daß der Pilot von Ruges Maschine dem Fallschirm nachflog und in engsten Kreisen um ihn herumkurvte, damit Ruge seinen Kameraden filmen konnte.

Mit einem steilen Abflug landete die Maschine schließlich dicht neben dem niedergegangenen Fallschirmpiloten, der von dem böigen Wind beinahe zweihundert Meter weit fortgeschleift wurde. Dabei hatte sich Boettcher an der Nase und am Handgelenk verletzt. Doch seine Kamera, mit der er ebenfalls einen Film gedreht hatte, war heil geblieben.

Nunmehr mußte ein anderer Flieger für Boettcher einspringen, um Ruges Absprung zu filmen. Ruge selbst berichtet über diesen ersten Fallschirmabsprung:

„Die Gefühle zu beschreiben, als ich kopfunter zur Erde sauste, ist unmöglich. Es kam mir auf einmal so vor, als hätte mich ein Hausknecht am Kragen gepackt und hochgerissen. Dieses Zeichen bewies mir, daß sich mein Fallschirm geöffnet hatte und seine Bremswirkung eingetreten war. Während der Zeit von sieben Minuten bis zur Landung filmte ich alles, was des Festhaltens im Bilde wert erschien.

Als ich noch zweihundert Meter Höhe hatte, stellte ich zu meinem Entsetzen fest, daß ich mich auf eine Hochspannungsleitung zubewegte, vor der uns einer der Abnahmebeamten gewarnt hatte. Ich entsann mich, daß nach seiner Erzählung hier ein anderer Fallschirmspringer hängengeblieben und verbrannt war. Doch das Fliegerglück meinte es gut mit mir. Ein Windstoß hob mich unmittelbar über die obersten Leitungsdrähte hinweg."

Eine weitere Bö drückte den Fallschirm herunter. In der Krone eines kleinen Baumes, mitten in einem Gartenrestaurant, verfingen sich die Fallschirmleinen. Zwischen Stühlen und Tischen landend, verletzte sich auch Ruge Gesicht und Beine. Aber auch er hatte seine Kamera gerettet.

Lola Schröter, eine der ersten

Eine der wenigen Frauen, die bald nach dem Ersten Weltkrieg wieder in ein Flugzeug stiegen, war Lola Schröter. Sie flog und sprang mit dem Fallschirm ab. Die späten zwanziger

Jahre sahen sie auf fast allen Flugtagen und Luftsportveranstaltungen am Start. Schließlich hatte sie es auf 174 Absprünge gebracht, als sie verkündete, daß es ihre Absicht sei, den Weltrekord im Höhenabsprung für Frauen zu brechen. Dieser Rekord war im Jahre 1852 von Madame Poitevin in Parma mit einer Höhe von 2 000 Meter aufgestellt worden.

Da Lola Schröter noch niemals vorher aus einer Höhe abgesprungen war, die eine Sauerstoffatmung notwendig machte, war es für sie ein ganz neues Gefühl, als man ihr die Sauerstoffmaske erklärte und sie sie anlegen und probeweise atmen mußte. Sie war sehr gespannt darauf, wie ihr Körper auf Sauerstoff reagieren würde. Daneben aber bestand für die Springerin noch ein weiteres Problem: sie fürchtete, beim Absprung durch eine Regenwolke zu fallen und dabei samt ihrem Schirm naß zu werden. Bei der raschen Sinkgeschwindigkeit und der Kälte in Höhen über 5 000 Meter konnte möglicherweise auch der Schirm vereisen. Wenn er schließlich gezogen wurde, konnte er wie Glas auseinanderbrechen.

Lola Schröter entschied sich für einen Roburschirm, der aus Seide hergestellt war und eine Handauslösung besaß.

Nachdem die Maschine die vorgeschriebene Höhe von 6 000 Meter erreicht hatte, wandte sich die Fliegerin nach dem hinter ihr sitzenden Piloten um und nickte ihm zu. Darauf ging die Maschine in einen leichten Gleitflug über, der eine starke Drosselung der Geschwindigkeit ermöglichte. Als nun der Bordmonteur Lola Schröter ein Zeichen gab, sprang sie ab.

Der Pilot hatte jedoch noch nicht die Geschwindigkeit seiner Maschine gedrosselt. Er flog noch mit 200 Stundenkilometer, und der Entfaltungsstoß war entsprechend hart. Dennoch öffnete sich der Schirm bereits bei fünfzig Meter, ohne daß die Fliegerin den Aufziehgriff betätigen mußte. Sie hielt ihn für alle Fälle bereits in der Hand, als der Entfaltungsstoß sie traf. Lassen wir Lola Schröter selber berichten:

„Nach 174 Fallschirmabsprüngen versuchte ich, einen Höhenrekord aufzustellen. Dazu benutzte ich den Roburschirm. Am linken Oberschenkel band ich meine Schwimmweste an, denn der Absprung sollte im Gebiet der Schleswig-Holsteinischen Seenplatte erfolgen, und dort lag ein kühles Bad durchaus im Bereich der Möglichkeiten.

Kurz nach dem Öffnen des Schirmes durchströmte mich ein unvergleichliches Glücksgefühl. Als Gebirgskind hatte ich noch niemals die See gesehen. Unter mir lag Kiel ausgebreitet. Ich steuerte zuerst darauf zu. Dann drehte der Wind, und ich ließ Kiel links liegen. Zwischendurch vernahm ich das vertraute Brummen der Maschine, die immer wieder an meinen davoneilenden Fallschirm Anschluß fand.

Wir, der Pilot und ich, winkten uns zu. Pilot Hubrich erzählte mir nachher, daß er sich riesig gefreut habe, als er mich wohlauf sah. Von Minute zu Minute wechselte die Landschaft unter mir. Vereisungsgefahr bestand nun nicht mehr, aber verdächtig schnell trieb ich dem Sedenter See entgegen. Wie und wo würde ich landen?

Nachdem ich einen großen Waldstrich überquert hatte, bot sich mir kurz vor dem See eine einigermaßen günstige Landungsstelle. Ich verschob mein Gewicht auf die Seite, zog die eine Hälfte der Leinen an, verkleinerte dadurch die Oberfläche des Schirmes und hatte somit die Möglichkeit, den Schirm etwas steuerbar zu machen. Dann zog ich die Handschuhe aus, knüpfte sie mit der Schwimmweste zu einem Bündel und warf sie, noch 50 Meter hoch, ab. Ein paar Sekunden später landete ich in einem Rübenfeld, 500 Meter vom Seeufer entfernt.

Nach der Landung raffte ich meinen Schirm zusammen, nahm ihn unter den Arm, ging zum nächsten Gasthof und telefonierte mit dem Flughafen. Ein paar Sekunden später wasserte Hubrichs Vogel unmittelbar neben der Landungsstelle. Hubrichs treuer Bordmonteur Trebs brachte mich auf den Armen an Bord der Maschine. Er selber steckte in einer riesigen Gummihose und wurde nicht naß.

Ich war also Inhaberin des neuen Weltrekordes."

Claire Fackiner-Lange

Fast gleichzeitig mit Lola Schröter hatten sich in Deutschland einige weitere Frauen dem Fallschirmspringen verschrieben. Eine der bemerkenswertesten Erscheinungen in diesem dramatischen Sport war Claire Lange.

Ihren ersten Fallschirmabsprung unternahm dieses junge, hübsche Mädchen aus Hagen-Haspe in Westfalen am 31. August 1929 um 19.00 Uhr auf dem Flugplatz in Dortmund-Wickede.

Bevor sie aber zum Fallschirmspringen gekommen war, hatte sie ein Jahr lang in einem holländischen Hotel als Serviermädchen arbeiten müssen; denn ein Fallschirm kostete damals die sagenhafte Summe von 1000 Reichsmark. Sie fuhr selbst nach Berlin und holte sich aus den Schmittner-Werken ihren Schirm. Dort sollte sie vier Tage Fallschirmpacken üben. Doch nach 24 Stunden war sie perfekt und reiste samt Fallschirm ab.

Ihr erster Absprung war zugleich ihr erster Flug. Am Boden übte sie ein paarmal das Ein- und Aussteigen aus der Maschine, bevor sie ihren Fallschirm anschnallte und in die Kiste kletterte.

„Nachher flüssige Nachfeier", meinte der Pilot, Willi Pauls, und grinste sie an. Sie konnte nur nicken. Der Motor wurde angeworfen. Claire stülpte sich die Fliegerhaube auf, schob die Brille vor die Augen und zeigte dem hinter ihr sitzenden Piloten, daß sie bereit sei. Die Maschine rollte an, plötzlich ein kleiner Ruck: sie flogen!

Der erste Flug war für die Fallschirmanfängerin kein Erlebnis, denn sie hatte zuviel zu bedenken und auf das zu achten, was ihr in Berlin über den Fallschirm und seine Handhabung gesagt worden war. Unerbittlich kam die Sekunde der Wahrheit, in der sie springen mußte. Der Fahrtwind riß ihr fast den Atem vom Mund. Die Sonne schien ihr in die Augen, und tief, ganz tief unten erkannte sie einen winzigen Fleck.

„Darauf gehen Sie runter!" schrie der Pilot ihr zu und tippte ihr auf die Schulter. Er deutete auf den Höhenmesser. Er zeigte 500 Meter an. Die Maschine legte sich in eine Rechtskurve, bis sie in Windrichtung lag. Nun stieg das Mädchen aus dem Ruhrland auf die Tragfläche. Sollte sie sich wirklich diesen zusammengenähten Leinwandlappen anvertrauen?

Ein kurzer Gruß, und schon sauste sie los. Sekunden, die ihr wie eine Ewigkeit vorkamen, fiel sie in die Tiefe. Sie hörte das Sausen der Luft, spürte einen Druck im Schädel, und dann: ein Knall! Der Druck wich sofort, das Rauschen des Fallwindes hörte auf. Über ihr hatte sich der Fallschirm aufgebläht.

Nun war es wunderbar still um sie her. Der Fallschirm sank tiefer und tiefer. Noch fünfzig Meter! Plötzlich sah es so aus, als wollte die Erde im Blitzstart zu ihr heraufkommen. Die Beamten schrien ihr etwas zu.

„Beine einziehen!" Hatte sie richtig verstanden?

Instinktiv zog sie die Beine an, und eine Fünftelsekunde darauf landete sie ziemlich unsanft auf dem Boden. Das war der erste Sprung der Claire Lange, einer der Frauen, die in den folgenden Jahren mit der Fallschirmgeschichte verbunden waren.

Am 25. Mai 1930 war Claire in Gera engagiert. Dort sprang sie aus 300 Meter Höhe ab. Der frische Wind trieb sie schnurgerade auf eine Hochspannungsleitung zu. Was sie in diesen entscheidenden Sekunden erlebte und dachte, schrieb sie auf:

„Nun hing ich über der Leitung. Der Wind blieb auf einmal aus, und die Hochspannungsleitung kam immer näher. Ich kann keinem Menschen beschreiben, wie schnell sich die Gedanken in einer solchen Sekunde jagen. Mir blieb keine Wahl. Rasch schnallte ich mich vom Schirm los und hielt mich nur noch mit den Händen an ihm fest. Meine Nerven waren zum Zerreißen gespannt. Da — zwei Meter über dem obersten Leitungsdraht — kam der entscheidende Punkt. Vom Platz herauf schallte ein vieltausendstimmiger Schrei. Ich gab mir einen Schwung nach hinten und — ließ den Schirm los . . .

Es klappte. Mein Schirm hing in der Hochspannungsleitung, und ich saß wohlbehalten in einem Haferfeld."

Dieser Absprung verlief also glücklich, und noch am selben Tage startete Claire Lange zu einem zweiten Fallschirmabsprung. Auch diesmal sprang sie in eine drohende Gefahr hinein, denn nun trieb sie direkt nach dem Sprung einer Bahnlinie entgegen, auf der sich ihr — zuerst winzig klein, dann größer und größer werdend — ein D-Zug näherte. Diesmal half kein Abschnallen. Diesmal mußte das Mädel aus dem Ruhrrevier zusehen, wohin der Wind sie trieb.

Schon schwebte sie über dem Zug und beschimpfte in ohnmächtiger Wut die Reisenden, die ihr fröhlich zuwinkten, weil sie glaubten, dieser Sprung sei mit der Absicht ausgeführt, ihnen allen aus dieser Höhe gute Fahrt zu wünschen.

Doch auch diesmal ging alles gut. Genau zwei Meter hinter dem letzten Wagen des Zuges landete die Springerin auf den Schienen. Beinahe wäre sie noch auf den letzten Puffern aufgesessen.

Ein andermal landete Claire Lange in Osnabrück auf einem — Flugzeug. Und zwar auf einer Udet-Flamingo. Dabei ging nicht nur die linke untere Tragfläche zu Bruch, sondern die Springerin verstauchte sich auch noch den Fuß und die Seite.

Als Claire, die Sinn für Humor hatte, einmal in einer Kaffeerunde erzählte, daß sie auch schon einmal auf einer „Flamingo" gelandet sei, fragte eine alte Dame ganz entsetzt:

„Ja, um Gottes willen! Dann sind Sie mitten im Zoo niedergegangen. Stellen Sie sich vor, Sie wären im Löwengehege gelandet!"

In Lettland, Luxemburg, den Niederlanden, in der Schweiz, in Litauen, Estland, Norwegen, Schweden und Italien sprang Claire Lange aus allen möglichen Situationen ab. Sie war mit allen bekannten Piloten und Pilotinnen der damaligen Zeit und mit ihren Fallschirmspringer-Kameradinnen gut Freund. Jeder mochte sie gern. So startete sie zusammen mit Liesel Schwab, Irma Brummer, Ernst Klee, Gerhard Fieseler und Ernst Udet.

Mit der Kunstflugmeisterin Liesel Bach verband sie eine bleibende Sportkameradschaft, die noch heute Bestand hat.

Bei ihrem 108. Fallschirmabsprung am 7. Oktober 1931 ging es darum, im Rahmen einer Flug- und Wassersport-Veranstaltung auf dem Rhein vor der Rodenkirchener Brücke aus einem Flugzeug in den Rhein zu springen.

Mitten über dem Strom, in Badeanzug und Badekappe, dick mit Creme eingerieben, stieg Claire Lange aus und sprang ins Nichts. Der Schirm öffnete sich, langsam sank die Springerin dem bereits recht kühlen Rhein entgegen. Dann tauchte sie mit einem kühnen Sprung kopfüber ins Wasser. Der Fallschirm stürzte über ihr zusammen, auf einmal hing Claire mit beiden Beinen in den Fangleinen fest und konnte sich aus eigener Kraft nicht daraus befreien. Wie wild strampelte sie unter Wasser, vergebens. Sie kam nicht frei, schluckte Rheinwasser, und es sah ganz so aus, als sollte sie hier ihr Leben beenden.

Doch in schneller Fahrt lief ein Boot mit Schwimmern der DLRG zu ihr hinüber. Zwei Schwimmer sprangen ins Wasser, tauchten nach ihr und holten sie heraus ins Boot. Hier gab es für die Frierende zuerst eine dicke Jacke, dann einen kräftigen Schnaps. Es war noch einmal gutgegangen.

Alles dies hielt Claire jedoch nicht davon ab, weiter zu springen und einige tollkühne Husarenstücke auszuführen. So ließ sie sich wenig später von dem Weltrekordhalter im Rükkenfliegen, Werner Weichelt, im Rückenflug „auskippen". Auch darüber berichtete sie in ihrer knappen treffenden Art:

„Wir schraubten uns auf dreihundert Meter Höhe und flogen das vereinbarte Ziel an, eine Baumgruppe auf dem Platz. Zum Zeichen, daß ich zum Absprung bereit war, winkte ich Werner Weichelt zu. Da senkte sich die Maschine auch bereits nach links und legte sich langsam auf den Rücken. Es war ein scheußliches Gefühl. Ich klemmte mich mit der Schulter in den Sitz, aber dann konnte ich mich nicht mehr halten und rutschte langsam aus der Maschine. Ich fiel ungefähr dreißig Meter mit dem Kopf nach unten. Plötzlich gab es einen Knall. Ich kam

Absprung zur Relativarbeit

Gleich ist der Zehn-Mann-Stern fertig

Die Springer und ihre Noratlas-Maschine

Warten auf Sprunghöhe — Stimmungsbild in der Nora

durch das Öffnen des Schirmes wieder in die Normallage und landete glatt auf dem weichen Acker."

In den sechs Jahren ihrer aktiven Laufbahn, von 1929 bis 1935, absolvierte Claire Lange 167 Fallschirmabsprünge aus Höhen von 80 bis 5600 Meter. Nach Lola Schröter ist sie die Frau, die den höchsten Absprung der frühen dreißiger Jahre ausführte.

Lucie Byczkowski

Neben Liesel Schwab, Lola Schröter und Claire Lange machten die Springerinnen Triebner und Dröbeljahr und vor allem Lucie Byczkowski in der ersten Hälfte der dreißiger Jahre von sich reden.

Es war Lucie Byczkowski, die auf dem Flugplatz von Taliedo bei Mailand die Kunstflugmeisterin Liesel Bach davon überzeugte, daß Fallschirmspringen für die Flieger lebensnotwendig sei. Damals wurde Liesel Bach von dem italienischen Veranstalter gebeten, doch Lucie Byczkowski aus dem Rückenflug mit einem Fallschirm abzusetzen. Zuerst zögerte Liesel Bach, dann stimmte sie zu. In ihrem Buch „Bordbuch 2495" hat sie diesen ihren ersten Flug mit einer Fallschirmspringerin geschildert: „So packten wir also Lucie Byczkowski vorn hinein, befestigten die Reißleine in meinem Sitz, damit ich den leeren Verpackungssack nachher einziehen konnte, und starteten.

In 500 Meter Höhe ging ich mit einer halben Rolle in die Rückenlage, und wenige Sekunden später sauste ein zusammengerollter Knubbel, ein menschliches Etwas, vor meinen Augen in die Tiefe. Der Fallschirm öffnete sich prompt, und riesige Begeisterung herrschte bei unserer Landung."

Dieser ersten Vorführung des „Gespanns" Liesel Bach und Lucie Byczkowski folgten rasch weitere, und einmal wäre es um ein Haar schiefgegangen. Auf dem Flugplatz Berlin-Tempelhof sollte Lucie Byczkowski abermals aus 500 Meter Höhe und aus der Rückenlage abspringen. Als sich die Reißleine

spannte, spürte Liesel in der Maschine einen harten Ruck, den sie sich nicht erklären konnte. Die Klemm begann wild zu flattern. Als sie die Kiste wieder unter Kontrolle hatte, bemerkte sie, daß der Verpackungssack fehlte. Statt seiner flatterte ein Stück des abgerissenen Seiles neben dem Sitz der Fliegerin.

Liesel Bach starrte nach unten und erschauerte. Dort unter ihr fiel ihre Freundin „Luzz", wie das frische Mädchen aus Bottrop überall genannt wurde, mit dem geschlossenen Fallschirmsack auf dem Rücken, sich immer wieder überschlagend, mit über 200 Stundenkilometer der Erde entgegen, und wenn sie aufschlug, dann ...

Entsetzt schrie Liesel Bach auf, schrien auch die Zuschauer am Rande des Flugfeldes. Was war geschehen? Hundert Gedanken wirbelten der Pilotin durch den Kopf.

Auf einmal wandelte sich ihr Entsetzen in einen lauten Jubelruf. Dort unten, ganz knapp über dem Erdboden, entfaltete sich der Fallschirm, wurde groß. Luzz war in letzter Sekunde gerettet, denn schon setzte sie auf.

Es war dieser großartigen, reaktionsschnellen Sportlerin gelungen, während des nur wenige Sekunden dauernden Höllenfluges das abgerissene Stück der Reißleine zu erwischen und sich den Schirm selbst aufzuziehen.

Während Luzz auf die inzwischen gelandete Fliegerin zuging, saß Liesel Bach noch lange bleich in ihrer Maschine und starrte die Freundin wie eine Erscheinung an. Dann gaben sie einander schweigend die Hand. Sie wußten, daß da einer einen ganz dicken Daumen dazwischengehalten hatte.

Bei den später angestellten Versuchen stellte sich heraus, daß sich die Reißleine irgendwo verhakt hatte. Als dann das Gewicht der Springerin ruckartig in die Leine wuchtete, brach sie glücklicherweise.

Von da an waren „Luzz" und Liesel unzertrennliche Fliegerkameradinnen. Denn auch Lucie flog selber.

Es war im Sommer 1934, Liesel Bach saß gerade mit Claire Lange und Papa Möltgen auf dem grünen Rasen des Flugfeldrandes von Vechta, als sie ans Telefon gerufen wurde. Nichts Böses ahnend, nahm sie den Hörer aus der Hand eines Angestellten entgegen. An der Gegenstelle war eine Angestellte des Flugplatz-Towers, die ihr durchsagte, daß Lucie Byczkowski mit ihrer Sportmaschine beim Anflug auf Vechta tödlich abgestürzt sei.

Die fröhliche „Luzz" war nicht mehr. Die Mädchen der Luft hatten eine Kameradin verloren.

Auf dem Friedhof in Bottrop steht auf einem niederen Sockel ein Flugzeugpropeller, wohl eins der seltensten Grabmale, die es gibt. Unter ihm ruht das blonde junge Mädchen, die Fliegerin und Fallschirmspringerin Lucie Byczkowski. Sie war dabei, als es in den Pionierjahren daraum ging, den Fallschirm als Rettungsgerät der Luft populär zu machen.

Der Mensch und die Luft – medizinische Aspekte

In den Berichten der ersten Fallschirmspringer taucht immer wieder die Frage auf: Hält der Mensch einen Flug durch die Luft aus? Kann er in große Höhen aufsteigen, ohne gesundheitliche Schäden davonzutragen?

Der menschliche Körper ist auf die Atmosphäre der Erdoberfläche eingestellt. Er ist ein Landwesen und der Erde verhaftet. Ohne Hilfsmittel kann er in höheren Luftschichten mit verdünntem Sauerstoff nicht existieren.

Daneben gibt es noch Anforderungen, die an den Geist des Menschen gestellt werden. Man kann zum Beispiel nicht Fallschirmspringen aus geringer Höhe üben. Gleich der erste Sprung erfolgt aus einer Höhe von 400 Meter. Das heißt, ein Fallschirmspringer springt bei seinem ersten Versuch in eine völlig neue Welt hinein.

Dieses Unbekannte erzeugt Angst. Angst wiederum kann zu Reaktionen führen, die dem Springer schaden. Oder sie führt zu einer noch gefährlicheren kurzen Phase der Inaktivität, in welcher der Fallschirmspringer kein Glied zu rühren vermag.

Vergessen wir nicht, daß ein Springer in den unteren Luftschichten mit einer Fallgeschwindigkeit von rund 180 Kilometer in der Stunde fällt und daß die Fallgeschwindigkeit in hohen Luftschichten bis zu 400 Stundenkilometer betragen kann, das sind 111 Meter in der Sekunde.

Diese Geschwindigkeit wird beim Öffnen des Schirmes binnen drei Sekunden auf rund sechs Meter in der Sekunde abgebremst. Dabei verspürt der Springer einen scharfen Ruck: den Entfaltungsstoß.

Bei der Landung muß der Springer, der immerhin mit ziemlicher Wucht auftrifft, den richtigen Landefall ausführen, bei dem er seinen Körper im Augenblick der Bodenberührung abrollen muß.

Herrscht ein steifer Wind, kann der Springer unter Umständen am Fallschirm — der geöffnet bleibt — über den Platz gezogen werden.

Neben diesen physischen Belastungen gibt es noch eine Reihe höhenphysiologischer Probleme. Da sind zunächst die Abnahme des Sauerstoffs in größeren Höhen und der Staudruck der Luft, der sich beim Fallschirmsprung auswirkt, wenn der Körper des Springers plötzlich ungeschützt ist.

Über beide Phänomene soll an geeigneter Stelle am praktischen Beispiel berichtet werden. Doch zuvor ein allgemeines Wort über die Einflüsse und Gefahren des Sauerstoffmangels in den Körpergeweben, der Hypoxie.

In Normal-Null-Lage atmet der Mensch ein Luftgemisch ein, das zu 21 Prozent aus Sauerstoff und zu 79 Prozent aus Stickstoff besteht. Dieses Verhältnis von Sauerstoff und Stickstoff ist in jeder Höhe gleich. Die Luft wird lediglich mit größerer Höhe dünner. Bei einer Höhe von 5 500 Meter zum Beispiel ist sie um die Hälfte dünner geworden. Der Mensch müßte, um die notwendige Menge Sauerstoff zu bekommen, doppelt so schnell wie am Boden atmen.

Dadurch aber wird der Kohlendioxydspiegel des Körpers gesenkt. Diese Überventilation führt zu Schwindelanfällen, zum Taubwerden der Finger und zu Bewußtlosigkeit.

Aus diesem Grunde muß jeder Fallschirmspringer, der aus über 3 500 Meter springen will, ein Sauerstoffgerät mitführen. Er muß beim Ablegen seiner Prüfung als Fallschirmspringer beweisen, daß er die Handhabung eines Sauerstoffgerätes beherrscht. Vor Absprüngen über 4 000 Meter muß sich der Springer außerdem einem Druckkammer-Test unterwerfen.

In den folgenden vier Kapiteln sind Fallschirmabsprünge unter besonderen medizinischen Bedingungen dargestellt.

„Unser Ziel ist der Höhenrekord!"

Am 17. Juli 1934 saßen drei Offiziere der US Army im Palace-Hotel in Rapid City, South Dakota zusammen. Ihr Wortführer, Major Joe Kepner, hielt ein Diagramm vor sich auf den Knien. Die beiden anderen, der Major Wilbur Anderson und der Captain Bill Steevens, beugten sich vor, um sehen zu können, worauf Kepner deutete.

„Seht her, Boys!" sagte er in seinem volltönenden Baß, „dies ist die Marke der russischen Stratosphären-Ballon-Rekorde, und unsere Marke müßte hier etwa liegen, wenn wir morgen als Sieger aussteigen wollen." Er deutete auf die 24000-Meter-Marke und grinste.

„Mit der drucksicheren Kugelgondel und unseren Sauerstoffgeräten müßte es eigentlich klappen", erwiderte Major Anderson gelassen.

„Und wie sieht es mit der geplanten Radiosendung aus, Joe?" warf nun Steevens ein. „Werden wir zum erstenmal aus der Luft zu unseren lieben Hörern sprechen?"

„Natürlich machen wir das! Das bringt Geld ein, und Geld benötigen wir für unsere neue drucksichere Hülle", erwiderte Major Kepner sofort.

Sie waren sicher, daß sie es schaffen würden. Diese drei Männer wollten am nächsten Vormittag mit ihrem Stratosphären-Ballon in eine bisher noch nie erreichte Höhe aufsteigen.

Bereits am 5. September 1862 hatten die Wissenschaftler Coxwell und Glaisher bei einer Ballonfahrt eine Höhe von 9000 Meter erreicht und einen jahrzehntelang gültigen Rekord aufgestellt. Erst im Jahre 1932 war es dem Schweizer Professor

Auguste Piccard gelungen, diesen Rekord auf 16000 Meter zu schrauben. Knapp ein Jahr später waren russische Ballonfahrer auf 22000 Meter gekommen. Diese Grenzmarke galt es zu übersteigen, wenn man Rekordhalter werden wollte.

Es war kühl an diesem frühen Morgen des 18. Juli 1934 in Rapid City, als die drei Männer unmittelbar vor Sonnenaufgang ihren Ballon erreichten. Die Rundfunkleute standen schon bereit. Die Hülle des Ballons war prall mit Heliumgas gefüllt. Die Kugelgondel, welche die drei Männer in der großen Höhe schützen sollte, sah zuverlässig und sicher aus.

„Guten Morgen, Pepper!" begrüßte Major Kepner den Boß der Haltemannschaft, der zugleich auch das Füllen des Ballons und der Sauerstoffflaschen in der Gondel beaufsichtigte.

„Guten Morgen, Joe! Wir sind klar bei Ankertauen. Es kann losgehen!"

Der Regisseur der Sendung gab die letzten Anweisungen. Major Kepner, der Chef der Gruppe, hängte sich das Mikrophon um den Hals. Er stimmte seinen Sender ab, sprach einige Worte, um die Tonmodulation nachzustimmen, dann war alles klar.

„Hals- und Beinbruch!" riefen die wenigen Zuschauer, die zu dieser frühen Stunde anwesend waren. Die Reporter versuchten noch ein paar Worte zu erhaschen. Major Anderson gab sie ihnen:

„Well, wir steigen jetzt auf, und wenn wir 23000 Meter erreichen, haben wir es geschafft. Das ist alles. Bis nachher! Sie werden von Major Kepner alles weitere hören."

Die Luke der Kugelgondel klappte zu, und schon dröhnte die Stimme von Major Kepner aus dem Lautsprecher am Übertragungswagen: „Also, Jungens, laßt ihn kommen! Leinen los!"

Die dreißig Männer des Leinenkommandos, die von der Garnison Rapid City gekommen waren, um das Startmanöver auszuführen, ließen den Ballon emporsteigen. Als er hoch genug war, ließen sie die Seile los, und sehr schnell glitt der Ballon mit dem Namen „Himmelsstürmer“ empor, der Sonne entgegen, die inzwischen aufgegangen war. –

„Wie sieht es aus, Bill? Was zeigt der Höhenmesser an?“ fragte Major Kepner, als sie eine Stunde unterwegs waren.

„24 000 Fuß (rund 7 200 Meter) gehen eben durch“, erwiderte der Captain, der den Höhenmesser zu beobachten hatte.

„Windgeschwindigkeit?“ fragte Kepner weiter, diesmal zu Anderson gewandt.

„Normal. Keine Veränderung. Kommen jetzt in eine gute Thermik, die uns zusätzlichen Auftrieb geben wird.“

Joe Kepner blickte auf seine Uhr. Er wartete noch eine Minute, dann drehte er den Schalter seines Geräts.

„Hier spricht Major Kepner von der Besatzung des Himmelsstürmers. Wir haben soeben 7 500 Meter Höhe erreicht. Unter uns liegen die Black Hills und der Cheyennefluß. Wir nehmen Richtung auf Hot Springs. Der Himmel ist wolkenlos, der Auftrieb ist gut. Wir schätzen, daß wir in wenigen Minuten die 10 000 Meter-Marke erreicht haben werden. – Nun sehen wir unter uns bereits das große Überland-Straßenkreuz von Custer. Wir befinden uns genau darüber, und der Ballon steigt weiter!“ Es knackte im Gerät. Dann ließ sich der Sprecher der Radioanstalt vernehmen:

„Das war der erste Report aus den Wolken für unsere Hörer. In zehn Minuten meldet Major Kepner, Kommandant des Stratosphären-Ballons Himmelsstürmer, sich wieder. Bis dahin hören Sie Musik.“

Zum ersten Mal in der Geschichte der Ballonfahrt konnten die Zuhörer der Radiogesellschaft von South Dakota den Report eines Ballon-Höhenrekordes miterleben. Gebannt blieben sie vor ihren Apparaten hocken, auch wenn nun der Sprecher sich verabschiedete und zum Sender zurückschaltete, von dem bis zur nächsten Meldung Musik gesendet wurde.

Anderson und Steevens bedienten die wissenschaftlichen Instrumente des Ballons. Alles, was in diesen Höhen passierte, war von Wichtigkeit für die Luftfahrt. Der Höhendruck, die zunehmende Kälte, die Windrichtungen und vor allem die Thermik mußten registriert werden. Dazwischen gab Major Kepner alle zehn Minuten seinen Situationsbericht.

Der Höhenmesser zeigte nun 15 000 Meter an. So hoch war noch kein amerikanischer Ballon gestiegen. Major Kepner gab seinen nächsten Bericht:

„Wir schweben in der Weite des Himmels. Nichts ist zu sehen als diese unendliche Bläue. Tief, sehr tief unter uns liegt — nur durch das Fernglas zu erkennen — Hot Springs. Die Kugelgondel hat ihren Zweck erfüllt. Wir atmen Sauerstoff, sind eine winzige Welt für uns im großen Universum, schweben höher und höher, unserm Ziel entgegen."

Als Major Kepner beim nächsten Mal seinen Situationsbericht gab, hatte Captain Steevens soeben eine Höhe von 18 000 Meter durchgegeben. Sekunden später winkte Anderson dem Kameraden zu und wies ihn durch eine Handbewegung an, den Schalter der Sprechanlage auf „aus" zu drehen. Kepner knipste den Schalter und blickte fragend zu Anderson hinüber.

„Riß in der unteren Hülle, Joe! Ihr könnt ihn von hier aus sehen!" Steevens und Kepner gingen hinüber, blickten durch das Fenster der Kugelgondel und sahen den schmalen Riß in dem unteren, von der Gondel aus sichtbaren Teil der Hülle.

„Wird rasch größer! Wir müssen hinunter, sonst explodiert der Ballon. Und wenn wir hier oben aussteigen müssen, werden wir zu Eis!"

„Also los, zieh das Ventil, Bill!"

Noch ehe Bill Steevens das Gasventil ziehen konnte, senkte sich der Ballon bereits selbständig nach unten.

„Er fällt jetzt von allein, Joe. Schätze, daß wir ihm nicht noch mehr Abtrieb geben sollten; denn sobald der Riß größer wird, kriegt unser Ballon mehr Fahrt."

„Okay, lassen wir ihn fallen, wie er fällt!" Nach diesen Worten schnickte Kepner den Schalter seines Sprechgerätes wieder auf „ein".

„Ladies and Gentlemen, wir müssen leider unseren Höhenrekordversuch abbrechen, denn soeben wurde ein Riß in der Ballonhülle festgestellt. Der Riß erweitert sich, wir sinken bereits 15 Meter in der Sekunde. Es ist völlig ungefährlich, denn wir haben ja unsere Fallschirme dabei und werden sie anlegen, sobald wir 6000 Meter erreicht haben."

Nichts in der Stimme des Majors verriet, daß die drei Stratosphärenfahrer in Lebensgefahr schwebten. Der Riß vergrößerte sich, schneller entwich das Gas, rascher und rascher sauste der Ballon in die Tiefe. Wie in einem Fahrstuhl ging es der Erde entgegen. Es sah so aus, als würde ihnen bald die Ballonhülle auf den Kopf fallen.

„Wir sollten öffnen, Joe", meinte Steevens nervös, als sie bis auf 8000 Meter hinuntergesunken waren.

„Zu früh!" erwiderte der Kommandant. „Wenn wir von unserer stationären Sauerstoffanlage getrennt werden und in dieser Höhe aussteigen, sind wir bei dem in solchen Höhen herrschenden Sauerstoffmangel binnen weniger Sekunden tot. Bei Höhen über 6000 Meter versagen die Kompensationsmöglichkeiten des menschlichen Körpers. Wir würden geistig und körperlich erstarren, würden uns binnen weniger Sekunden in Krämpfen winden. Der Stillstand der Atmung und dann des gesamten Kreislaufes würden bald darauf eintreten und — aus."

Joe Kepner dozierte ebenso gelassen wie in einer seiner Unterrichtsstunden auf dem Boden. Was er meinte, das waren die Wirkungen der Hypoxie — des Sauerstoffmangels — in den Körpergeweben. Bei 5000 Meter Höhe ist nämlich die Luft bereits um die Hälfte dünner als auf Normalnull am Boden.

„Siebentausend Meter gehen durch!" meldete Bill Steevens wenig später. Ein Blick nach oben zeigte dem Kommandanten, daß der Ballon bereits zu einer länglichen Wurst erschlafft war. Die Geschwindigkeit war bei 25 Meter in der Sekunde angekommen. Nun schien sie konstant zu bleiben. Das, was vom Ballon übrig geblieben war, bremste also den Fall ab.

„Sechstausenddreihundert gehen durch!"

„Los, Jungens, Fallschirme anlegen!"

Wieder drückte Major Kepner den Schalter der Sprechverbindung. Unten auf der Erde vernahmen die Menschen, die gebannt auf die Meldung eines Absturzes warteten, die Stimme des Majors:

„Wir fallen rasch, haben jetzt soeben sechstausend Meter erreicht und legen die Fallschirme an. Ich öffne die Gondel — — Jetzt ist sie geöffnet. Was Sie da rauschen hören, ist der Wind des Falls. Die knatternden Geräusche rühren von der Ballonhülle her. Wir atmen immer noch Sauerstoff. Die Erde kommt schnell näher — — Ich sehe einen Fluß und eine Straßen-Triangel. Dann Häuser. Unter uns liegt Hot Springs. Südwestlich der Stadt werden wir landen. Wir werden vom Wind auf den Cheyenne-Knick zugetrieben. Entsendet den Rettungswagen für alle Fälle dorthin, denn ein kleinerer Beinbruch dürfte drin sein, wenn wir im Felsengelände niedergehen."

Gelöst, locker, völlig sicher sprach dieser drahtige dunkelhaarige Mann; seine beiden Kameraden spürten, wie seine Sicherheit auch auf sie überging. Die Furcht, die Captain Steevens in den Klauen hielt, wich.

„Viertausend Meter gehen durch!" meldete Steevens.

„Abklemmen, wir können frei atmen!" befahl Kepner. „Wilbur, du birgst jetzt die Geräte, verpack sie in dem stoßsicheren Sack, der am Lastenfallschirm hängt. Die Geräte müssen unter allen Umständen geborgen werden."

Major Anderson machte sich an die Arbeit. Inzwischen hatten alle drei, einander dabei helfend, ihre Rückenfallschirme angelegt. Der sausende Fahrtwind strich an der Kugelgondel vorbei. Über ihnen flatterte der zu drei Viertel geleerte Ballon. Die Fahrt in die Tiefe würde mit einem jähen Aufschlag auf der Erde zu Ende gehen, wenn sie nicht rechtzeitig sprangen.

„Ladies and Gentlemen", berichtete Major Kepner weiter, „wir haben dreitausend Meter erreicht. Ich sehe vor mir das

Knie des Cheyenne-Flusses, die Straße und die Eisenbahn. Wir werden vor dem Knick in den Ausläufern der Black Hills landen. Die Erde bekommt uns wieder. Sie scheint förmlich zu uns heraufzuschießen. Wir sehen jetzt einen riesigen Vogelschwarm dicht unter uns. Zehntausend Vögel ziehen vorüber. Anderson meint, es sind zehntausendundvier. Er hat nämlich die Beine gezählt und durch zwei geteilt. — Auf der Eisenbahnlinie fährt ein Zug, und unten am Flußufer weiden Rinder." Der Major machte eine Pause. Dann sagte er so, daß alle Hörer an ihren Apparaten es mitbekommen mußten: „Captain Steevens, fertigmachen zum Sprung!"

„Aye, aye, Sir!" erwiderte der Captain. „Soeben gehen zweitausend Meter durch!"

„Springen!" Mit einem langen Hechtsprung schnellte Captain Steevens aus der Gondelluke. Kepner folgte ihm zum Ausstieg, spähte hinunter und meldete weiter: „Captain Steevens läßt sich durchfallen. Wie ein Vogel fliegt er durch die Luft. Jetzt zieht er die Reißleine! Der Hilfsschirm kommt. Jetzt bauscht sich der Fallschirm wie eine Glocke. Captain Steevens pendelt langsam der Erde entgegen." Major Kepner machte eine Pause.

„Instrumente und Geräte verstaut!" meldete Anderson in diesem Augenblick.

„Geben Sie sie von Bord!"

Major Wilbur Anderson wuchtete den Lastenfallschirm zum Luk. Er stellte alles auf den Rand, warf den Packsack ab, und als er sich weit hinausbeugte, um den Fallschirm von der Gondel freizubugsieren, packte ihn der heulende Fahrtwind. Der starke Luftzug riß ihn förmlich durch das Luk hinaus.

„Major Anderson hat soeben zusammen mit dem Lastenfallschirm, der unsere wichtigen Instrumente birgt, die Gondel verlassen. Ich blicke ihm nach, sehe wie er durchfällt. Schon entfaltet sich sein Schirm wie eine weiße Blume der Hoffnung. Er schwebt, gleitet durch die Luft dem Boden entgegen. — Wir haben noch 800 Meter. Es ist ein unwahrscheinliches Schauspiel. Ich falle mit ungefähr 28 Meter in der Sekunde. Die Ballonhülle ist zu drei Viertel leer und schwappt über mir. Aber sie kann nicht auf mich fallen, weil die Gondel zu schwer ist und mich rascher hinunterzieht." Major Kepner räusperte sich, blickte auf den Höhenmesser und fuhr fort:

„Leider kann ich Ihnen nicht weiter berichten. Ich verabschiede mich von Ihnen. Die Höhe beträgt noch 160 Meter. Ich muß aussteigen!"

Es knackte in den Radioempfängern. Die Menschen saßen wie erstarrt. Musik blendete ein. Sekunden vertickten ...

Major Joe Kepner hechtete aus der Luke. Er segelte durch die Luft, kam dank seiner rasch größer werdenden Geschwindigkeit vom Ballon und der Gondel frei und zog nach sechzig Meter Sturzflug die Reißleine. Er spürte eine halbe Sekunde lang den harten Schlag des Entfaltungsstoßes, und dann schwebte er der Erde entgegen. Der Boden kam näher, war fast eben und mit Gras bedeckt. Er setzte auf. Der Landefall, aufspringen, den zusammenfallenden Schirm umlaufen und ihn bergen war eins. Dann donnerte die Gondel keine 30 Meter neben ihm auf den Boden. Glas zerklirrte, Holz splitterte, rauschend legte sich die leere Ballonhülle darüber.

Major Joe Kepner hatte sich aus den Tragegurten gezwängt. Er legte den Fallschirm zusammen und machte sich auf den Weg in die Richtung, wo er seine Kameraden finden mußte. Zehn Minuten später waren sie beisammen, schlugen einander erleichtert auf die Schulter, daß es krachte, lachten und schrien durcheinander.

Genau achtzehn Minuten, nachdem sich Major Kepner von seinen Hörern verabschiedet hatte, meldete sich die Regionalstation noch einmal:

„Meine Damen und Herren, wir können Ihnen die erfreuliche Mitteilung machen, daß alle drei Ballonfahrer sicher gelandet sind. Damit ist unsere erste Sendung aus der Luft, von Aeronauten über Aeronauten, beendet. Wir melden uns in drei Minuten wieder mit den Mittagsnachrichten."

Der Rekordversuch der drei US-Offiziere war mißlungen. Doch eins hatte dieser Rekordversuch gezeigt: der Fallschirm war ein sicherer „Rettungsring der Luft". Ohne ihn wären die drei Ballonfahrer in den Tod gestürzt.

Es gab aber auch Ereignisse in der Geschichte der Luftfahrt, bei denen die Fallschirme nicht retten konnten. Dies lag jedoch an der Besonderheit der Lage. Ein eindrucksvolles Beispiel ist der Gewitterflug.

Es war 1938 bei den 19. Rhön-Wettbewerben im Segelfliegen, als die Segelflieger den Aufwind der Rhöngewitter entdeckten und das Wagnis der Gewitterflüge unternahmen. Dabei erreichten sie Höhen bis zu 7000 Meter und Strecken bis zu 450 Kilometer.

In den „Gewitterkaminen" — dort also, wo der Aufwind in einem eng begrenzten Raum nach oben strömt — erreichten die Segler Aufwärtsbewegungen bis zu dreißig Meter in der Sekunde und konnten binnen zehn Minuten über 6000 Meter aufsteigen.

Um noch höher und noch weiter zu fliegen, starteten sechs Segelflieger mitten im Gewittersturm. Wie in einem Fahrstuhl wurden sie emporgerissen. Hagel peitschte ihre Gesichter, und in rund 7000 Meter Höhe gingen ihre Segler zu Bruch. Sie mußten sich ihren Fallschirmen anvertrauen.

Plötzlich zeigte sich das schreckliche Phänomen, daß sie an den Fallschirmen nicht hinuntersanken, sondern noch höher hinauf und weiter fortgetrieben wurden. Ein Kampf um das nackte Leben begann. Fünf der Segelflieger erreichten nach vielen Stunden des Schwebens in den gefährlichen sauerstoffarmen Zonen schwerverletzt wieder die Erde.

Der sechste Segelflieger aber, Werner Blech, war im Zentrum des Aufstroms emporgerissen worden. Er muß lange Zeit über siebentausend Meter hoch gewesen sein. Als er nach vielen Stunden zur Erde zurückgetragen wurde, war er völlig entstellt und — tot.

John Traumun, Meister des freien Falls

Die amerikanische Flugzeugfirma Irvin and Russels hatte den energiegeladenen großartigen Piloten John Traumun als Fabrikpiloten engagiert. Traumun war einer der wenigen Flieger, die es sich zur Pflicht machten, den Fallschirm als Rettungsgerät der Luft weiterzuentwickeln. So wurde er binnen kurzer Zeit ein bahnbrechender Pionier der frühen dreißiger Jahre.

In seiner Heimatstadt Kopenhagen galt der große blonde Flieger jedoch als einer jener „Luftakrobaten", die sich wegen des Nervenkitzels und einer guten Gage in die größten Gefahren stürzten. Es wurmte Traumun insgeheim, daß er als „Akrobat" verkannt wurde, denn er war von der Wichtigkeit und Notwendigkeit seiner selbstgestellten Aufgabe überzeugt.

Als John Traumun an einem Februarmorgen des Jahres 1934 im Beifahrersitz der Spezialmaschine „The Eagle" — der Adler — aufstieg, die sein Freund William Sayor flog, trug er sich mit der Absicht, einen neuen Höhenrekord im Fallschirmspringen aufzustellen und mindestens 5000 Meter im freien Fall zurückzulegen. Damit wollte er den Beweis antreten, daß der Mensch beim Sturz durch den Luftraum nicht ohnmächtig wird — wie immer noch behauptet wurde —, sondern daß er während des Falls jede Einzelheit bewußt wahrnimmt und auch durchaus imstande ist, bei einer Geschwindigkeit von 200 bis 250 Stundenkilometer konzentriert zu denken und reaktionssicher zu handeln.

Bereits einigemal vorher hatte Traumun sich 1000 bis 2000 Meter durchfallen lassen, ehe er den Aufziehring zog. Diesmal sollte es ein Rekord werden.

„Wie sieht es aus, William? Kommen wir gut hoch?“ fragte der Fallschirmspringer seinen Piloten. Sayor drehte sich zu seinem Freund um.

„Prächtig, John! Wir ziehen planmäßig höher. Bei viertausend müssen wir unsere Sauerstoffgeräte anlegen.“

Die beiden Motoren des Flugzeugs brummten dumpf und zuverlässig. Höher und höher schraubte sich der silbern blitzende Vogel mit den weiten Schwingen in die Bläue des Himmels empor. Der Werksplatz war längst unter ihnen verschwunden. Sie hatten Kurs auf die wüstenartige Probestrecke genommen, wo ein Absprung keine Verwirrung anrichten konnte.

„Viertausend Meter, John! Atemgerät anlegen!“

John Traumun drückte die Atemmaske vor den Mund und zog die Gummibänder über den Kopf. Er prüfte den Sitz der Maske, stellte das Ventil auf und hörte das beruhigende Klicken, mit dem der Ventilverschluß auf seine ersten langen Atemzüge reagierte. Wieder drehte sich Sayor zu seinem Kameraden um und blickte ihn fragend an. John Traumun hielt den Daumen der Rechten empor, zum Zeichen, daß alles in Ordnung sei. Die Sauerstoffflasche, die an zwei schmalen Riemen von der linken Hüfte bis zur Körpermitte verzurrt war, gab Sauerstoff für eine Stunde her. Das war Zeit genug, denn noch immer befand sich der „Eagle“ in einem rasanten Steigflug, erreichte nun bereits 6000 Meter und stieg weiter. Abermals machte der Pilot eine weite Kehre, dann blickte sich Sayor noch einmal zu Traumun um. Er hielt ein Schild empor, und John Traumun las:

„Wir sind in Gipfelhöhe. Haben 7000 Meter erreicht, du kannst jetzt springen!“

John Traumun schüttelte den Kopf, denn rund 2500 Meter unter ihnen lag eine dichte, dicke Wolkendecke, die ihm den Blick auf die Erde verwehrte. Er deutete darauf und machte eine kreisende Bewegung. Sayor zeigte klar. Er legte die Maschine in eine Kurve, und beide suchten ein Wolkenloch, durch das der Fallschirmspringer hindurchtauchen konnte, um so früh wie möglich Erdsicht zu haben.

Endlich war ein solches Loch gefunden. Sie kreisten, erreichten die richtige Position, und Traumun prüfte noch einmal den Sitz der Sauerstoffmaske. Dann kletterte er aus der Maschine heraus und auf die linke Tragfläche. Der Fahrtwind drohte ihn fast herunterzureißen. Fest mußte er sich anklammern. Nun stand er auf der Tragfläche und hielt sich am Rand des Copilotensitzes fest. Das Wolkenloch lag bereits weit hinter der Maschine, Sayor mußte erneut eine große Kehre fliegen.

Der Propellerwind riß Traumun fast hinunter. Dicht, sehr dicht drückte er sich an die Flanke des Rumpfes. Sich mit beiden Händen anklammernd, wartete er. Endlich hatte die Maschine wieder die Wolkenöffnung erreicht. Ein Blick auf die Uhr zeigte dem Fallschirmspringer, daß er nur noch für fünf Minuten Sauerstoff hatte. Er mußte jetzt springen! Sayor blickte sich nach ihm um. Traumun gab ihm das Zeichen, daß er springen wolle. Sayor zeigte klar. Dann drosselte er den Motor und legte die Maschine leicht auf die linke Fläche, so daß Traumun eine gute Absprungposition hatte.

Jetzt oder nie! rief John Traumun sich selber zu, und wie beim allerersten Sprung spürte er auch jetzt Angst. Er drückte Höhenmesser und Stoppuhr, dann stieß er sich weit ab, segelte von der Maschine fort, überschlug sich einigemal und stürzte dann im Flash — in Sturzflughaltung — mitten in das erreichte Wolkenloch hinein.

Ständig beobachtete er während des Sturzes seine Stoppuhr und den Höhenmesser. Es fiel ihm auf, daß er beide Geräte so ruhig beobachtete, als säße er zu Haus in einem Sessel und stürzte nicht aus 7000 Meter Höhe ins Nichts. Lassen wir ihn seine Eindrücke von diesem Rekordsprung berichten:

„Ich stellte fest, daß ich bereits 1600 Meter abgestürzt war, und beobachtete weiterhin die Zifferblätter der wichtigen Instrumente. Ich mußte die Fallgeschwindigkeit und die Entfernungen, sowohl die zurückgelegte als auch die noch bis zum

Auftreffen auf der Erde verbleibende, unter Kontrolle behalten. Das einzige, was ich fürchtete, war, daß ich meinen Fallschirm zu spät öffnen könnte.

Plötzlich spürte ich Schmerzen in beiden Augen. Es war genau nach 2800 Meter freien Falls. Niederschlag bedeckte die Gläser. Doch als ich die Wolkenuntergrenze erreichte, verdunstete der Niederschlag sofort, und ich konnte wieder klar sehen. Während die Fallgeschwindigkeit vorher noch 230 Kilometer betragen hatte, fiel ich nach einem Absturz von 3700 Meter nur noch mit rund 200 Stundenkilometer; diese Verlangsamung kam von der Luftverdichtung.

Meine Augen tränten. Ich versuchte, die Tränen wegzuwischen, aber es gelang mir nicht. Dann zeigte mir der Höhenmesser, daß ich nun 5200 Meter hinuntergestürzt war. Aber ich glaubte den Meßinstrumenten nicht ganz und taxierte mit den Augen die Entfernung zur Erde. Es sah so aus, als schössen Wiesen und Bäume förmlich auf mich zu, sie schienen verteufelt nahe zu sein.

Ich zog meinen Schirm auf. Es gab einen harten Ruck, einen unbeschreiblich schweren Stoß. Mir war, als ob plötzlich alle Körperteile scharf nach unten gerissen und mir der Kopf ruckartig auf die Brust gewuchtet würde. Aber sofort danach setzte der normale Fall ein. Der Stoß konnte nicht länger als eine halbe Sekunde gedauert haben, und ich stellte erleichtert fest, daß der Kopf oben geblieben war. Ein leichter ziehender Schmerz blieb in der linken Schulter zurück, dort war der Anschnallgurt zu straff angezogen gewesen.

Langsam sank ich der Erde entgegen. Die weiße Glocke meines Fallschirms wölbte sich über mir. Und jetzt zeigte sich, daß ich ruhig noch 300 Meter hätte durchfallen können; Zeit dazu hätte ich auf alle Fälle gehabt. Nun mußte ich mir einen passenden Landeplatz suchen. So viele Bäume standen unter mir, daß große Aussicht auf eine Baumlandung bestand. Ich unternahm aber nichts dagegen. Irgendwie müde und mit überreizten Nerven hing ich tatenlos im Schirm und sank weiter mit höchstens viereinhalb Meter in der Sekunde der Erde entgegen. Dann setzte ich auf, spürte Grassoden unter meinen Füßen und rollte ab.

Ich hatte es geschafft. Ich war aus 7000 Meter Höhe ausgestiegen und hatte mich, nach den Meßwerten, 5300 Meter im freien Fall durchfallen lassen. Ungefähr eine Minute lang war ich durch den Luftraum geflogen. Ich war nicht ohnmächtig geworden, in keiner Phase des Absprungs, und fühlte mich weder körperlich noch seelisch von dem Sturzflug beeinträchtigt. Das Ziel unseres Versuchs war erreicht."

Der Ruhm des Testpiloten und Fallschirmspringers John Traumun drang nun auch bis in seine Heimat. Seine Vaterstadt Kopenhagen lud ihn ein, auch einmal in seiner Heimat aus großer Höhe abzuspringen. Und ähnlich wie die amerikanischen Ballonfahrer unter der Führung von Major Kepner sollte auch er diesmal während des Sturzes durch den Himmel seinen dänischen Landsleuten über ein Mikrophon die Eindrücke schildern, die einen Fallschirmspringer im freien Fall bei über 200 Kilometer Geschwindigkeit bewegen.

John Traumun sagte sofort zu. Er wollte über Kopenhagen aus einer Höhe von 7500 Meter aussteigen und mindestens 6000 Meter im freien Fall zurücklegen.

Mit seinen Geräten und Fallschirmen schipperte John Traumun über das große Wasser. Anfang März 1935 hatte er Kopenhagen erreicht und bereitete sich auf den Absprung vor. Wenige Tage danach war es soweit. Es war ein strahlender Frühlingsmorgen, die Wetterbedingungen waren für einen Absprung ideal. Alle Vorbedingungen waren aufs beste erfüllt, als John Traumun in den Beobachtersitz kletterte und — die Sauerstoffmaske noch auf der Brust — den Reportern und Freunden zuwinkte, die am Platzrand standen.

Der Pilot startete die Maschine durch. Sie hob ab, schraubte sich in den Himmel empor. Als sie viertausend Meter erreichten, drehte sich der Pilot zu Traumun um und deutete auf die Atemmaske. Traumun zeigte klar, denn der Donner des Motors übertönte jedes Sprechen. Beruhigt wandte sich der Pilot seiner Maschine zu. Stetig schraubte sie sich höher, erreichte fast 5000 Meter, kletterte nun schwerfälliger auf die 6000-Meter-Marke zu, und als sie erreicht war, drehte sich der Pilot abermals um. Er wollte seinem berühmten Gast durch Zeichensprache sagen, daß alles in Ordnung sei.

Doch beim ersten Blick auf John Traumun bemerkte er, daß nichts in Ordnung war: der große blonde Fallschirmspringer hing nur noch halb in seinem Sitz, sein Kopf war zur Seite gesunken. Der Blick des Piloten fiel auf die Atemmaske, die Traumun noch am Hals hing. Entsetzen überfiel ihn, denn in dieser Höhe und während der Zeit, die seit dem Erreichen der Viertausendmetermarke verstrichen war, mußte Traumun bereits einen Kreislaufkollaps erlitten haben. Hier half nur noch schnellstes Hinuntergehen und ein Arzt.

So erlebten die überraschten Menschen, die sich mit Ferngläsern bewaffnet hatten, um den Absprung von John Traumun deutlicher verfolgen zu können, daß die Maschine in steilen Kehren wieder herunterkam, auf dem Flugfeld aufsetzte und bis zum Tower hinüberrollte.

„Ein Arzt, ein Arzt!" brüllte der Pilot die Männer an, die auf ihn zugelaufen kamen.

Zu viert hoben sie John Traumun aus dem Sitz und trugen ihn auf einer Bahre in die Halle. Da legten sie ihn auf einer Decke nieder. Der herbeigeeilte Arzt untersuchte ihn lange. Dann richtete er sich auf.

„John Traumun ist — tot!" sagte er stockend.

So war es. Der berühmte Fallschirmspringer war in seine Heimat gekommen, um hier aus ungeklärter Ursache zu sterben. Niemanden traf daran irgendeine Schuld. Die Untersuchung der sichergestellten Sauerstoffmaske zeigte, daß sie hundertprozentig in Ordnung war.

Warum hatte John Traumun die Maske nicht aufgesetzt, als der Pilot es ihm gesagt hatte? Und wenn er sie aufgesetzt hatte, warum hatte er sie dann wieder abgestreift?

Es gab keine Antwort auf diese Fragen, denn der einzige, der sie hätte beantworten können, der Fallschirmspringer John Traumun, war tot.

Bis zu einer Höhe von rund 3000 Meter kann der Mensch sich der verringerten Sauerstoffatmung anpassen. Als einzige Behinderung wird eine Verschlechterung des Sehvermögens zu bemerken sein. Erst wenn die kritische Zone überstiegen ist, gehen in Atmung und Kreislauf Veränderungen vor sich, die der Körper automatisch vornimmt, um der Hypoxie — dem Sauerstoffmangel in den Körpergeweben — zu begegnen.

Zum Beispiel verdoppelt sich die Lungentätigkeit. Der Herzschlag beschleunigt sich ebenfalls entsprechend. Diese Erscheinungen können in 4500 Meter Höhe bereits nach wenigen Minuten bemerkt werden, Ermüdung, Beklemmungen, Kopfschmerzen stellen sich ein. Andererseits fühlt sich mancher in dieser Höhe außerordentlich wohl. Er empfindet eine Art Hochgefühl, Euphorie, und das ist eins der gefährlichsten Symptome, denn es läßt ihn die Gefahren vergessen, in denen er schwebt. Die in einer Höhe von 4500 Meter verdünnte Luft übt auf den Menschen etwa die Wirkung aus wie auf der Erde ein Viertelliter Kognak.

Die mechanischen Versuche des Körpers, dem Sauerstoffmangel zu begegnen, versagen in Höhen zwischen 4500 und 6000 Meter. In einer Höhe von 5500 Meter stellt sich bereits nach einer Viertelstunde ein Zustand ein, der das Leben des Menschen bedroht. Ein Kreislaufkollaps steht unmittelbar bevor. Die Funktionen der Muskelnerven und des Gehirns verschlechtern sich. Muskelkrämpfe, Störungen des Erinnerungsvermögens und Blutverfärbungen treten ein. Die Bewußtlosigkeit folgt unmittelbar darauf. Bei Höhen von 6000 bis 7000 Meter versagen die letzten Kompensationsmöglichkeiten des menschlichen Körpers. Die geistige und körperliche Erstarrung setzt ein. Krämpfe, Stillstand der Atmung und des Kreislaufs sind die Folge davon; der Tod tritt ein.

Fallschirmabsprung bei Überschallgeschwindigkeit

Jock McCormick war Test- und Werkspilot bei der North American Aviation. 1955 führte er im Auftrage seiner Firma einen Abnahmeflug aus. Eine der neuen „F 100 Super Sabre" sollte vor der Auslieferung noch unter Vollast geflogen werden.

McCormick stellte die Triebwerke auf Anwärmen und probierte die Ruder durch. Alles klappte wie geschmiert. Er startete durch, erreichte die Ablaufmarkierung und ging auf Vollast. Rasendschnell flitzte die Startbahn unter der Sabre hinweg. Bei der Markierung hob sie ab, stieg steil, verdammt steil empor, und der Testpilot spürte den verstärkten Druck, mit dem er in den Sitz gepreßt wurde. Sein Magen wuchtete nach rückwärts, als wäre er aus Stein. Doch dann war dieses Gefühl schon vorüber.

Die Super Sabre stieg und stieg. Er flog der Sonne entgegen, und als er 12000 Meter erreicht hatte und seinen Vogel aus dem Steigflug in die Horizontale legte, befand er sich bereits über dem Pazifik, dessen Oberfläche dunkelblau wie geschmolzenes Blei zu ihm heraufblinkte.

„Jetzt den Nachbrenner!" gab er sich selbst den Befehl und führte ihn auch sofort aus. Er wußte, daß nun hinter der Turbine in den Gasstrom, der noch immer reich an Sauerstoff war, noch einmal Kraftstoff eingespritzt wurde, der in der Nachbrennkammer verbrannte. So erhielt die F 100 — durch die erhöhte Gasaustrittsgeschwindigkeit — eine noch höhere Schubstärke.

Ein Blick auf den Tacho zeigte dem Piloten, daß es tatsächlich so war. Auch wurde Jock durch die ruckartige Beschleunigung noch härter in den Sitz gepreßt. Der Zeiger des Geschwindigkeitsmessers glitt rasch auf 1350 Stundenkilometer. Die Schallgeschwindigkeit war bereits überschritten.

Dann rauschte der Nachbrenner aus, und nun kam es darauf an, daß der Testpilot alle Möglichkeiten ausnutzte, um die Maschine in der gleichen Schnelligkeit zu halten. Wenn er etwas andrückte, wenn er der Maschine etwas mehr Fallkraft gab, würde es zu schaffen sein. Jock McCormick drückte den Knüppel etwas an.

Jäh und unvermittelt stellte sich die F 100 beinahe auf den Kopf. Der Pilot vernahm von irgendwoher ein seltsames, nie gehörtes Knacken und versuchte sofort, die übergroße Vorlastigkeit auszugleichen. Aber es blieb bei dem Versuch, denn der „Knüppel", der sich in Gestalt des üblichen halben Steuerrades vor ihm befand, rührte sich keinen Millimeter zurück.

Im Steilflug jagte die Super Sabre der Erde entgegen. Jock McCormick spürte, wie alles in ihm binnen einer Sekunde eiskalt wurde. Es war ihm auf einmal, als stünde er bis zum Hals in Eiswasser, während der Schweiß auf seiner Stirn perlte und in die Haube hineinlief.

Im Sturzflug jagte die Rakete aus Stahl hinunter und wurde schneller und schneller. Die wahnsinnige Beschleunigung drückte Jock nach hinten. Er mußte den Knüppel anziehen. Anziehen, nichts anderes! Aber er schaffte es nicht. So sehr er sich anstrengte, es ging einfach nicht. Fest stemmte er die Füße auf, hielt sich mit der Linken am Anschnallgurt fest und zog mit der Rechten, daß er glaubte, seinen Arm auszureißen — nichts! Dann zog er mit beiden Fäusten, abermals — nichts!

„QRAS ruft Tower!" brüllte er ins Funksprechgerät hinein. „Steuerungsversager! Befinde mich im Sturzflug!"

„Tower an QRAS: Spätestens in 3000 Meter Höhe Maschine verlassen. Kabinendach wegsprengen, Schleudersitz betätigen. Wir entsenden Hilfsgruppe."

Jock McCormick stieß einen Fluch aus. Ein Blick auf die Hydraulik zeigte ihm, daß die Druckwerte noch stabil waren.

Ein zweiter Blick auf den Geschwindigkeitsmesser: 1460 Kilometer in der Stunde!

„Tower an QRAS: Flughöhe und Standort!"

„QRAS an Tower: Flughöhe noch 8000. Standort Quadrat AB-2430."

Die Super Sabre und ihr Pilot befanden sich über dem Pazifik. Wenn die Maschine auf der Wasseroberfläche aufschlug, würde sie explodieren. Und wenn er ausstieg? fragte sich der Pilot. Nun, er hatte mehr als Schallgeschwindigkeit drauf. Wenn er jetzt ausstieg, würde der Staudruck ihn in Fetzen reißen.

Die Super Sabre hatte einen Schleudersitz und er einen Fallschirm. Aber bei dieser Fahrt auszusteigen käme einem Selbstmord gleich.

Das Meer schien zu ihm heraufzuflitzen. Er wußte nicht, daß er es tat, aber er klappte die roten Armstützen zurück und duckte sich unwillkürlich, denn damit löste er den Sprengsatz aus.

Der Knall der Explosion, die das Kabinendach hochschleuderte, war noch in seinen Ohren, als ein zweiter tosender Schlag — es war der mit Überschallgeschwindigkeit in das Cockpit schlagende Fahrtwind — seinen Helm und das Trommelfell traf. Mit unvorstellbarer Gewalt brüllte ihm der Tornado entgegen, der mit fast 1500 Stundenkilometer auf ihn herabschlug.

Die Trommelfelle platzten weg. Jock McCormick war taub. Und der gigantische Druck beutelte ihn. Es war ihm, als läge er unter einer Dampfwalze, die ihn zu Mus zerquetschte.

Der Gedanke durchzuckte ihn: Nicht aussteigen!

Noch immer hielten ihn die Gurte im Pilotensitz fest. Noch konnte er in der Maschine bleiben. Doch das wäre das sichere Ende! Aber wenn er ausstieg, würde es ihn auch packen: packen und wie Seidenpapier zerreißen.

Vor sich sah er den roten Notzuggriff. Nur nach vorn brauchte er langen, nur den Griff ruckartig ziehen, und er

würde aus der Maschine hinauskatapultiert werden. Es würde ihn mit dem Schleudersitz einige Dutzend Meter hochwerfen, und dann würde seine Fahrt von beinahe 1500 Kilometer auf gut ein Drittel abgebremst werden. Und dies in knapp drei Sekunden! Dies hieß, daß die dreifache Schwerkraft der Erde auf ihn einwirken würde, und er wußte nur zu genau, daß der menschliche Körper dies nicht aushielt.

Dennoch glitt die Hand des Testpiloten automatisch nach vorn. Sie umklammerte den roten Griff, riß ihn nach vorn, und mit einer leichten Detonation wurde er mitsamt dem Schleudersitz hochgehoben.

Nun packte ihn der Luftsog richtig. Es war so, als stürzte er aus einem Wolkenkratzer hinunter auf die Straße, und dann — dann fiel er in den tiefen, bodenlosen, dunkelgähnenden Schacht der Bewußtlosigkeit.

Sein Körpergewicht von 180 Pfund stieg im Augenblick auf 360 000 Kilo an. Der Fallschirm wurde automatisch ausgeworfen. Aber noch während er sich entfaltete, packte ihn die Titanenkraft des Luftwiderstands und ließ ihn knallend auseinanderplatzen.

Was Jock McCormick nicht mehr spürte, war das entsetzliche Geschehen, das nun seinen Körper in Stücke zu reißen drohte. Diese Titanenfaust schlug ihm die Oberlippe auf, ließ seine Nasenflügel und Ohrläppchen wegreißen und zerstörte die Augenlider. Seine Augen waren einige Sekunden später schwarz vom geronnenen Blut.

Dies alles aber waren nur die äußerlichen Zeichen der Wirksamkeit dieser Naturkatastrophe. Sein Herz wurde in dem Augenblick, da er sich mit dem Schleudersitz in der Luft überschlug, derart gegen den Brustkorb gedrückt, daß nur ein Wunder es erhielt. Magen und Lungen wurden von der eindringenden Luft aufgebläht.

Während dieser drei Sekunden der Bremsung erlebte McCormick alles das, was das Ende eines Menschenlebens bedeuten mußte. Dann war die Abbremsung vollzogen, die ihm auch noch den Druckanzug in Stücke gerissen hatte.

Rund dreißig Kilometer von der Küste von Long Beach entfernt, senkte sich der zu drei Viertel zerstörte Fallschirm — der aber immer noch eine gewisse Bremsung bewirkte — dem Pazifik entgegen. Er fiel nun doppelt so schnell wie ein funktionstüchtiger Fallschirm. Aber der Aufprall auf dem Wasser, mit zehn Meter Fahrt in der Sekunde, war nicht mehr gefährlich. Wenn Jock McCormick wider aller Vernunft noch lebte, dann würde dieser Aufprall auf die Wasseroberfläche ihm nichts mehr ausmachen. Doch ertrinken — das würde er sicherlich.

Gordon Bennett, ein passionierter Angler, war scharf auf einen großen Barracuda. Deshalb war er am frühen Morgen dieses sonnigen Februartages mit der „Bluebelle" aus dem kleinen Fischerhafen „Oceanside" südlich Long Beach ausgelaufen, um zwischen den Inseln Santa Catalina und San Clemente sein Glück zu versuchen. Dort waren Barracudas gesichtet worden.

Mit ihm war sein Freund und Nachbar Lee Harper. Nach drei Stunden verlegten sie ihren Liegeplatz weiter nach Nordosten. Lee Harper mixte für sich und seinen Freund einen Highball und brachte ihn aus der Pantry an Deck.

„Hier, Gordon! Das wird unseren strapazierten Nerven guttun!" meinte er gemütlich.

„Gute Idee, Lee. Dann also hinweg damit!"

Sie tranken sich zu, und noch ehe sie die eisbeschlagenen Gläser absetzen konnten, vernahmen sie über sich in der Luft ein grelles Singen, das sich zu einem wüsten Rauschen und Pfeifen entwickelte. Emporblickend erspähten sie ein Etwas, das mit immer stärker werdendem Getöse auf sie herunterjagte, silbern in der Sonne blitzte und dann als abstürzender Düsenjäger zu erkennen war.

Mit einem Satz war Gordon Bennett am Ruder. Der Motor kam brüllend, und indem er ihn sofort hochjagte, brachte der Skipper seine „Bluebelle" aus der Gefahrenzone hinaus.

Ungefähr einhundertfünfzig Meter querab an Backbord hämmerte einige Sekunden später die stürzende Maschine senkrecht in die See. Eine dreißig Meter hohe Wasserkaskade hob sich aus dem Meer und überschüttete das Boot und die Männer, daß sie sich wie aus einem Swimming-pool gezogen vorkamen.

„Eine Maschine! Verdammt, Lee, wir müssen den Flugplatz verständigen und auf der Seenotwelle rufen, daß . . ."

„Da!" brüllte Lee plötzlich und deutete rückwärts. Gordon Bennett fuhr herum, und nun starrten beide Fischer auf den flatternden und knallenden Gegenstand, der wie ein zerfetzter

Fallschirm aussah und mit ziemlicher Fahrt der See entgegensackte. Und dann erkannten sie das leblose Menschenbündel, das in den Gurten hing.

„Ein Mann, Lee!"

„Ja, scheint tot zu sein. Hängt wie eine Gliederpuppe in den Gurten. Wir müssen ihn bergen."

„Armes Schwein!" sagte Bennett und drehte die „Bluebelle" auf Gegenkurs. Als der Körper des im Fallschirm hängenden Piloten auf dem Wasser aufschlug, waren sie bis auf vierzig Meter herangekommen.

Staunend registrierten sie, daß der Mann nicht versank, sondern wie ein Kork auf dem Wasser schwamm. Dann hatten sie ihn erreicht. Vorsichtig bugsierte Gordon das Boot dicht heran, und Lee Harper zog den Bewußtlosen, der seltsam aufgetrieben aussah, an den Fangleinen zum Boot. Gemeinsam wuchteten sie den Mann auf Deck.

„Um Himmels willen, wie sieht der aus!" rief Bennett entgeistert. „Der ist ja förmlich in Stücke gerissen."

„Hm, scheint aus einem Düsenjäger bei Überschallgeschwindigkeit ausgestiegen zu sein. Hoher Überdruck und Staudruck. Deshalb ist er so aufgeblasen. Der ist mausetot!" erklärte Lee Harper, der Koreaflieger gewesen war. „Wir müssen ihn an Land bringen, Gordon!"

Der vermeintliche Tote war am ganzen Körper blaurot, seine schwarzen Augen ließen die beiden Männer erschaudern. Als sie ihm die Kleider öffneten, bemerkte Harper eine Bewegung. Er griff in das Seitenfach neben dem Steuerstand und holte den Blinkerspiegel hervor, den er dem „Toten" vor den Mund hielt. Der Spiegel beschlug: der „**Tote**" atmete!

„Mensch, Gordon, der lebt!" schrie Lee. „Schnell, Ruf an Hafenbehörde von Los Angeles, sie sollen den Krankenwagen bereithalten auf der Sportfischerpier!"

Während Gordon den Fall meldete, alle Begleitumstände beschrieb und dabei die „Bluebelle" mit Höchstfahrt nach Los Angeles jagte, bemühte sich Harper um den Bewußtlosen.

Zuerst massierte er dessen Brust und versuchte, die im Körper des Mannes befindliche Luft hinauszubringen. Dann machte er die üblichen Wiederbelebungsversuche, und zuletzt versuchte er es mit der Mund-zu-Mund-Beatmung. Irrte er sich, oder atmete der Bewußtlose wirklich tiefer?

Als sie Pier 18 erreichten, stand dort der Krankenwagen bereit. Man wußte, daß dieser Mann nur der Testpilot Jock McCormick sein konnte. Deshalb brachte man ihn sofort ins Luftwaffenlazarett. Schließlich wußte man ja durch den Funksprechverkehr, was geschehen war, und allein im Luftwaffenlazarett hatte man die Möglichkeit, ihn richtig zu behandeln. Dort waren auf diesem Gebiet erfahrene Kapazitäten tätig, und weitere wurden aus anderen Kliniken der Vereinigten Staaten herbeigerufen.

Sieben Tage und Nächte mußten die Ärzte um den Testpiloten bangen. Inzwischen waren auch aus dem Auslande Ärzte herbeigeeilt, denn zum erstenmal hatte ein Flieger einen Fallschirmabsprung bei Überschallgeschwindigkeit lebend überstanden.

Hier hatten die Fachleute aus aller Welt die Möglichkeit, die Folgen eines solchen Aussteigens zu beobachten. Und die Tatsache, daß es Überlebenschancen gab, ließ sie fieberhaft daran weiterarbeiten, die Rettungsgeräte für den Überschallflug zu verbessern. Daß heute Piloten aus Überschallmaschinen aussteigen und sich mit dem Schleudersitz retten können, ist mit ein Ergebnis dieser Forschungsarbeit am lebenden Objekt.

Jock McCormick lag dreiviertel Jahr im Krankenhaus. Dann unternahm er die ersten Gehversuche, und wenige Wochen später flog er schon wieder eine Cessna. Als man ihn nach seiner Genesung fragte, was er denn von einem Fallschirm halte, sagte er nur:

„Ohne Fallschirm könnte ich Ihnen diese Frage nicht mehr beantworten.“

Gruppen-Höhenrekord 1962

Wie wichtig es ist, daß jeder Fallschirmspringer genau mit dem Sauerstoffgerät vertraut gemacht wird, zeigte sich am Donnerstag, dem 25. Oktober 1962. An diesem Tage wollten deutsche Fallschirmsportspringer einen Gruppen-Höhenrekord aufstellen. Es waren Günter Bosse aus Braunschweig, Erich Grätzer aus der Schweiz, Erich Lepkowski aus Gifhorn, Wolfgang Minstedt aus Berlin, Lothar Rützel aus Frankfurt und Siegfried Starke aus Braunschweig. Als Sportzeugin fungierte Jutta Rützel, die Gattin des Sportspringers Lothar Rützel.

In letzter Sekunde wurde der Höhentauglichkeitstest in der Fliegeruntersuchungsstelle Hamburg-Fuhlsbüttel durchgeführt. Einige Tage lang sah es dann so aus, als könnte der Versuch wegen des dichten Nebels nicht ausgeführt werden. Doch am 25. Oktober meldeten die „Wetterfrösche" des Flugplatzes Ahlhorn, daß die Nebeldecke gegen 14.00 Uhr aufreißen werde.

Die Springer fuhren von ihrer Unterkunft, den Kasernen in Wildeshausen, zum Ahlhorner Platz. Sie legten ihre Schirme, die Instrumente und Atemgeräte an, und Lothar Rützel, der als unermüdlicher technischer Betreuer fungierte, überprüfte anhand seiner „Checkliste" sämtliche Geräte. Hauptmann Erich Lepkowski, im Zivilleben einer der bekanntesten Fallschirmsportspringer der BRD, besprach mit Hauptmann Dreyer, dem Piloten der Noratlas-Maschine, die Lage. Lepkowski wollte mit Hilfe der Radar-Leitstelle Ahlhorn sich und seine Springerkameraden über der geschlossenen Wolkendecke nach einem vorher in niedriger Höhe festgelegten Punkt absetzen.

Eine Gefährdung der Springer schied aus, denn das „Große Moor", das als Absprungsort vorgesehen war, schloß eine Kollision aus.

Um 16.00 Uhr erfolgte der Start. Bereits in 300 Meter Höhe war die Sicht für den Flugzeugführer gleich Null. Gegen 16.35 Uhr wurden sieben Soldaten aus 420 Meter Höhe abgesetzt. Dann schraubte sich die „Nora" bis auf 1 000 Meter empor. Aus dieser Höhe sprang Feldwebel Boldt ab, sozusagen als Markierungsspringer. Dann stieß die Nase der Noratlas in die Wolkendecke hinein und durchstieß sie 300 Meter höher schon wieder, womit die Wolkenobergrenze festlag.

Mit gleichmäßigem Brummen zog die „Nora" höher und höher. Unter den Fallschirmspringern lagen wie eine gleißende Schneelandschaft die Wolken. Die Maschine selbst wurde in das rötliche Licht der Abendsonne getaucht, das durch die Fenster und die offene Tür einfallend auch die Springer mit Glut überzog. Helme und Brillen blitzten.

Als der Höhenmesser die 4 000-Meter-Marke erreichte, mußten die Sauerstoffflaschen angeschlossen werden. Lothar Rützel ging von einem zum anderen, um die Geräte zu überprüfen. Es schien alles in Ordnung.

Schon sehr bald sollte sich indes zeigen, daß dieser Schein trog. Als erstes streikte der Barograph, der Luftdruckmesser, den Hauptmann Lepkowski umgeschnallt hatte. Er wurde von dem Kameraden Grätzer aus Zürich ausgebaut. Es zeigte sich, daß er nicht bis 8 000 Meter, sondern nur bis 4 000 Meter verwendet werden konnte.

Es war 17.10 Uhr geworden. Unten auf der Erde war bereits Sonnenuntergang, und der Höhenmesser der Maschine zeigte 6 500 Meter an. Nun aber schien der braven „Nora" die Puste auszugehen.

Auf einmal zeigte es sich, daß die mitgenommenen Sauerstoffflaschen nicht ausreichten und daß sich die Inhaltsanzeiger dem Nullpunkt näherten. Zum Glück hatte die Besatzung der Maschine genügend Reserveflaschen an Bord. Als Lothar Rützel eine leere Flasche gegen eine volle austauschen wollte, erwischte er eine — weitere leere Flasche!

Mit letzter Kraft gelang es ihm, Hauptmann Lepkowski anzustoßen und ihm durch Handbewegungen verständlich zu machen, ihm zu helfen. Es gelang Lepkowski, eine dritte, gottlob volle Flasche an Rützels Sauerstoffschlauch anzuschließen und diese Krisensituation zu bereinigen.

Inzwischen war jedoch ein weiteres schwerwiegendes Ereignis eingetreten. Vorn in der Maschine lag Wolfgang Minstedt friedlich auf dem Boden. Er hatte sich dort zum Schlafen niedergelegt. Später berichtete er, daß er zwar gemerkt habe, daß irgend etwas mit seiner Sauerstoffflasche nicht stimmen konnte, und er sich daraufhin den Druckmesser angesehen habe. Aber er sei schon so benommen gewesen, daß er gedacht habe: Aha, der Zeiger steht auf Null! Dann ist ja alles gut!

Indes war nichts gut, und sein Tod wäre unvermeidlich eingetreten, wenn sich nicht Lothar Rützel, der wieder voll in Ordnung war, sofort um Minstedt gekümmert und ihn an eine volle Sauerstoffflasche angeschlossen hätte.

Währenddessen ging Erich Lepkowski zur Tür, um den Kameramann, der mitflog, mit einer neuen Sauerstoffflasche zu versorgen. An der Tür sah Lepkowski, daß das Signal „Fertigmachen!“ aufleuchtete. Tief durchatmend stand er in der Tür. Eine letzte Kontrolle der Stoppuhr und des Höhenmessers. In diesem Augenblick wechselte das rote Licht neben der Tür auf Grün: das Signal zum Absprung!

Erich Lepkowski zog den Abreißzünder seiner Rauchpatrone, die den Beobachtern unten auf der Erde beim Austritt aus den Wolken seinen weiteren Weg markieren sollte. Er riß den Sauerstoffschlauch aus dem Ventil der Flasche, die ja in der Maschine zurückbleiben würde, und drückte die Stoppuhr. Der Zeiger setzte sich in Bewegung. Ein letzter Gedanke: Nichts vergessen? Und schon segelte er aus der Maschine.

Die übrigen sprangen hintereinander ab, folgten dem vorausfliegenden Spitzenspringer in die Tiefe.

Fallschirmfliegen im Schlepp
Para Sail in Acapulco

Vor dem Absprung
Höhenrekord bei Nacht

Die eisige Kälte von 30 Grad minus spürten sie nicht, denn sie waren dick vermummt. Nicht einmal der Fahrtwind konnte sie beeinträchtigen.

Erich Lepkowski fiel im Flash. Eine leichte Pendelbewegung nach links, ein Wippen nach vorn, eine kräftige Streckung des Körpers, und er hatte die gewünschte Lage erreicht. Der Springer, der durch den Raum segelte und dessen Geschwindigkeit sich auf 240 Stundenkilometer eingependelt hatte, drehte Arme und Schultern leicht nach links und knickte etwas in der Hüfte ein. Seine Flugbahn beschrieb nun einen weiten Kreis. Er suchte den Raum und den Horizont nach seinen später gesprungenen Kameraden ab. Die Sonne, die noch immer in den Raum strahlte, während die Erde bereits im Finstern lag, blendete ihn. Dann sah er halb schräg über sich zwei Punkte im schnellen Sturzflug. Es waren zwei seiner Kameraden. Wer mochten sie sein?

Das Atmen durch die Sauerstoffmaske machte ihm schwer zu schaffen, zumal er seine kleine Flasche oben in der Maschine versehentlich zu früh geöffnet hatte und sich kaum Sauerstoff mehr darin befand. Er entschloß sich, die Maske zu lösen. Aber als er dies mit der Linken versuchte, weil er in der Rechten noch die Rauchpatrone hielt, kam er ins Schnelltrudeln. Er mußte durch ruckartiges Vorstrecken des linken Armes seine Lage stabilisieren. Beim zweiten Versuch gelang es, Mund und Nase waren wieder frei, er atmete frische Luft. Aber bei dieser Aktion hatte sich auch seine Schutzbrille verschoben und beschlug sofort. Also mußte auch die Brille weg!

Der Luftdruck wirkte stark auf die nun ungeschützten Augen. Der Hauptmann sah anstelle der Instrumente nur die Umrisse von Kreisen. Sein einziger Gedanke war: Jetzt einwandfrei die Lage halten! Beim Austritt aus der Wolkendecke mußte er ja Erdsicht bekommen und die noch verbliebene Höhe abschätzen können.

Er segelte durch die Milchsuppe der Nebelbank, kam plötzlich durch und erspähte tief unter sich, wie eine Fata Morgana, die Rauchfahne des Zielkreuzes. Mechanisch drehte er auf das Zielkreuz zu. Gegen den Wind würde er es zwar nicht mehr erreichen, aber immerhin konnte er nahebei niedergehen.

Rasch kam die Erde näher. Er zog die Arme an den Körper, streifte die Rauchpatrone ab, zog den Griff des Schirmes. Ein sanfter Entfaltungsstoß traf ihn, er pendelte kurz aus. Dann war auch der Höhenmesser zu erkennen. Er zeigte 420 Meter an.

Ein Blick zum Schirm empor: alles in Ordnung! Er holte die vorderen Gurte herunter und hängte sie beim Brustgerät ein, um noch etwas gegen den Wind slippen zu können, und stellte den Schirm gegen den Wind. Etwa 200 Meter voraus lag das Landekreuz. Seinen Packschlauch sah er nicht, die Dämmerung hatte ihn bereits verschluckt.

Da war über ihm ein weißer Schirm! Und noch einer! Das konnten nur Bosse und Starke sein, die direkt nach ihm gesprungen waren. Etwas weiter über das Zielkreuz hinausgetragen, ein weiterer Schatten am Himmel: Lothar Rützel. Und dann noch einer. Also nur fünf Springer von den sechsen. Dann mußte Minstedt oben geblieben sein. Schade! Nun würde dieser Sprung als Gruppenrekord nicht anerkannt werden können.

Beinahe hätte Lepkowski bei diesen Überlegungen die Landung verpaßt. Vordergurte wieder aushängen! Eine halbe Drehung nach links, ganz weiches Aufsetzen.

Ein Dutzend verblüffter Kühe umstanden den zur Erde zurückgekehrten Springer. Eine der mutigsten kam heran, schnupperte am Fallschirm, knabberte daran. Sie fand ihn offenbar zum Verzehr ungeeignet und wandte sich ab.

Erich Lepkowski war unten. Er war noch völlig taub und mußte ein paarmal schlucken, ehe es in seinen Ohren knackte und das bekannte Rauschen einsetzte.

Am Zielkreuz wurden Leuchtkugeln abgeschossen. Es dauerte eine Weile, ehe Lepkowski den Springerhelm abnehmen konnte. Als er schließlich am Zielkreuz ankam, umarmte ihn

Lothar Rützel. Wolfgang Minstedt kam hinzu. Er war knapp zwanzig Meter neben dem Zielkreuz gelandet. Günter Bosse und Siegfried Starke trafen kurz darauf ein. Erich Grätzer aber war noch nicht da. Im Sprechchor wurde der Name des Kameraden gerufen. Schweigen war die Antwort. Das Blaulicht kreiste. Die Scheinwerfer der Wagen wiesen den Weg zum Zielkreuz. Suchkommandos wurden ausgeschickt.

Nach einer ganzen Weile traf Erich Grätzer ebenfalls ein. Er hatte erst einen breiten Wassergraben umgehen müssen.

Der Gruppenhöhenrekord der Klasse G-II-b aus 7010 Meter mit einer durchsprungenen Höhe von 6445 Meter wurde anerkannt. Allen Widernissen der Höhenlage und Mängeln der Sauerstoffgeräte zum Trotz war dieses Unternehmen des 25. Oktober 1962 zu einem glücklichen Ende gekommen.

Fallschirmjäger in aller Welt

Deutsche Fallschirmjäger

Nachdem die sowjetischen Sommermanöver des Jahres 1935 in der Ukraine die Aufmerksamkeit der militärischen Fachleute auf das Fallschirmspringen als Möglichkeit des Kampfes aus der dritten Dimension gelenkt hatten, begann in Deutschland eine sehr rasche Entwicklung.

Geburtsstunde der deutschen Fallschirmtruppe wurde der 29. 1. 1936. An diesem Tage erließ der damalige Oberbefehlshaber der Luftwaffe, Hermann Göring, den Befehl zur Aufstellung dieser neuen Waffengattung.

Bereits im September 1935 hatte die Aufstellung des ersten Fallschirmjäger-Bataillons der Luftwaffe unter dem damaligen Major Bruno Bräuer begonnen. Auf dem Fliegerhorst Stendal wurden diese ersten Fallschirmjäger ausgebildet. Hier entstand auch unter Führung der Hauptleute Immans und Kuhno die erste Fallschirmschule für die Sprungausbildung.

Nun wurde ein brauchbarer Fallschirm gesucht. Die üblichen Fallschirme, die als „Rettungsringe der Luft" bekannt waren, schieden als „Transportgerät für Fallschirmjäger" aus. Man mußte einen Schirm entwickeln, der bei den geplanten Absprunghöhen um 120 Meter die Sicherheit bot, daß er sich rechtzeitig öffnete. Diese geringe Höhe wurde festgesetzt, damit die Fallschirmspringer während eines Einsatzes nur eine möglichst kurze Zeitspanne als hilflose Ziele im Schirm hingen.

Sehr rasch wurden die Fallschirm-Baumuster RZ 1, RZ 16 und RZ 20 entwickelt. Es waren Rundkappenschirme von 8,5 Meter Durchmesser und einem Flächeninhalt von 56 Quadratmeter. Sie hatten eine zentrale Fangleinenführung, die in einem Haupttragetau endete. An jedem Fangleinenende befand sich ein Karabinerhaken, mit dem der Schirm im Gurtzeug des Springers eingehakt werden konnte. Die Verpackung bestand aus einer inneren und einer äußeren Packhülle. In der inneren war die Schirmkappe mit den Fangleinen untergebracht. Die äußere diente lediglich als Schutzhülle. Der Schirm wurde durch eine im Flugzeug befestigte sieben Meter lange Aufziehleine zwangsausgelöst. Dieser Fallschirm wurde als Rückenschirm getragen. Einen Reserveschirm, wie er bei den heutigen Fallschirm-Sportspringer-Ausrüstungen vorgeschrieben ist, gab es nicht.

Noch während des Zweiten Weltkriegs wurde bei der Fallschirmtruppe auch das Fallschirm-Baumuster RZ 36 — ein Dreiecksschirm — verwendet. Dieser Schirm war von Dipl.-Ing. Wolf Schauenburg aus Bonn entwickelt und 1943 zum Patent angemeldet worden.

Auf den Fallschirmspringerschulen in Stendal, Wittstock und Braunschweig und später auch in Châteaudun in Frankreich wurden rund 60000 Fallschirmspringer ausgebildet, sämtlich Freiwillige. Als der Zweite Weltkrieg ausbrach, stand die Fallschirmtruppe in Deutschland erst in der Entwicklung. Sie wurde im Feldzug gegen Polen nicht eingesetzt.

Ihren ersten scharfen Einsatz erlebte die Fallschirmtruppe im April 1940 in Norwegen. Die 1. Kompanie des Fallschirmjäger-Regiments 1 unter Oberleutnant Schmidt wurde am 14. April mit 15 Ju-52-Maschinen im Gudbrandstal, rund 150 Kilometer vor der Front, eingesetzt. Sie hielt dort fünf Tage und Nächte den Vorstoß der 148. englischen Infanterie-Brigade nach Süden auf.

Am frühen Morgen des 10. Mai 1940, dem Beginn des Westfeldzuges, traten vier Sturmgruppen der Monate vorher gebildeten „Sturmabteilung Koch" zum Sprung in die Festung Holland an. Genau so, wie es ein sowjetischer General seinerzeit Marschall Pétain als möglich geschildert hatte, nahmen drei dieser Gruppen im Sprungeinsatz — tief im Rücken der vordersten Verteidigungsfront — die wichtigen Brücken bei Vroenhoven, Veldwezelt und Canne über den Albertkanal in Besitz und hielten sie bis zum Eintreffen der deutschen Panzertruppen frei. Die vierte Gruppe, mit der Tarnbezeichnung „Sturmgruppe Granit", wurde in elf Schleppzügen auf die Werkgruppe Eben Emael angesetzt, die als stärkste Festung der Welt bekannt war.

Am Morgen des 10. Mai um 05.40 Uhr tauchten die ersten Lastensegler über der Werkgruppe auf, stießen im Sturzflug darauf hernieder und landeten die Fallschirmjäger. Sieben Gruppen von jeweils zehn Mann landeten auf dem Dach der Werkgruppe und setzten bis zum Mittag des anderen Tages 1200 Belgier in 35 schweren Forts und Kampfständen außer Gefecht.

Damit hatte diese kleine Gruppe, von der übrigens nur 50 Jäger zum Einsatz gekommen waren, das Tor nach Westen aufgestoßen. Sie hatte den Durchbruch für eine ganze Armee erzwungen. Es gibt in der gesamten Kriegsgeschichte nichts Vergleichbares.

Die Brücken von Moerdijk und Dordrecht wurden ebenfalls im Sprungeinsatz genommen. Außerdem der einzige Flugplatz, auf dem später die Truppen der 22. Luftlande-Division niedergehen konnten: Waalhaven bei Rotterdam.

Die Luftlande- und Fallschirmjäger-Idee hatte sich mit diesen sensationellen Aktionen durchgesetzt. Spätestens zu diesem Zeitpunkt begann man auch im Ausland mit der Aufstellung und Ausbildung von Fallschirmtruppen.

Der nächste Schlag der Fallschirmjäger wurde in Griechenland geführt. Er richtete sich am 26. April 1941 gegen den Kanal von Korinth. Hier wollten die zurückweichenden Briten die Kanalböschung durch Sprengungen zum Einsturz bringen und ihren deutschen Verfolgern den Zutritt zum Peloponnes verwehren.

Die Fallschirmjäger des Regiments 2 sprangen beiderseits des Kanals ab, nahmen ihn in Besitz, verfolgten den fliehenden Gegner über Argos und Nauplia und erzwangen die Kapitulation der griechischen Peloponnes-Armee.

Knapp vier Wochen später aber schlug die schwerste Stunde der deutschen Fallschirmjäger. Die Insel Kreta sollte aus der Luft erobert werden.

Start zum Angriff auf Kreta war Dienstag, der 20. Mai 1941. Nach der Landung von Lastensegler-Kampfgruppen, welche die Feindflak ausschalten sollten, fielen über Kreta an vier verschiedenen Punkten der Insel Menschen vom Himmel in die Hölle. Das verstärkte Sturmregiment unter Generalmajor Meindl nahm am 21. Mai den kleinen Flugplatz von Malemes in Besitz, so daß die Soldaten der 5. Gebirgs-Division, die auf dem griechischen Festland warteten, im Flugeinsatz dort gelandet werden konnten.

Tagelang stand auf Kreta die Entscheidung auf des Messers Schneide. 45 000 Verteidiger der Insel — Griechen, Engländer und Neuseeländer — versuchten die 7 000 gelandeten Fallschirmjäger und die später gelandeten 8 000 Gebirgsjäger zu vernichten.

Aber am 27. 5. fiel Chania, die Hauptstadt der Insel, in die Hand der Fallschirmjäger. Zwei Tage später räumten die Engländer die Insel, und der Oberbefehlshaber der neuseeländischen Streitkräfte, General Freyberg, verließ als einer der letzten in der Nacht zum 31. Mai bei Sfakia auf einem Flugboot Kreta.

17 500 Gefangene wurden gemacht. Die britischen Verluste an Toten und Verwundeten betrugen 3 489 Mann. Die griechischen Verluste konnten nicht ermittelt werden.

Die deutschen Verluste aber waren ungleich höher. Beim Heer betrugen sie 51 Offiziere und 1 171 Unteroffiziere und Mannschaften und bei der Luftwaffe 297 Offiziere und 4 464

Unteroffiziere und Mannschaften. Über die Hälfte aller auf Kreta eingesetzten Fallschirmjäger und Flieger waren gefallen oder verwundet worden.

Kreta war zugleich der Abgesang auf die Fallschirmtruppe, denn selbst ein Diktator wie Hitler wagte es nicht mehr, Fallschirmspringer zu solchen mörderischen Operationen einzusetzen. Von nun an wurde diese Truppe in Rußland und überall auf den anderen Kriegsschauplätzen des Zweiten Weltkrieges im Erdeinsatz verwendet. An allen Fronten waren nun Fallschirmjäger dort zu finden, wo es brannte.

Im Frühjahr 1942 stellte schließlich auch das italienische Oberkommando die erste Fallschirmjäger-Division „Folgore" — Blitz — auf. Der deutsche Fallschirmjäger-General Bernhard-Hermann Ramcke wurde als Instrukteur nach Rom entsandt. Er war am Aufbau dieser Division maßgeblich beteiligt. Aber auch sie erhielt keinen Sprungeinsatz mehr, sondern verblutete in der Alamein-Stellung in Afrika.

Erst nach der Landung alliierter Streitkräfte in Sizilien am 10. Juli 1943 erfolgte wieder ein Sprungeinsatz deutscher Fallschirmjäger, als es notwendig wurde, den auf der Insel vorstoßenden Angreifern so rasch wie möglich starke Truppenkontingente entgegenzuwerfen. Das Fallschirmjäger-Regiment 3, das in der Weizenebene von Catania absprang, und das Fallschirmjäger-Regiment 4 an der Südostküste der Insel hielten den Gegner auf.

Der Vorschlag von General Student, mit allen drei verfügbaren Fallschirmjäger-Divisionen direkt in die feindliche Landungsstreitmacht hineinzuspringen und sie von innen heraus zu zerschlagen, fand nicht die Zustimmung der obersten Wehrmachtsführung.

Über ein Jahr später — es gab inzwischen sieben deutsche Fallschirmjäger-Divisionen — wurde während des Kampfes in den Ardennen in der Nacht zum 17. Dezember 1944 eine Fallschirmjäger-Kampfgruppe unter Führung von Oberstleutnant von der Heydte im Raume Elsenborn, nördlich Malmedy, abgesetzt. Diese Kampfgruppe in Stärke von 1200 Mann hatte den Auftrag, den Übergang über die Schnee-Eifel für den Gegner zu sperren. Von den 1200 Fallschirmjägern kehrten nur 240 aus diesem Einsatz zurück. Der größte Teil geriet glücklicherweise in Gefangenschaft.

Fallschirmeinsätze der Alliierten im Zweiten Weltkrieg

Am 25. Juni 1940 eröffnete der US-General „Billy" Mitchell die erste Fallschirmspringer-Schule in Fort Benning, Alabama. Erster Chef der Schule wurde Major William Lee, ein begeisterter Fallschirmspringer. Ihm zur Seite stand als Adjutant Lieutenant William Ryder, ebenfalls ein versierter Sportspringer.

Bereits im Herbst 1940 sprang ein Kommando englischer Fallschirmjäger über Süditalien ab und sprengte in überraschendem Einsatz einen Viadukt.

Im Februar 1941 sprangen 119 englische Fallschirmspringer, unmittelbar nach ihrer Ausbildung, an der französischen Kanalküste ab, um eine deutsche Radarstation auszuheben. Der Versuch mißlang.

Russische Fallschirmspringer wurden im August 1941 über Teheran abgesetzt, um die Zivilbevölkerung zu erschrecken. Dann verbanden sich russische und englische Fallschirmjäger-Verbände und besetzten im Sprungeinsatz die persischen Ölfelder, um sie vor dem angeblich erwarteten Zugriff der Deutschen zu sichern.

Im Dezember 1941 starteten die Japaner — die am 7. 12. 1941 mit dem Angriff auf Pearl Harbour in den Zweiten Weltkrieg eingetreten waren — mit Fallschirmtruppen nach der Insel Timor und sprangen anschließend auch über den reichen Ölfeldern von Tarakan auf Borneo ab. Sie wollten sich dieses Öl für ihre weit von den Heimathäfen entfernt operierenden Schiffe sichern. Als sie am 15. Februar 1942 auch noch die

Ölraffinerien von Palembang auf Sumatra in Besitz nahmen, hatten sie dieses Ziel erreicht.

Inzwischen waren die ersten US-Fallschirmjäger-Bataillone in Fort Benning ausgebildet worden, und im November 1942 starteten sie nach Afrika, wo die Alliierten mit ihrem Unternehmen „Torch" — Fackel — an der Nordwestküste gelandet waren. Der erste Einsatz im Raume Tunesien war ein Mißerfolg. Drei Maschinen wurden abgeschossen, einige landeten in Spanisch-Marokko, und der Rest landete auf dem vorgesehenen Platz weit hinter der Front, wo sie auch blieben.

Die ganze 82. Luftlande-Division der Amerikaner wurde kurz darauf in einem Riesenkonvoi nach Casablanca verschifft und fuhr auf Lastwagen von dort nach Oujda in Marokko. Auch diese Division wurde nicht eingesetzt.

Die britischen Fallschirmjäger aber kamen in Nordafrika zum Einsatz. Eine Gruppe beteiligte sich an den Kämpfen im Medjerdatal. Eine zweite sprang in Stärke von 1000 Mann unter Major Frost im Raume nördlich Zaghouan ab. Dieses II. Bataillon des Fallschirmjäger-Kommandos 6 hatte den Auftrag, drei deutsche Feldflugplätze im Handstreich zu nehmen und dann direkt auf Tunis vorzustoßen, wohin auch der englische Großangriff von der Front her zielte.

Der Frontalangriff der britischen Divisionen drang nicht durch, und die Fallschirmjäger wurden aufgerieben. Das Bataillon verlor 5 Offiziere und 240 Mann.

Anglo-amerikanische Fallschirmjäger auf Sizilien

Der nächste alliierte Fallschirmjäger-Einsatz erfolgte auf Sizilien. Bereits am Abend des 9. Juli 1943 starteten von 13 Flugplätzen in Nordafrika die Fallschirm- und Luftlandetruppen der 1. britischen und der 82. US-Luftlande-Division. Verschiedene Brücken, Straßenkreuzungen und kampfkräftige Batterien waren ihre Ziele.

Einige Gruppen konnten ihren Auftrag ausführen. Die amerikanische Kampfgruppe unter Führung von Oberst James Gavin, welche die Hochfläche von Gela erreichen und die dortigen Straßenkreuzungen sperren sollte, erhielt bereits dicht vor der Küste starkes Flakfeuer. Die Flugzeugführer verloren die Nerven und „schmissen die Fallschirmjäger raus, wo sie sich gerade befanden", wie es in einem Bericht heißt. Allein das III. Bataillon des 505. Luftlande-Regimentes erreichte das Zielgebiet. Zu allem Unglück wurde dieser Verband auch noch von der eigenen Marine beschossen. Er verlor 23 Maschinen des Typs C 47 mit insgesamt 410 Fallschirmjägern bereits im Anflug.

Dennoch war Sizilien die Geburtsstätte der amerikanischen Fallschirmjäger-Einsätze.

Beim Kampf um die Primasole-Brücke, mitten auf der Insel, standen sich deutsche und englische Fallschirmjäger zum erstenmal gegenüber. Oberstleutnant Walther, Kommandeur des deutschen Fallschirmjäger-Regimentes 4, konnte hier den Gegner vier Tage aufhalten und anschließend 2000 Meter weiter rückwärts günstige Stellungen beziehen, in denen er das gesamte britische 50. Armeekorps bis zum 3. August aufhielt. Dadurch konnte der Rückzug aller deutscher Truppen von der Insel auf das italienische Festland reibungslos und ohne Verluste durchgeführt werden.

Der nächste alliierte Fallschirmabsprung war der Großeinsatz anläßlich des Unternehmens „Overlord", wie die alliierten Landungen des 6. Juni an der Normandieküste genannt wurden. Diesmal waren es drei ganze Divisionen, die teils im Sprungeinsatz und teils mit Seglern gelandet wurden.

Es kam zu schweren Kämpfen, ohne daß es gelungen wäre, durch diese Einsätze einen entscheidenden Vorteil in den Kämpfen um die Küste zu gewinnen. Übrigens war dies der erste Nachteinsatz von Fallschirmtruppen. In seinem Buch „Night drop!" hat General Marshall diesem Einsatz ein Denkmal gesetzt.

Die größte Fallschirmlandung des Zweiten Weltkriegs begann am 17. September 1944. Zur Gewinnung der wichtigen Brücken über den Niederrhein landeten im Raume Eindhoven-Nijmwegen-Arnheim zwei amerikanische und eine britische Fallschirmjäger-Division. Diese drei Divisionen sollten einen Korridor zu den Rheinbrücken für die anrückende 2. britische Armee öffnen und frei halten.

Es war ein Zufall, daß Generaloberst Student, der Oberbefehlshaber der deutschen 1. Fallschirmjäger-Armee, gerade im Absprungraum bei Vught, nahe s'Hertogenbosch, seinen Gefechtsstand eingerichtet hatte. So konnte der Mann, der die deutsche Fallschirmtruppe aufgebaut hatte, den Gegenstoß gegen die gelandeten feindlichen Fallschirmjäger persönlich führen.

Rote und Grüne Teufel — wie die Fallschirmjäger der Briten und der Deutschen genannt wurden — standen sich abermals gegenüber. Das Ziel der anglo-amerikanischen Fallschirmjäger, die wichtigen Rheinbrücken in Besitz zu nehmen und zu halten, wurde nicht erreicht.

Damit waren die Fallschirmjäger-Einsätze auf dem europäischen Kriegsschauplatz beendet. Nicht so in Asien.

Auf Neu-Guinea fanden 1944 und 1945 zwei Fallschirmspringer-Einsätze statt. Auf der Philippineninsel Leyte wurde im Oktober 1944 der von den Japanern besetzt gehaltene Flugplatz von US-Fallschirmjägern im Sprungeinsatz zurückgewonnen.

Als es darum ging, die Philippineninsel Corregidor zurückzuerobern, sprangen vom 16. bis 19. Februar 1945 2000 Fallschirmjäger in mehreren Wellen ab. Corregidor wurde in viertägigen Kämpfen genommen. Auch Luzon wurde von amerikanischen Fallschirmjägern zurückerobert.

Die britisch-indischen Fallschirmtruppen unternahmen in diesem Ringen in Ostasien den letzten Sprungeinsatz, als sie am 3. Mai 1945 über Rangun in Birma absprangen.

Mit Ende des Zweiten Weltkriegs waren jedoch diese verlustreichen, opfervollen Einsätze von Fallschirmjägern aus allen Nationen noch nicht beendet. Man hatte inzwischen in allen Armeen der Welt erkannt, daß es keine andere Truppe gab, die so überraschende Einsätze unternehmen konnte wie die Fallschirmjäger. Daher wurden auch im Koreakrieg, der im Juni 1950 begann, Fallschirmjäger an den schwierigsten Punkten der Front eingesetzt.

Bei Opari kam es am 21. Oktober 1950 zum Sprungeinsatz des 187. US-Luftlande-Infanterie-Regiments. Bei Wontong-Ni wurde ein anderer blutiger Einsatz gesprungen. Als am 27. Juli 1953 dieser sinnlose Krieg zu Ende ging, waren allein 33 629 US-Soldaten, darunter viele tausend Fallschirmjäger, getötet worden.

Dennoch wurden an vielen Kriegsschauplätzen weiterhin Fallschirmjäger eingesetzt, und an Kriegen war auch fortan in der Welt kein Mangel, nur daß man sich daran gewöhnte, sie mit anderen Namen zu umschreiben. Während der Suezkrise sprangen am 29. Oktober 1956 israelische Fallschirmjäger auf der Sinai-Halbinsel ab; daraufhin besetzten am 6. November britische und französische Jäger im Sprungeinsatz Port Said und den Eingang des Suezkanals.

Zwei Jahre zuvor erst war der blutige und verlustreiche Indochinakrieg zu Ende gegangen, in dem Frankreich seine ostasiatischen Kolonien verlor; das Genfer Abkommen erklärte Kambodscha, Laos und Vietnam zu souveränen Staaten, und mit der Teilung Vietnams wurde, wie schon zuvor in Korea, der Keim für den Vietnamkrieg gelegt.

Als die aufständischen Vietminh unter Ho Tschi Minh im November 1953 die Festung Dien Bien Phu mit 40 000 Mann einschlossen, flog die französische Führung alle neun Fallschirmjäger-Bataillone ein, über die Frankreich verfügte. Nicht wenige dieser Fallschirmspringer waren deutsche Legionäre, aber auch Marokkaner, Senegalesen, Vietnamesen und — Franzosen waren dabei. Nach und nach wurden in diesen Feuerofen 15 000 Fallschirmjäger im Sprungeinsatz hineingeworfen und „verheizt".

In diesem von den wilden Bergen des Thai-Gebietes umgebenen Tal, durch das der Verkehr zwischen China, Vietnam und Laos ging, in dieser Stadt Dien Bien Phu zeigte sich die Sinnlosigkeit solcher Einsätze deutlich; denn alle Fallschirmjäger kamen schließlich um oder gerieten in Gefangenschaft. Übrigens wurden hier auch Lastenabwürfe durchgeführt, zum Beispiel der einer sieben Tonnen schweren Planierraupe, mit der man das Flugfeld wiederherstellen wollte. Als die erste mit 12 Fallschirmen abgeworfen wurde, rammte sie sich drei Meter tief in den Boden. Die nächste Raupe des gleichen Typs aber schwebte sicher an ihren 21 Fallschirmen zur Erde und rollte mit eigener Kraft zum Einsatzort.

Bald darauf übernahmen die Amerikaner das unselige Erbe Vietnam. Am 6. Juli 1962 sprangen erstmalig US-Fallschirmjäger auf diesem Kriegsschauplatz ab und eroberten ein Camp zurück, das ein Vietkong-Bataillon überwältigt hatte. Und in der Nacht zum 10. Juni 1965 warfen sie den Vietkong bei Dong-Xoai aus einem Distrikts-Hauptquartier, das ebenfalls in die Hand des Feindes gefallen war. Doch weder diese Anstrengungen noch die Fallschirmeinsätze in Ben Cat, Phu Cuong, bei Pleiku und anderswo, häufig sehr verlustreiche Kämpfe, konnten dem Land den Frieden bringen. Der Krieg blieb, und er bleibt in der Welt, bis der Mensch andere Mittel und Wege findet, sich von seiner Geißel zu befreien.

Der Fallschirm aber, als Rettungsgerät aus Luftnot erfunden und entwickelt, hat längst eine friedliche, völkerverbindende Funktion: im Fallschirmsport, dem wir uns noch ausführlich zuwenden wollen.

Der Fallschirm als Rettungsgerät

Das rote Zelt

Als die alliierte Waffenstillstands-Kommission im Jahre 1919 beschloß, die deutsche Luftfahrt lahmzulegen, stand ein italienischer Delegierter auf und sagte: „Ich wünsche nicht, mich an diesem Vernichtungswerk zu beteiligen!"

Dieser Mann war der damalige Oberst Umberto Nobile, der während des Ersten Weltkriegs in den Militärwerkstätten von Rom das erste italienische Luftschiff erbaut hatte.

Im Mai 1926 nahm Oberst Nobile als Bordkommandant des Luftschiffes „Norge", zusammen mit dem berühmten Südpolfahrer Roald Amundsen, an einer Überfliegung des Nordpols teil. In seiner Heimat wurde er mit Auszeichnungen überschüttet, und Mussolini, der seit 1922 in Italien Ministerpräsident war, ernannte ihn zum General der italienischen Flieger.

Nobile faßte den Entschluß, mit einer eigenen Besatzung und mit einem eigenen Luftschiff, der „Italia", den Nordpol noch einmal zu überqueren und rund 500000 Quadratkilometer dieses nördlichsten Bereiches karthographisch zu erfassen.

Die „Italia", die er bauen ließ, hatte eine Länge von 105 Meter, ihre Höhe betrug 26 Meter, die Breite 18,85 Meter. Sie hatte einen Rauminhalt von 18500 Kubikmeter. Drei Motoren von jeweils 250 PS trieben das Luftschiff mit einer Höchstgeschwindigkeit von 115 Stundenkilometer vorwärts.

In den frühen Morgenstunden des 23. Mai 1928 trat die „Italia“ von der Basis Kingsbay auf Spitzbergen aus den Flug zum Pol an. Sie hatte neben dem Kommandanten 15 Mann Besatzung. Zwanzig Stunden dauerte der Flug nach Norden, dann meldete Korvettenkapitän Mariano am 24. Mai um 0.20 Uhr: „Wir sind am Pol!“

In großen Kurven senkte sich die „Italia“ hinunter, dem ewigen Eis entgegen. So weit die Männer blicken konnten, nichts als dickes Packeis. Das Eichenkreuz, das Papst Pius XI. General Nobile mitgegeben hatte, und die italienische Flagge wurden bereitgestellt. Dann befahl der General: „Öffnet die Tür!“

Einhundertfünfzig Meter unter dem Luftschiff glänzte das Eis, um 1.20 Uhr fiel die italienische Flagge darauf hinunter, und wenig später folgte das Kreuz nach. Und dann ging ein Funkspruch hinaus. Seine Adressaten waren der italienische König und Benito Mussolini:

„Zum zweiten Mal weht über dem Nordpol die italienische Flagge!“

Wenig später mußte der Funker einen zweiten FT-Spruch absetzen. Er war an Papst Pius XI. gerichtet. Sein Inhalt war: „Wir haben soeben das Kreuz der Christenheit im Eis des Nordpols aufgestellt und die Mission Eurer Heiligkeit erfüllt.“

Gut eine Stunde später gab General Nobile Befehl, mit direktem Kurs nach Kingsbay zurückzukehren. Die Motoren der vorderen beiden Gondeln liefen mit voller Kraft. Die „Italia“ zog auf 1000 Meter empor. Nun wurde der Wind stärker, der gegen die Nase des Luftschiffes drückte. Es wurde kälter. Ein plötzlich ausbrechender Polarsturm heulte durch die Gondelluken, und auf einmal vernahmen alle ein heftiges prasselndes Geräusch.

„Eis, Herr General!“ gab einer der Männer die Erklärung. Die nächste Meldung zeigte, daß das Luftschiff nur noch 47 Stundenkilometer Fahrt machte, obgleich auch der Motor der Heckgondel eingeschaltet worden war.

Stunde um Stunde verrann. Die „Italia" kämpfte sich den Weg zurück. Um 9.25 Uhr versagte plötzlich das Höhenruder, und die „Italia" begann rasch zu sinken. General Nobile ließ sofort sämtliche drei Motoren abstellen, und das Wunder geschah: Das Luftschiff stieg wieder und erreichte, nachdem es bis auf 80 Meter über dem Eis abgesunken war, rasch die Höhe von 800 Meter. Sonnenstrahlen drangen in die Kabinen. Die Nebelbank und der Sturm waren überwunden. Die „Italia" stieg noch bis 1100 Meter. Weiter ging der Flug. Nach Stunden, als man nach Land Ausschau halten wollte, mußte das Luftschiff abermals auf 300 Meter hinuntergehen. Das Höhensteuer, das nur verklemmt gewesen war, hatte man inzwischen gerichtet.

Dann brach der Morgen des 25. Mai an. Zügig ging der Flug weiter. Plötzlich aber, es war genau 10.30 Uhr, sackte die „Italia" rasend schnell ab. Das Eis schien förmlich zum Luftschiff emporzuflitzen. Wenn es mit laufenden Motoren auf dem Eis aufschlug, würde es explodieren und alles zerreißen, was in der Nähe war.

„Maschinen stoppen!" rief Korvettenkapitän Mariano den Gondel-Maschinisten zu.

Die Maschinengeräusche verstummten, und wenige Sekunden darauf schlug das Luftschiff mit einem unbeschreiblichen Getöse auf dem Eis auf. Wie ein Gummiball flog es noch ein paar Dutzend Meter empor, um abermals aufzukrachen. Die große Gondel mit den Passagieren bohrte sich tief in den Schnee, der auf dem Eis lag; sie wurde vom Luftschiff getrennt. Die achtere Motorengondel riß ab, und das, was nun von der „Italia" übriggeblieben war, erhob sich erneut und flog weiter, um geraume Zeit später irgendwo in der weiten Eiswüste aufzuschlagen und mit seinen übrigen Besatzungsmitgliedern zu verbrennen.

In der völlig zerschmetterten Gondel aber lagen General Nobile, der Funker Biagi, der Tscheche Dr. Bohunek, der Schwede Dr. Malmgreen, Oberleutnant Viglieri, der Techniker

Ceccioni, Ingenieur Trojani und die Korvettenkapitäne Mariano und Zappi.

Neun Mann der Besatzung befanden sich also auf dem Eis, wie sich herausstellte, war es eine große Eisscholle. Ein zehnter, der Maschinist der achteren Motorengondel, wurde vermißt. Die übrigen waren mit der Luftschiffhülle weitergetrieben worden. Von ihnen hat man nie wieder etwas gehört.

General Nobile war am Kopf verletzt. Dazu stellte der in Erster Hilfe ausgebildete Korvettenkapitän Mariano bei dem Kommandanten des Schiffes einen Beinbruch und den Bruch der linken Handwurzel fest. Ceccioni hatte den Fuß gebrochen und Zappi eine Rippe. Alle anderen waren unverletzt aus den Trümmern herausgekrochen.

Sie fanden eins der mitgenommenen Zelte, es war von roter Farbe, dazu ungefähr vierzig Blechdosen mit Nahrungsmitteln und ein Faß Butter. Biagi fand sein Funkgerät und seinen kleinen Sender, den er sich zusätzlich gebastelt hatte. Nun war er die Hoffnung aller auf dem Eis. Er errichtete eine Antenne, prüfte die Funktion des Gerätes und funkte genau fünfeinhalb Stunden nach diesem Unglück die erste SOS-Meldung hinaus. Dreißig Minuten rief er: „Rettet unsere Seelen!"

Tage vergingen. Die Nahrung wurde schon knapp, als sich die Korvettenkapitäne Mariano und Zappi zusammen mit Dr. Malmgreen auf den Weg machten. Sie wollten versuchen, zu Fuß über das Eis das Festland zu erreichen. Sie erhielten den Hauptanteil der noch vorhandenen Lebensmittel, weil man auf der großen Eisscholle mit dem roten Zelt noch immer hoffte, daß Biagis Hilferuf gehört werden und man ihnen zur Hilfe kommen würde.

Jeden Tag funkte Biagi seinen Spruch, daß die „Italia" auf dem Packeis nahe der Foyn-Insel nordostwärts von Spitzbergen niedergegangen sei. Und schließlich wurde dieser Ruf gehört. Nicht etwa von den großen Funkstellen in Kingsbay oder von der „Citta di Milano", die als Hilfsschiff für die Expedition eingesetzt war und in Kingsbay ankerte. Es war ein russischer

Schullehrer in dem Dorfe Wosnessenskoje bei Archangelsk, mit Namen Nikolai Schmidt, der als Funkamateur diesen Hilferuf am späten Abend des 2. Juni 1928 zum ersten Mal empfing und sofort seine Behörde verständigte.

Am 6. Juni — inzwischen waren die Lebensmittel sehr knapp geworden — wußten es auch die Männer im roten Zelt auf der Eisscholle, daß man sie gehört hatte. Und am 8. Juni abends sprang plötzlich Biagi von seinem Platz hinter dem Funkgerät auf und nahm Haltung an.

„Herr General", sagte er, „ich bitte um die Tafel Schokolade!"

Schokolade aber gab es nur, wenn es gelungen war, die Verbindung mit dem Hilfsschiff, der „Citta di Milano", aufzunehmen.

„Sucht das rote Zelt! — Sucht das rote Zelt!" Diese Aufforderung galt den nunmehr aufsteigenden Suchflugzeugen. Und dann meldete die „Citta di Milano" den Männern auf dem Eis: „Drei schwedische Flieger unterwegs. Major Maddalena mit Wasserflugzeug S 55 von Italien abgeflogen. Russischer Eisbrecher ‚Krassin' zur Hilfeleistung ausgelaufen."

Die größte Rettungsaktion aller Zeiten begann. In der Nacht zum 14. Juni hörten die Männer im roten Zelt die ersten Flugzeuge. Doch diese erreichten die Scholle nicht.

Inzwischen waren die Vorräte aufgebraucht bis auf eine winzige Notreserve. Die Männer wurden schwächer und schwächer. Wenn sie nicht bald verpflegt wurden, war es aus mit ihnen.

Schließlich stiegen am 18. Juni 1928 der Pilot Guilbaud und Roald Amundsen mit drei Mann Besatzung in einem riesigen Latham-Wasserflugzeug auf. Amundsen, der mit Nobile verfeindet war, hatte sich selbst überwunden, um zu helfen. Am nächsten Vormittag wurde die Latham das letztemal gesehen. Dann verschwand sie für immer: mit Amundsen und der gesamten Besatzung. Die Rettungsaktion hatte die ersten Opfer gefordert.

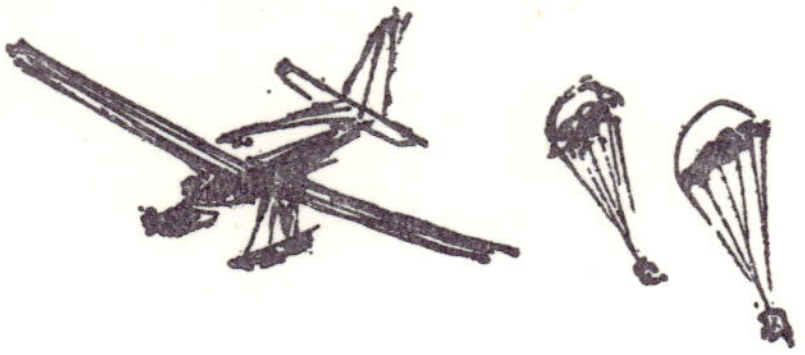

Am Tage vorher, dem 17. Juni, sahen die sechs Überlebenden auf der Eisscholle die Flugzeuge. Es waren die Maschinen der beiden Teams Rijser-Larsen und Lützow-Holm. Aber auch diese beiden Flugzeuge kamen nicht nahe genug heran. Zwei Tage später kreuzte die S 55 unter Major Maddalena in der Nähe. Aber auch er fand das rote Zelt nicht. Inzwischen waren sämtliche Vorräte aufgezehrt. Die nächsten Tage mußten das Ende bringen.

Es war Major Maddalena, der am folgenden Tag, in nur 30 Meter Höhe, über das rote Zelt hinwegbrauste und dann mit den Flügeln wackelte, zum Zeichen, daß er sie gesichtet hatte. Er drehte ein, umrundete die Eisscholle, und dann segelten plötzlich an graugelben Fallschirmen schwere Gegenstände auf die Eisscholle herunter. Eine Reihe von Paketen hatte Maddalena in weiser Voraussicht an Fallschirme anbinden lassen. Nun landeten sie auf dem Eis: zehn Kilo Pemmikan — pulveri-

siertes Rentierfleisch, Fett, Beeren und Kirschen in gepreßter Form —, ein Paket mit Orangen und Zitronen, Kakao, Zwieback, zwei Gewehre, zwei Schlafsäcke und Schuhe.

Diese Lebensmittel retteten den Männern auf der Eisscholle das Leben. Und die Nachricht, die Maddalena ihnen noch abwarf, ließ sie neue Hoffnung schöpfen: „Ich komme wieder!"

Zwei Tage später überflogen zwei kleinere Maschinen die Eisscholle. Sie bekamen mit dem Funker Biagi Kontakt, kreisten über dem roten Zelt und warfen — von Maddalena eingewiesen — eine Fülle von Lebensmitteln an großen seidenen Fallschirmen ab, dazu Zigaretten und Tabak. Damit waren die sechs Männer für weitere zwanzig Tage vor dem Hungertod bewahrt.

Am Abend des 22. Juni erreichten abermals zwei schwedische Flugzeuge das rote Zelt. An kleinen roten Fallschirmen ließen sie dicht neben dem Zelt ein Gummiboot, Medikamente, fünf Akkumulatoren für den Funker und zwei Flaschen Whisky in den Schnee segeln. Zuletzt kam noch ein großes gelbes Stück Papier:

„Sucht ein Landungsfeld, 250 Meter lang. Einer von uns wird landen! Stellt die roten Fallschirme als Markierung auf der linken Seite in Form eines T auf."

Sie hatten bereits knapp 150 Meter weiter eine Scholle gefunden, die bretteben war. Am Morgen des 23. Juni wurden hier die roten Fallschirme als Landebahn-Markierung gesteckt. Einige Stunden darauf tauchten die Maschinen auf. Eine von ihnen, die mit Kufen ausgerüstet war, landete auf der Eisscholle. Nach 31 Tagen konnten die Männer auf dem Eis in ein neues Gesicht blicken. Es war Oberleutnant Lundborg von der schwedischen Luftwaffe. Er meldete sich bei General Nobile und sagte: „Ich bin glücklich, daß ich als erster bei Ihnen landen durfte, Herr General. Ich soll Sie ausfliegen!"

„Ich danke Ihnen, Oberleutnant, aber zuerst wird nach dem von mir aufgestellten Plan Ceccioni ausgeflogen. Er ist sehr krank."

„Das geht nicht, Herr General", erwiderte Lundborg. „Ich habe strenge Weisung, Sie abzuholen. Außerdem ist Ceccioni zu schwer, denn ich habe noch Leutnant Schyberg dabei. Beim nächstenmal werde ich allein kommen und Ceccioni einladen."

Lange ging dieser Streit hin und her, bis sich Ceccioni selber einmischte: „Selbstverständlich fliegen Sie als erster, Herr General", sagte er. „Sie werden draußen zur Leitung der Rettungsmannschaften gebraucht."

Alle übrigen bestürmten nun General Nobile, und dieser gab schließlich dem Drängen nach. Als erster verließ er die Eisscholle und — verspielte damit seinen Ruf. Noch wenige Stunden vorher als Heros im ewigen Eis gefeiert, wurde er nunmehr von der Weltpresse zum Feigling gestempelt, der seinen Platz auf der Scholle und seine Kameraden verlassen hatte.

Bei der Landung des nächsten Tages machte Oberleutnant Lundborg eine Bruchlandung und saß nun selber fest. Er wurde nach 12 Tagen auf der Eisscholle von Leutnant Schyberg mit einer Moth-Sportmaschine herausgeholt. Beide versprachen wiederzukommen, aber sie kamen nicht zurück.

Am 11. Juli nahm Biagi einen Funkspruch auf, daß der russische Eisbrecher „Krassin" Mariano und Zappi geborgen habe. Was mit Dr. Malmgreen geschehen war, stand nicht darin. Dr. Malmgreen wurde von den beiden Korvettenkapitänen im Eis zurückgelassen und ist dort gestorben.

Einen Tag später hörten die Männer auf der Eisscholle eine Schiffssirene brüllen. Es war der Eisbrecher „Krassin", der sich seinen Weg bis zu ihnen erkämpft hatte. Um 20.45 Uhr legte der Eisbrecher leicht an der Scholle an. Professor Samoilowitsch, der Leiter der Rettungsexpedition der Russen, kam auf das Eis. Bewegt umarmte er die Männer der Reihe nach. Daß er sie noch lebend vorfand, war den Fallschirmen zu verdanken, die ihnen die Nahrung hinabgeleitet hatten.

Rettungseinsätze mit Fallschirmen

Der Abwurf von Lebensmitteln und Medikamenten, von Werkzeugen und Maschinenteilen, wie er in der Geschichte des roten Zeltes dargestellt wurde, ist beinahe so alt wie der Fallschirm. Doch erst als man Lastenfallschirme baute, wurde es möglich, auch große Lasten sicher zu landen. Die Geschichte kennt viele solcher Abwürfe, durch die Menschen vor dem sicheren Tode bewahrt blieben.

Eine der dramatischsten Hilfeleistungen durch Fallschirmabwürfe von Lebensmitteln und Medikamenten hielt im Frühjahr 1934 die Welt in Atem. Der sowjetische Eisbrecher „Tscheljuschkin" bahnte sich durch das Eis der nordsibirischen See in Richtung auf die Beringstraße einen Weg, als plötzlich eine gigantische Eisscholle von neun Meter Mächtigkeit den Bug des Schiffes aufriß. Der Eisbrecher sank, und über 100 Schiffbrüchige retteten sich auf eine große Eisscholle. Es war dem Funker gelungen, eine Positionsangabe durchzugeben, die jedoch nur verstümmelt ankam.

Erst 72 Stunden später überflogen Suchmaschinen das Gebiet und sichteten die vielen Menschen, die am Rande der völligen

Erschöpfung standen. Ein paar Stunden darauf flogen mehrere Maschinen diese Stelle an. Sie flogen so niedrig über die Eisscholle hinweg, daß die dort stehenden und wild winkenden Menschen von dem Propellersog zu Boden gerissen wurden.

Dann flogen sie abermals an, und unter ihren Rümpfen lösten sich die Fallschirme, pendelten — im dichten Schneetreiben schemenhaft sichtbar —, auf die Eisscholle herunter und wurden geborgen. Lebensmittel und Medikamente waren darunter. Und nur durch diese Hilfeleistung gelang es, die 100 Schiffbrüchigen zu retten.

Der erste große Einsatz von Lastenfallschirmen in Deutschland fand im strengen Winter 1928/29 statt. In der Nordsee, besonders aber in der Ostsee waren mehrere große Schiffe vom Eis eingeschlossen und mußten versorgt werden. Schon sehr bald häuften sich die Hilferufe über Funk. Weder mit Eisbrechern noch mit Landfahrzeugen über das Eis konnten diese Schiffe erreicht werden.

In dieser Situation erbot sich der Fallschirmpionier Richard Kohnke, diese Schiffe aus der Luft, durch Fallschirmabwurf, mit allem Notwendigen zu versorgen. Zwei Stunden nach Antragstellung erhielt er von der Reichsregierung die Genehmigung zum Flug und zum Abwurf von Fallschirmen. Die Lufthansa stellte sofort eine Junkers G 24 zur Verfügung, die von Rudi Franke geflogen wurde.

Richard Kohnke stieg also im Auftrage des Deutschen Seenotrettungsdienstes auf. Er dirigierte die Maschine im Tiefflug in die richtige Abwurfposition und warf die Fallschirme ab. Sie senkten sich langsam direkt auf die Schiffe oder dicht daneben auf das Eis nieder. Es waren Lastenfallschirme der Firmen Schmittner in München und Kohnke in Berlin.

Als schließlich an Bord der „Hella Bruuns" eine Medikamentensendung für einen schweren Krankheitsfall benötigt wurde, gelang es Kohnke, sie an einem kleinen Fallschirm direkt in das Fangnetz des Schiffes hinabzulassen.

Haargenau im Zielkreuz gelandet!

Hier entsteht ein Zehn-Mann-Stern

Hochspannung bei der Landung: die Scheibe!

Richard Kohnke war es auch, der beinahe vierzig Jahre später in einer sehr dringlichen Situation mit einem von ihm entwickelten Lastenfallschirm Hilfe leisten konnte. Nachdem er bereits neun Rettungsfallschirme und vier Springerschirme entwickelt hatte, kam ihm 1966 die Idee, den Werkstoff „Perlon-Vlies" zum Bau von „Einwegfallschirmen" zu benutzen. Binnen kurzer Zeit stellte er Geräte her, die Größen zwischen 42 und 292 Quadratmeter Flächeninhalt hatten. Diese „Einwegschirme" konnten mit Lasten von 50 bis 1 000 Kilogramm abgesetzt werden. Sie bestanden sowohl die theoretische als auch die praktische Erprobung vor den zuständigen Prüfstellen.

Das Internationale Rote Kreuz in Genf wurde auf diese Fallschirme aufmerksam. Man benötigte Schirme, die als Einwegschirme konstruiert waren, um in Biafra, wo der Hunger täglich Hunderte hinwegraffte, Nahrungsmittel abwerfen zu können, nachdem die Landung von Flugzeugen nicht mehr möglich war.

Das IRK erwarb also die Kohnke-Schirme und ließ über eine errichtete Luftbrücke Nahrungsmittel nach Biafra fliegen und an den vereinbarten Punkten mit diesen Fallschirmen absetzen. Durch eine Aktion, die sich über Jahre hinzog, konnte vielen Menschen in Biafra das Leben gerettet werden. Die Welt hatte ein Zeichen gesetzt, und als Symbol wählte man einen Fallschirm.

In den Vereinigten Staaten wurde bereits in den frühen dreißiger Jahren vom amerikanischen Roten Kreuz eine Unfall- und Katastrophengruppe aufgestellt, die mit einem Flugzeug und mit Fallschirmen ausgerüstet war. Ärzte, Medikamente und Hilfsgeräte, Nahrungsmittel und sogar Wasser konnte damit in Katastrophengebieten abgesetzt werden.

Im Winter völlig von der Außenwelt abgeschnittene Inseln auf allen sieben Meeren, Außenposten der Zivilisation und Wetterbeobachtungsstationen — so zum Beispiel die Insel Jan

Mayen im Nordmeer — waren das Ziel von Versorgungsabwürfen und Absprüngen von Ärzten und Helfern.

In den ehemaligen britischen und niederländischen Kolonien wurde die Versorgung einsam gelegener Farmen und Faktoreien durch Fallschirmabwürfe eine Selbstverständlichkeit.

Belgische Fallschirmspringer in Kisangani

Eine Fallschirm-Rettungsaktion ganz besonderer Art hielt im Sommer 1964 die Welt in Atem. Schauplatz dieses Einsatzes war die Demokratische Republik Kongo. Als im Juni 1964 die UNO-Kontingente abgezogen worden waren, übernahm Moise Tschombé das Amt des Ministerpräsidenten in der bereits 1960 unabhängig gewordenen Republik.

Gegen ihn rebellierten die Anhänger von Patrice Lumumba, der der erste Ministerpräsident dieses gigantischen Reiches von 2345000 Quadratkilometer gewesen war. Zwar lebte Lumumba nicht mehr — er war auf heute noch ungeklärte Weise ums Leben gekommen —, aber seine Anhänger waren noch aktiv und wollten die Regierungsgewalt an sich reißen.

In der Ostprovinz brach die Rebellion aus. In der Stadt Kisangani — früher Stanleyville —, wo sich viele weiße Menschen, darunter auch Frauen und Kinder, aufhielten, nahmen die Aufständischen über 100 Weiße fest, pferchten sie als Geiseln in zwei der Hotels und hielten sie unter menschenunwürdigen Umständen dort fest. Jeden Augenblick konnte irgendeiner der Wachhabenden sie in einem Blutrausch umbringen lassen. Ihr Leben hing an einem seidenen Faden. Gerüchte von Massakern und Foltern sickerten durch.

Schließlich entschloß sich die belgische militärische Führung, Fallschirmjäger dorthin zu entsenden und diese Geiseln im Handstreich zu befreien. Diese Aktion mußte, wenn sie Erfolg haben sollte, mit der größtmöglichen Geheimhaltung und in einem blitzschnellen Überraschungsschlag durchgeführt werden.

So stiegen eines Nachts belgische Fallschirmjäger in Stärke eines Bataillons auf, flogen die Stadt Kisangani an und wurden im ersten Licht des neuen Morgens über dem Flugplatz abgesetzt.

Stoßtrupps stürmten, ohne sich von Kugeln abhalten zu lassen, zu den Hotels durch und überwältigten die Wachen im Handstreich.

Zwar kam es zu einigen Schießereien, doch den Geiseln geschah nichts. Sie wurden befreit und entgingen einem ungewissen Schicksal. Wieder einmal hatte der Fallschirm sich als Rettungsgerät — wenn auch diesmal in ganz besonderer Weise — bewährt.

Die Wettersonden, die in der Luftfahrt benutzt werden, um die Werte in höheren Luftschichten zu messen und über Funk zu den Bodenstationen durchzugeben, werden mit Fallschirmen abgesetzt. Während sie langsam durch die verschiedenen Schichten sinken, funken sie immer neue wichtige Daten, die auf dem Boden exakt ausgewertet werden. Die Wettervorhersage kann auf diese Daten nicht verzichten. Ebenso sind sie für den Flugverkehr von Bedeutung.

Von hier bis zur Verwendung des Fallschirms in der übrigen Luft- und Raumfahrt ist es nur ein Schritt. Zuerst wurden Bremsfallschirme für Flugzeuge mit hoher Landegeschwindigkeit entwickelt, die es diesen Maschinen ermöglichen, auf jeder Piste — und selbst auf dem Deck eines Flugzeugträgers — zu landen und auszurollen.

Fallschirme für die Weltraumfahrt

Als man in der Raumfahrt die Frage des Rückkehrproblems behandelte, bot sich sofort der Fallschirm als Brems- und Landemittel an.

Es war ein großer Augenblick in der damals eben beginnenden Geschichte der Raumfahrt, als der Sowjetunion mit dem

„Raumschiff 2" am 19. August 1960 zum ersten Mal die Rückführung von Lebewesen aus einer Erdumlaufbahn gelang. In einem gesonderten Kabinenteil dieses Raumflugkörpers — der ein Vorläufer der späteren „Wostok"-Raumfahrzeuge war — befanden sich die Hündinnen Bjelka und Strjelka und einige Kleintiere sowie pflanzliche Organismen.

Diese Tierkabine wurde in acht Kilometer Höhe aus der großen Kabine hinauskatapultiert und landete sicher an einem kleineren Fallschirm, während „Raumschiff 2" an einem großen Fallschirm niederging.

Diesen Experimenten vorausgegangen waren Fallschirmabsprünge von zwölf Hunden, die mit Raketen 85 Kilometer hoch geschossen wurden und aus dieser niemals vorher von Lebewesen erreichten Höhe im Fallschirm „absprangen".

Der Wolfshund Albina — Weißling — war der erste, der senkrecht in der Spitze einer Rakete in den Himmel geschossen wurde. Er saß in einer offenen Kapsel ohne Druckausgleich, steckte in einem Spezialanzug und hatte eine Sauerstoffmaske umgehängt. In dem Schleudersitz, in dem er in über einstündigem Flug am Fallschirm zur Erde zurückpendelte, befand sich die Sauerstoffzufuhr für ihn.

Erst nachdem sämtliche zwölf Hunde den Raketentest überstanden hatten, begann ihr Raumflug.

Die Rückführung der Hunde Ptscholka und Muschka im „Raumschiff 3" mißlang. Die Kabine geriet in eine zu steile Abstiegsbahn und verglühte. Die Tierkabinen in den beiden folgenden Raumschiffen aber, mit Tschernuschka und Swosdotschka an Bord, landeten sicher und ergaben wichtige Daten für den Einsatz des ersten bemannten Raumflugkörpers.

Als schließlich „Wostok 1" mit dem Piloten Juri Alexejewitsch Gagarin am 12. April 1961 die erste Erdumkreisung ausführte und damit die Flüge bemannter Raumflugkörper einleitete, waren ebenfalls Fallschirme als wichtigste Requisiten mit dabei. Und zwar ein Fallschirm, der die große Kugelkabine zur Erde zurücktrug, und ein zweiter, der den Schleudersitz trug, mit dem sich der Kosmonaut in der letzten Phase des Abstiegs auch noch aus der Kugelkabine hinausschoß. Dies alles spielte sich folgendermaßen ab:

Während Juri Gagarin sich nach seinem ersten Weltraumflug mit der im Fallschirm hängenden Kugelraumkapsel der Erde zubewegte, öffnete sich in 7000 Meter Höhe automatisch die Ausstiegsluke. Der Kosmonaut zählte bis zwei, dann brüllte die Explosion der Schubrakete auf und katapultierte ihn mit seinem Sitz hinaus. Beinahe 3000 Meter fiel Gagarin mit diesem Sitz in die Tiefe, bis sich dieser in 4000 Meter Höhe von ihm löste und zur Erde hinunterstürzte. Gagarin selbst aber hing im Fallschirm und näherte sich mit nur noch sechs Meter in der Sekunde der Erde.

An seinem Fallschirm hingen außerdem noch an einer 15 Meter langen Leine der Notproviant und ein Schlauchboot. Dieses Boot füllte sich im Falle einer Landung auf dem Wasser automatisch mit Preßluft.

In der gleichen Höhe von 4000 Meter trat auch das Landesystem für die 800 Kilogramm schwere Kugelkabine in Aktion. Zunächst öffnete sich der Deckel der Fallschirmluke und gab den Bremsfallschirm frei. Nach weiteren 1500 Meter Fall öffnete dieser den Hauptfallschirm, der auch die Kugelkabine sicher hinunterbrachte.

Während des Unternehmens „Wostok 6", bei dem Walentina Wladimirowna Tereschkowa 1963 in 71 Stunden achtundvierzigmal um die Erde flog, mußte die Pilotin bei geschlossener Ausstiegsluke mit der gesamten Kapsel landen. Erst nach dem sicheren Aufsetzen auf dem Boden öffnete die erste Frau im Weltraum die Luke und kletterte unversehrt hinaus.

Dabei war diese schlanke, dunkelhaarige Industriearbeiterin aus Jaroslawl an der Wolga durchaus imstande, mit dem Fallschirm abzuspringen, denn sie war eine bekannte Fallschirmspringerin gewesen, ehe sie zum weiblichen Kosmonautenteam kam. Einmal war sie bei einem ihrer Übungssprünge sogar in die Wolga gesprungen und wäre um ein Haar ertrunken. Doch sie konnte sich mit eigener Kraft aus den Gurten lösen und ans Ufer schwimmen.

Es ist im Westen weitgehend unbekannt, daß die sowjetischen Kosmonauten bereits in der Luft aus ihren Raumkapseln aussteigen mußten.

Auch bei dem Raumfahrzeug „Woschod", dem Nachfolger der „Wostok"-Raumkörper, in dem erstmals drei Raumfahrer an einem Raumflug teilnahmen, wirkten Fallschirme mit den Bremstriebwerken zusammen. „Woschod 1" setzte völlig weich auf dem Boden auf. Die Raumfahrer waren das erstemal in der Raumkabine geblieben.

Als der Pionieroberst Wladimir Komarow am 23. 4. 1967 mit „Sojus 1" die Erde umkreiste, hatten die Russen einen neuen großen Erfolg errungen. Doch dieser Erfolg wurde von einem tragischen Ausgang überschattet.

Denn als in rund 7000 Meter Höhe der Hauptfallschirm sich öffnen sollte, verhedderten sich die Fangleinen. „Sojus 1" stürzte mit hoher Geschwindigkeit ab und zerschellte am Boden. Oberst Komarow war tot. Seine letzten Worte lauteten: „Helft mir doch!" Aber niemand konnte ihm helfen.

Während wir von den Landungen sowjetischer Raumfahrer mit Fallschirmen wenig wissen, sind uns die Landungen amerikanischer Raumfahrtkörper genau bekannt, und spätestens seit der ersten Mondlandung und Bergung der zurückkehrenden Kapsel im Pazifik kennen wir den großartigen Anblick, wenn die Kapsel, an ihren Fallschirmen hängend, vom Himmel herabsinkt.

Die Gemini-Raumflugkörper waren ebenfalls mit Fallschirm-Rettungssystemen versehen. Dieses Bergungssystem befand sich in dem turmartigen Aufsatz der Kapsel. Mit ihm konnten sich die Astronauten auch beim Start bis zu einer Höhe von 20 Kilometer mit dem Schleudersitz retten.

In der Weltraumfahrt sind bis heute Fallschirme als Bergungs- und Landegeräte unentbehrlich.

Flugzeugentführung!

Der Start des Fluges Nummer 509 der Eastern Airlines am 5. Mai 1972 war gut verlaufen. Die ersten Zwischenstationen auf dem langen Weg von Allentown im Bundesstaat Pennsylvania nach Washington waren geschafft. Nun sollte die letzte Etappe zurückgelegt werden.

Die Passagiere, die sich an Bord der Boeing 727 befanden, räkelten sich zurecht, als die Leuchtschrift verkündete, daß sie sich losschnallen durften. Einige rauchten schon wieder, denn die Leuchtschrift „No smoking" war bereits erloschen. Die beiden hübschen Stewardessen schoben ihren Getränkewagen durch den Mittelgang und boten Fruchtsäfte, Whisky und Kaffee oder Tee an.

Der Mann, der sich als Donald E. Barkley in die Passagierliste hatte eintragen lassen, tastete verstohlen nach der Hüfte. Der beruhigende Druck seiner 38er Smith and Wesson zeigte ihm, daß nichts schiefgehen konnte. Er war mittelgroß und kräftig. Seine Kleidung war einfach wie die eines Sportlers.

Plötzlich stand Barkley auf und ging nach vorn. Als er den Zwischenteil mit den Sitzen der Stewardessen und der Pantry erreichte, wurde er von Glady Buck, dem hübschesten Mädchen der Crew, angehalten.

„Hier können Sie nicht durch, Sir!" sagte sie, als sich der Mann der Cockpit näherte.

Doch noch ehe sie den Zivilisten daran hindern konnte, hatte der bereits die Tür aufgestoßen und befand sich nun in der Pilotenkanzel. Er lehnte sich gegen die Tür.

„Was wollen Sie denn hier? Ich muß ..."

Der Copilot verstummte, als er in die Mündung der Waffe blickte, die Barkley auf einmal in der Faust hielt.

„Setzen Sie sofort einen Spruch an den Tower in Washington ab: man soll 500 000 Dollar und einen Fallschirm der Marke Para Commander bereithalten. Nach der Landung soll ein einzelner Mann, ich wiederhole: ein einzelner, das Geld und den Fallschirm zur Maschine bringen, sonst werde ich hier ein kleines Blutbad veranstalten, klar?"

Der Pilot drehte sich um. Er sah eiserne Entschlossenheit im Blick dieses Mannes und in seiner Haltung. Als Barkley jetzt seine Windjacke öffnete, konnten die beiden Männer eine der kleinen japanischen Maschinenpistolen sehen, die an seiner Hüfte hing. Wenn er damit das Feuer eröffnete, war binnen weniger Sekunden das Leben in der Maschine ausgelöscht. Und das waren 48 Passagiere, vier Stewardessen, der Chefsteward und die beiden Piloten.

„Okay, okay, mache ich!" erwiderte der Pilot sofort und schaltete auf Senden. Er sagte seinen Spruch durch, während der Mann, der sich Donald A. Barkley nannte, scheinbar gelassen an der Tür lehnte und mit seiner Pistole spielte.

Sie warteten auf die Antwort. Als sie durchgesprochen wurde, atmeten die Männer in der Cockpit erleichtert auf. Washington würde das Geld und den Fallschirm bereithalten und von einem einzelnen Mann zur Maschine bringen lassen.

„Geben Sie jetzt durch, daß wir auf Landebahn 29 runterkommen werden", befahl der Luftpirat. Die Blicke der beiden Piloten trafen sich. Der weiß Bescheid! schienen sie zu sagen. Und das stimmte. Denn Donald A. Barkley, ehemaliger Vietnamkämpfer und Paratrooper, hatte diesen Coup bis in das kleinste Detail generalstabsmäßig vorbereitet. Er wußte, wie man so etwas machte.

Die Boeing 727 näherte sich Washington und setzte bereits zum Landeanflug an. In einer leichten Kurve fliegend, verlor sie an Höhe, flitzte über die ersten Häuser am Stadtrand hinweg.

„Nicht tiefer heruntergehen", befahl der Luftpirat. „Hier bleiben Sie und drehen Wartekurven, bis der Kies und der Fallschirm bereitliegen."

Er ging in den Passagierraum. Die beiden Piloten blickten sich fragend an. Sollten sie es jetzt wagen? John, der eine von ihnen, schüttelte den Kopf. Es stand zuviel auf dem Spiel.

Im Passagierraum, wo sich eben die Fluggäste angeschnallt hatten, blieb Barkley im Gang stehen.

„Alles mal herhören!" brüllte er. „Sie bleiben auch nach der Landung hübsch angeschnallt, verstanden! Wer aufsteht oder eine verdächtige Bewegung macht, dem puste ich ein Loch in den Schädel!"

„Kidnapping!" schrie eine alte Dame.

„Stimmt auffallend, Madam!" sagte der Luftpirat spöttisch. „Und ich würde Ihnen allen raten, verdammt vorsichtig zu sein. Mit einem Loch im Kopf lebt sich nicht gut."

Helena Baxavranos, die dunkeläugige Stewardeß, spürte, wie ihr Herz plötzlich ganz oben im Halse schlug. Dann kam eine glühendrote Sonne von irgendwoher aus dem All, wurde größer und größer, kam direkt auf sie zu und platzte mitten in ihrem Schädel auseinander.

„Sie ist ohnmächtig geworden. Dürfen wir uns um sie kümmern?" fragte ihre Kollegin Suzie Chung den Mann mit der Pistole. Der nickte ihr zu und betrachtete amüsiert die Bemühungen der beiden Stewardessen, die ihre Kollegin nach vorn in den ihr zugewiesenen Sitz bugsierten. Dann erst ging Barkley wieder ins Cockpit.

„Was ist mit dem Geld?" fragte er.

„Liegt mit dem Fallschirm bereit, Mister", erwiderte der Copilot.

„Also dann runter mit dem Vogel!"

Die Maschine setzte zur Landung an, ging auf Landebahn 29 nieder und rollte aus.

„Hier stehenbleiben!" rief der Pirat, als der Pilot sie drehen und in Richtung zu den Wartesteigen rollen lassen wollte.

„Aber dann blockieren wir doch den Verkehr", rief der Copilot aufgebracht.

„Das werden die auf dem Tower schon früh genug merken", erwiderte gelassen der Gangster. Er wandte sich wieder zur Tür: „Und keinen Unsinn, Boys! Tote Helden werden rasch vergessen!"

Er ging zur Tür, entriegelte sie und stieß sie einen Spaltbreit auf. Er sah, wie aus dem Kofferraum eines Wagens, der soeben dreißig Meter neben der Maschine zum Stehen kam, ein großes Paket herausgezerrt und vom Fahrer zur Maschine gebracht wurde.

„Lassen Sie die Gangway kommen und bringen Sie das Paket herauf!" rief der Pirat dem Mann zu. Der Mann winkte die in einiger Entfernung wartende fahrbare Gangway heran, holte auch noch den Fallschirm und brachte beides nacheinander nach oben, wo es der Luftpirat in Empfang nahm.

„Jetzt dürfen die Passagiere nacheinander von Bord gehen. Die kranke Stewardeß selbstverständlich auch", sagte Barkley, als die Übergabe vollzogen war. „Aber keine dumme Bewegung, sonst knallt es!"

Die Passagiere gingen von Bord. Alles geschah diszipliniert, denn die Maschinenpistole in den Fäusten des Verbrechers führte eine eindeutige Sprache.

In der Zwischenzeit war der Versorgungswagen herangekommen. Die Boeing 727 wurde neu aufgetankt. Dann befahl der Luftpirat, zu starten. Als sie auf Höhe gekommen waren, ließ er Kurs auf Habana auf Cuba nehmen.

Erst jetzt konnte er sich um das Lösegeld kümmern. Als er das riesige Paket noch einmal anhob, schüttelte er den Kopf. Er überlegte lange. Dann war sein Entschluß gefaßt.

„Zurück nach Washington!" befahl er den verblüfften Piloten. „Geben Sie durch, daß ich das Lösegeld nur in Fünfhundertern und Tausendern haben will, klar?"

Sie gaben diesen Befehl des Luftpiraten durch, und während die Maschine in dem obersten Warteraum unentwegt über Washington kreiste, versuchte man auf dem Boden, die nötigen großen Geldscheine zusammen zu bekommen, was nicht so leicht war; denn auch die großen Banken waren nicht derart mit Tausendern eingedeckt. Selbst aus Miami mußten 1000-Dollar-Noten nach Washington geflogen werden.

Inzwischen ging der Boeing in der Luft der Sprit wieder aus. Zu allem Überfluß stellte man auch noch einen Defekt in der Hydraulik fest, der unbedingt behoben werden mußte.

„Geben Sie durch, daß mir eine gleiche Ersatzmaschine gestellt wird."

Die gekidnappte Maschine ging abermals auf Landebahn 29 hinunter, an deren Ende die Ersatz-Boeing 727 bereits wartete. Mit schußbereiter Waffe brachte der Luftpirat die Besatzung und die Stewardessen zu dieser Maschine hinüber. Dann kam das eilig zusammengeraffte Geld. Es waren — wie der Gangster dem Boten sogar auf der Quittung bestätigte — 303 000 Dollar in großen Scheinen.

Der zweite Start klappte vorzüglich. Die Maschine nahm direkten Kurs auf Habana. Doch 60 Kilometer vor der Küste von Kuba ließ der Luftpirat auf 225 Grad drehen. Der Pilot mußte den Kurs auf Santiago de Guatemala, die Hauptstadt von Guatemala, richten. Aber auch dorthin wollte der Luftpirat nicht, denn zuletzt ließ er den Kurs neuerlich umlegen und den Atitlansee, rund 80 Kilometer westsüdwestlich der guatemaltekischen Hauptstadt, ansteuern. Als sie diesen See überflogen, ließ er die Maschine auf 2 500 Meter heruntergehen und bei der Bahnlinie Escuintla—Mazatenango nach Westen eindrehen.

In diesem Augenblick machte er sich zum Absprung fertig. Er schnallte den Para Commander auf den Rücken, band das Paket mit dem Geld im Wert von einer Million Mark mit einer Nylonschnur an seinem Fallschirm-Hauptgurt fest und öffnete die Notausstiegsluke.

„Also, bye bye, Ladies and Gentlemen!" sagte er noch grinsend, bevor er in einem weiten Satz aus der Maschine hechtete und, schneller und schneller werdend, im prächtigen Flash der Erde und dem dichten Urwald entgegenflog.

Die Stewardessen und der Chefsteward waren ans Fenster geeilt. Sie sahen, wie der Luftpirat einem Vogel gleich durch die Luft segelte.

„Der Fallschirm öffnet sich nicht", rief eines der Mädchen entsetzt.

Der Chefsteward grinste nur. „Der zieht erst, wenn er seinen Landeplatz unter sich hat", entgegnete er.

Und wirklich! Der Para Commander, einer der neueren steuerbaren Fallschirme für Sportspringer, öffnete sich ungefähr 400 Meter über dem Urwald, und kurze Zeit später war der Springer in das dichte Grün des Dschungels eingetaucht.

Zum erstenmal in der Geschichte des Fallschirms wurde ein Schirm zu einem Luftpiratenakt benutzt, und es war allen, die den Springer beobachteten, klar, daß es sich hier um einen guten Paratrooper gehandelt hatte, der seinen Schirm auch handhaben konnte.

Aber was mochte mit ihm geschehen sein? Schließlich war er im dichtesten Dschungel Guatemalas niedergegangen. Es schien gewiß, daß er irgendwo im Wald umkommen würde, ohne Hilfe. Aber war er wirklich ohne Hilfe? Sollte er — der ja alle Details kaltblütig geplant hatte — nicht auch hier vorgebaut haben?

Er hatte! Denn sechs Wochen später, am 12. Juni, tauchte ein Mann in einem Hotel in Esquintla im Süden Guatemalas auf, der sich unter dem Namen Donald E. West in das Gästebuch eintrug. Dieser Mann wurde von einigen in diesem Hotel wohnenden amerikanischen Touristen als der Luftpirat erkannt, der die Boeing 727 entführt hatte und mit dem Fallschirm abgesprungen war.

Als die Touristen schließlich ihre Wahrnehmungen meldeten, war der Mann mit einem von einem Komplizen in Guatemala City gemieteten Wagen verschwunden.

Doch er kam nicht weit. Wenige Tage später wurde er festgenommen. Das Geld aber war und blieb verschwunden. Fest steht, daß West es an einem sicheren Platz mitten im guatemaltekischen Dschungel vergraben hat. Was mit dem Luftpiraten geschieht, ob er ausgeliefert wird oder nicht, ist noch nicht entschieden.

Inzwischen sind einige weitere Fallschirm-Luftpiraten ans Werk gegangen. Einer der letzten ist beim Absprung mit Sicherheit tödlich verunglückt, als er in den Rückstrahl einer der Düsen der von ihm gekidnapten Boeing 727 geriet. Das Geld, das er erbeutet hatte — es waren 500 000 Dollar — wurde jedenfalls auf freiem Felde nahe der Absprungstelle gefunden.

Bei den Anya-Nya-Rebellen

„Anya Nya" bedeutet Schlangengift in der Sprache einer Menschengruppe im Südsudan, wo seit beinahe 16 Jahren ein blutiger, von der Welt kaum beachteter Bürgerkrieg tobt. Dort herrscht seit der Unabhängigkeit des Landes im Jahre 1956 ein geheimer erbitterter Kampf.

Es ging und geht den 5 Millionen Bewohnern des südlichen Sudans darum, sich vom islamischen Norden zu lösen. Der neue südsudanische Staat, der von Exilpolitikern 1966 gegründet wurde und den Namen Azania trägt, wird von Staatspräsident Numeiri mit allen Mitteln bekämpft. Wie das Militär gegen diese Südsudanesen vorging, das spottet jeder Beschreibung.

Unter Joseph Lagu, einem ehemaligen Offizier der sudanesischen Armee, hatte sich eine Guerillagruppe gebildet, die sich Anya Nya — Schlangengift — nannte. Lagu wurde sehr bald von den drei Südprovinzen anerkannt, und in seinem Hauptlager Owiny-ki-bul versammelten sich Männer, welche die Provinzen Bahr el Ghazal, Äquatoria und Oberer Nil zur Republik Azania vereinen und selbständig machen wollten.

Von diesem Lager aus führten Stoßtrupps lange Jahre hindurch einen verzweifelten Guerillakampf. Sie stießen weit nach Norden vor, kämpften gegen Ägypter und nordsudanesisches Militär, die mit Geschützen, Panzern und Napalm angriffen.

In den Strohhütten und Zelten des Hauptlagers Owiny-ki-bul brach im Spätherbst 1969 eine Pocken-Epidemie aus, die sich bei den 600 Anya-Nya-Kämpfern verheerend auswirken mußte, wenn sie nicht sofort bekämpft wurde.

Als Lagu davon erfuhr, ließ er gleich den Kriegsrat zusammenrufen. Es war allen klar, daß sofort ein Arzt her mußte und daß man Impfstoff benötigte.

Einer der Männer wußte Rat. Es war Joseph Akwon, der 34jährige Guerillachef der Provinz Oberer Nil. Er war drei Monate lang durch den Busch Äquatorias und des Oberen Nil gereist, um sich ein Bild über den in der ganzen Welt totgeschwiegenen Kampf zu machen. Dabei hatte er auch den Mann kennengelernt, der ihnen Hilfe bringen konnte. Es war der in Kapoeta lebende Arzt und Fallschirmspringer Ezrail Gabal.

Noch am Abend dieses Tages erhielt Dr. Gabal den Besuch eines seiner Freunde. Man trug ihm die Sache vor und erklärte, daß man die Maschine sicher über den Absprungplatz mitten im Dschungel bringen könne, wo genau zwei Stunden nach Mitternacht die Landescheinwerfer für fünf Minuten eingeschaltet werden würden.

Gabal, Fallschirmspringer und Arzt, überlegte nicht lange. Er wußte, wie rasch sich diese Epidemie aus dem Anya-Nya-Lager hinaus in das Land verbreiten und alles verheeren konnte. Er mußte einspringen, denn kein anderer würde helfen wollen.

Er packte alles, was er an Serum verfügbar hatte, und sämtliche anderen Medikamente in eine große Tasche und füllte noch einen kleineren Rucksack damit. Sie erreichten den Startplatz der Rebellenmaschine 18 Kilometer südlich der Stadt im Dschungel und stiegen sofort auf.

Mitternacht war vorüber. Es wurde gerade zwei Uhr morgens, als sie unter sich im dichten Dschungel die Lichtbalken der Scheinwerfer erkennen konnten.

„Geschafft!" rief der Pilot und steuerte die Maschine in einer großen Kehre tiefer hinunter und genau in die Absprungposition. „Ich fliege von hier aus weiter zum Ausweichplatz bei Juba, dort kann aufgetankt werden, Doktor!"

Aus vierhundert Meter Höhe sprang Ezrail Gabal. Der Schirm blähte sich sofort auf, als er die Reißleine zog. Direkt auf die Baumkronen kam er herunter. Er begann zu slippen und drehte den Schirm so, daß er schließlich mitten auf der gerodeten Lichtung landete.

Gestalten rannten auf ihn zu, halfen ihm den Fallschirm bergen und die Tasche tragen. Sie führten ihn auf einen Mann zu, der in Khaki gekleidet war. Es war Leutnant Bushu Garuma, der den Doktor ins Lager bringen sollte.

Joseph Lagu empfing den Arzt. Der mittelgroße, feingliedrige und schlanke Offizier, der schon als zukünftiger Staatschef von Azania galt, erklärte ihm die Situation.

Als die Sonne glutrot über den Horizont stieg, machte sich Dr. Gabal an die Arbeit. Er schaffte es, die Pockenkranken streng isoliert zu halten. Nach drei Wochen pausenloser Arbeit mit seinen vier Helfern hatte es Dr. Ezrail Gabal geschafft. Die Pocken-Epidemie war abgewendet worden.

Das Fallschirm-Sportspringen

Wie wird man Fallschirmspringer?

Der deutsche Fallschirmsport ist knapp 18 Jahre alt. Etwas älter ist dieser Sport in der übrigen Welt, denn unmittelbar nach dem Zweiten Weltkrieg begannen überall einzelne mit dem sportlichen Fallschirmspringen. Sehr bald wurden die ersten Vereine ins Leben gerufen.

Die Sowjetunion, Frankreich, die Tschechoslowakei und die Vereinigten Staaten von Amerika haben diesem Sport binnen weniger Jahre zu Anerkennung und hohem Ansehen verholfen. Nun konnte das Fallschirmspringen aus der Sphäre der Schaustellungen durch Luftakrobaten in den Bereich des Sports übergeführt werden.

Daß dies gelang, ist den vielen Einzelpersonen in aller Welt zu verdanken, die den Fallschirm tatsächlich aus der Nachbarschaft des Akrobaten-Requisits lösen konnten. Auch der Weg vom seriösen „Rettungsring der Luft" zum Sportgerät war noch weit. Aber bereits fünf Jahre nach Gründung der ersten Vereine wurde das Fallschirm-Sportspringen als neue Luftsportart von der Fédération Aéronautique International — der FAI — anerkannt und bestätigt.

Die ersten Wettkämpfe auf nationaler und internationaler Ebene fanden statt, doch ohne die Bundesrepublik Deutschland, die ja aufgrund der Potsdamer Beschlüsse des Jahres 1945 von der Luftfahrt ausgeschlossen worden war.

Am 28. September 1952 wurde das Fallschirmspringen jedoch anläßlich einer Präsidialsitzung des Deutschen Aero-Club e. V. in Darmstadt durch Bildung einer Fallschirmsport-Kommission vorbereitet. Am 7. Juni 1953 wurde es als fünfte Sportart in den Deutschen Aero-Club aufgenommen. Erster Vorsitzender der Fallschirmsport-Kommission wurde der Fallschirmpionier Richard Kohnke. Zum zweiten Vorsitzenden wählte man Peter Paul Erkrath, der in den späten zwanziger und den frühen dreißiger Jahren als Fallschirmspringer oft von sich reden gemacht hatte. Die drei Landesverbände wurden von den Fallschirmspringern Georg Resch (Bayern), Hans Meisterknecht (Niedersachsen) und Walter von Livonius (Nordrhein-Westfalen) geführt.

Das Fallschirmspringen konnte zu dieser Zeit jedoch noch nicht praktisch ausgeübt werden. Aber alle Vorbereitungsarbeiten wurden getroffen. Fünf Ortsvereine wurden gegründet. Sie konnten sich zunächst nur an Rettungsfallschirmen betätigen, die von den Segelfliegern benutzt wurden.

Am 5. Mai 1955 wurde der BRD die Lufthoheit zurückgegeben. Damit waren alle Fesseln gefallen, und noch am gleichen Tage fanden in München-Riem die ersten Fallschirmabsprünge in der BRD statt. Am 21. 5. 1955 wurden die ersten Fallschirmprüfungen, ebenfalls in München-Riem, abgenommen. Damit war die BRD in den Kreis der Fallschirmsport-Nationen aufgenommen.

Wie aber wird man Fallschirmspringer?

Zunächst ist es erforderlich, eine geeignete Ausrüstung zu beschaffen. Zur persönlichen Ausrüstung eines Springers gehören die Springerstiefel, eine Sprungkombination, ein Springerhelm, ein Höhenmesser, eine Stoppuhr und ein Paar Handschuhe. Dafür gibt es einige Ausstattungshäuser für Luftfahrtbedarf.

Nun kommt der zweite Teil der Vorbereitung. Um einen Fallschirm benutzen zu können, muß man einen „Führerschein" erwerben, der bei den Fallschirmspringern „Ausweis für Fallschirmspringer" heißt. Jeder Fallschirmspringer ist nämlich ein „Luftfahrer".

Der „Ausweis für Fallschirmspringer" kann erst nach Vollendung des 17. Lebensjahres erworben werden. Allerdings können Jungen und Mädchen bereits mit Vollendung des 16. Lebensjahres mit der Ausbildung beginnen. Eine schriftliche Einverständniserklärung der Eltern ist bis zur Vollendung des 21. Lebensjahres beizubringen.

Die wichtigste Voraussetzung für den Ausbildungsbeginn ist jedoch das „Fliegerärztliche Untersuchungszeugnis". Ein amtlich bestellter Fliegerarzt muß dieses Untersuchungszeugnis ausstellen und darin bescheinigen, daß der Bewerber voll sprungtauglich ist. Damit soll eine Gefährdung ungeeigneter Bewerber von vornherein ausgeschaltet werden.

Die Ausbildung beginnt mit der Bodenausbildung. Sie beschäftigt sich mit der grauen Theorie der gesamten Materie und schließt auch den Papier- und Vorschriftenkram ein. Es sind so gewichtige Dinge darunter wie die Luft- und Flugsicherungsvorschriften und das Luftrecht. Meteorologie, Ausrüstungsfragen, die Technik, die Theorie des freien Falls, die Fallschirmkunde, Erste Hilfe kommen hinzu.

Der zweite Teil der Bodenausbildung gehört dem Fallschirmpacken — denn jeder Springer muß seinen Fallschirm selbst packen —, den Landefallübungen und anderen praktischen Übungen.

Bereits auf dem Boden beginnt dann die „Sprungausbildung"; denn die Erklärungen des Lehrers über die Art des Anfluges und darüber, wie sich der Springer vor und nach dem Absprung zu verhalten hat, sind wichtige Voraussetzungen zum Gelingen eines Absprungs. Der Springer muß wissen, wie er seinen Fallschirm zu steuern hat.

Der erste Absprung ist stets ein „automatischer Absprung". Das bedeutet, daß das Öffnen des Schirmes automatisch durch eine Aufziehleine erfolgt, die im Flugzeug befestigt ist.

Die Ausbildung auf dem Boden ist mit dem Aufsteigen des Schülers zum ersten Absprung beendet. An diesem entscheidenden Tage, da es gilt, das Gelernte in die Tat umzusetzen und wirklich abzuspringen, kommen die Schüler einer Gruppe auf den Platz. Als erstes packen sie unter der Aufsicht ihres Lehrers ihre Fallschirme. Dann müssen sie sich in das Gurtzeug zwängen und es verschließen. Der Reserveschirm, ohne den ein Absprung nicht gestattet ist, wird vorn in die Karabinerhaken eingeklinkt, der Schutzhelm aufgestülpt und mit dem Kinnriemen festgezurrt. Noch ein Blick zum Himmel empor: es herrscht ausgezeichnetes Sprungwetter!

Der Sprunglehrer knotet nunmehr die Aufziehleine im Flugzeug an. Dann klettert er auf den hinteren Sitz, während sich der erste Schüler, mit den beiden Fallschirmpacken behängt, in den vorderen zwängt. Der Pilot läßt den Motor an und gibt Gas. Die Maschine rollt, erreicht Abhebegeschwindigkeit, löst sich von der Erde und zieht in den klaren Himmel empor.

Dann ist die Absprunghöhe erreicht. Der Platz liegt kurz vor der Maschine, die Windrichtung ist günstig. Nun tippt der Sprunglehrer dem Schüler auf die Schulter und deutet zur Tür. Der Schüler geht zur Tür, er hört, wie der Motor der Absprungmaschine gedrosselt wird. In der Tür nimmt der Schüler die Absprungstellung ein: Er streckt den Kopf ins Freie, beugt sich vor, ergreift mit der Linken die Strebe, hält sich mit der Rechten am Türrahmen fest. Und zwar genau nach Vorschrift: die Finger nach außen, der Daumen leicht am Rahmen anliegend.

Der Fahrtwind zerrt an ihm. Hinter ihm steht schon der Sprunglehrer, der jeden Fehler sieht und sofort korrigiert. Dann ein aufmunternder Schlag auf die Schulter — ab dafür!

Der Schüler schnellt sich nach vorn, ins Leere. Mit rasender Geschwindigkeit fliegt ihm der Platz entgegen. Dann spürt er einen kurzen Ruck und wird in die Senkrechte gezogen, Kopf nach oben. Der Schirm hat sich geöffnet und trägt ihn sicher

zur Erde hinunter. Er schwebt ruhig, ohne zu pendeln. Ihn überkommt ein unbändiges Glücksgefühl: Er ist gesprungen, er schwebt zwischen Himmel und Erde, ist wie ein Vogel! Kein Geräusch vom Schirm, keins von ihm selbst. Irgendwoher vom Platzrand das Dudeln eines Transistorradios: Fly in the Skys!

Doch schon kommt die Landung, oftmals auf der Erde geübt, nun aber rasendschnell auszuführen. Fußspitzen nach unten! Knie leicht anwinkeln! Beine nach vorn! Beide Hände im Gurtzeug über sich und e n t s p a n n e n !

Die Füße berühren den Rasen, rutschen nach vorn weg. Der Springer fällt sacht zu Boden, springt sofort wieder auf und umläuft den Schirm, der in sich zusammenfällt, denn der Wind fehlt, der ihn hätte fortzerren können.

Dann kommen auch schon die Freunde angelaufen. Ihr Glückwunsch gilt ihm! Er ist in die Kameradschaft der Fallschirmspringer aufgenommen.

Aber das bringt noch nicht den „Ausweis für Fallschirmspringer der Klasse A". Mindestens fünf weitere Sprünge müssen diesem ersten Sprung folgen. Erst dann — und wenn er die 60 Prüfungsfragen beantwortet hat — wird ihm der Schein ausgehändigt. Der Anfang ist gemacht, und wenn er noch immer den Wunsch verspürt, Fallschirmsportler zu werden, kann er nun mit der Schulung im manuellen Absprung beginnen. Dies bedeutet, daß er von nun an selbst den Fallschirm zu öffnen hat. Es bedeutet darüber hinaus das Erlebnis des freien Falls durch den Luftraum, solange er will und bis zu der Höhe, die von den Bestimmungen als unterste Grenze gesetzt ist: 400 Meter!

Die ersten Sprünge springt er mit einer Verzögerung von drei Sekunden. Drei Sekunden im freien Fall, aus einer Absprunghöhe von 1000 Meter. Keine Bange, beim erstenmal ist ein „automatischer Auslöser" mit dabei, der entweder nach einem Uhrwerk arbeitet oder mit einer Barometrik. Anschließend werden die Freifallzeiten erhöht, und wenn der Schüler sechs einwandfreie manuelle Sprünge hinter sich gebracht hat, erwirbt er den Ausweis für Fallschirmspringer der Klasse „M", was manuell — von Hand — bedeutet.

Auch jetzt ist das Ende der Ausbildungsmöglichkeiten noch nicht erreicht. Nun kann das besondere Augenmerk auf folgende Dinge gelegt werden:

Einhaltung der Körperachse beim Absprung,
flache Drehungen in immer schnellerem Tempo,
rollen um die Längsachse,
Steilschräglage — den sogenannten Flash, mit dem man seine Position auch horizontal verändern kann,
Salto vorwärts und rückwärts.

Durch bestimmte Haltungsänderungen kann ein Springer sämtliche genannten Figuren während des Freifalls ausführen. Zeitlich ist dies leicht möglich; denn bei einem Absprung aus 2000 Meter Höhe zum Beispiel hat man rund 30 Sekunden

Zeit dazu, nach ungefähr zehn Sekunden des freien Falls hat man die von nun an konstant bleibende Endgeschwindigkeit von rund 200 Stundenkilometer erreicht.

Die Relativarbeit schließlich ist die Krönung des Freifallspringens. Bei einem „Relativ" arbeiten zwei oder mehr Fallschirmspringer während des Freifalls miteinander, das heißt, sie versuchen sich unterwegs zu erreichen und gemeinsam eine bestimmte Figur zu bilden. Wenn man bedenkt, daß beide Springer mit rund 200 Stundenkilometer aufeinander zu oder voneinander weg fliegen, kann man sich vorstellen, welch ein Maß an Geschicklichkeit dazu gehört, zum Beispiel einen Stern zu bilden.

Ein Stern wird gebildet, indem sich mehrere Springer an den Händen fassen und — noch mit geschlossenem Fallschirm — einen Kreis bilden. Der absolute Rekord auf diesem Gebiet ist der 20-Mann-Stern, den zwei Spitzenmannschaften des Fallschirmsprungs am 7. Dezember 1969 in den USA sprangen. Es waren die „Jerry Bird All Stars" und die „Arvin Good Guys", die mit 22 Springern in zwei Beechcrafts aufstiegen und dieses Wunder vollbrachten.

In Deutschland hat eine Gruppe von zehn Spitzensportlern des Fallschirmspringens Ende des Jahres 1971 den ersten 10-Mann-Stern in Europa gesprungen; eine ganz ausgezeichnete Leistung, wenn man bedenkt, daß diese Fallschirmspringer Amateure sind, während die genannten US-Mannschaften den Fallschirmsprung als Job betrachten.

Doch nun zurück zu dem Schüler, der alle die genannten Möglichkeiten ausgenutzt hat. Er hat nun die Chance, eine Reihe weiterer „Fallschirm-Brevets" — Urkunden — zu erwerben. Doch davor haben die Götter den Fallschirmspringerschweiß gesetzt.

Das Leistungsabzeichen A fordert mindestens zehn Sprünge. Für das Leistungsabzeichen B müssen 20 Sprünge geleistet werden; davon mindestens 10 manuelle Sprünge mit stabilem

Freifall, von denen zwei mindestens acht Sekunden Verzögerungszeit haben müssen. Beim stabilen Freifall hat der Springer seinen Körper völlig unter Kontrolle: er fällt, ohne zu trudeln oder sich zu überschlagen, gestreckt, mit ausgebreiteten oder an den Körper angelegten Armen. Bei zehn Sprüngen muß der Springer in einem Kreis von 50 Meter Durchmesser landen.

Das silberne Fallschirmbrevet C umfaßt 50 Sprünge, von denen 30 manuell ausgeführt sein müssen. Darunter drei Sprünge mit mindestens 12 Sekunden Verzögerung. Hinzu kommt als Erschwerung die Ziellandung bei mindestens dreißig Sprüngen in einem Zielkreis von 50 Meter Radius.

Das goldene Leistungsabzeichen im Fallschirmspringen, auch Brevet D genannt, erfordert eine Gesamtzahl von 100 Sprüngen, davon müssen mindestens 40 manuell mit stabilem Freifall und stabiler Öffnung des Fallschirms ausgeführt werden. Fünf dieser Sprünge müssen mit einer Verzögerung von mindestens 15 Sekunden gesprungen werden. Die weiteren Leistungsabzeichen sind:

Brevet „E" — goldenes Abzeichen mit einem Diamanten,
Brevet „F" — goldenes Abzeichen mit zwei Diamanten,
Brevet „G" — goldenes Abzeichen mit drei Diamanten.

Wer dieses letzte Fallschirmspringer-Brevet erwerben will — in der BRD sind es nur ganz wenige, die es erreicht haben —, der muß mindestens zwanzig Sprünge mit 30 Sekunden Verzögerung und abschließender Ziellandung in einem Zielkreis von 10 Meter Radius und 10 Sprünge mit ebenfalls 30 Sekunden Verzögerung und abschließender Ziellandung in einem Zielkreis von nur 5 Meter Radius ausgeführt haben. Hinzu kommen fünf Nachtsprünge ohne Verzögerung aus 1000 Meter Höhe mit Ziellandung in einem Kreis von 25 Meter Radius; drei Sprünge über Wasser aus einer Höhe von 800 Meter ohne Verzögerung, mit Erreichen des gegebenen Landepunktes innerhalb von 10 Sekunden nach der Landung.

Der Höhepunkt dieses letzten Brevets aber sind die fünf Absprünge mit 60 Sekunden Verzögerung und einer Ziellandung in einem Kreis von 5 Meter Radius.

Alle manuellen Sprünge müssen kontrolliert und stabil sein. Wer dieses letzte Ziel erreicht hat, ist in der Welt der Fallschirmsportler absolute Spitzenklasse und kann sich auf jeder Meisterschaft zeigen.

Der Fallschirm-Zielsprung

Beim Fallschirm-Zielspringen kommt es darauf an, daß der Springer, der aus Höhen zwischen 900 und 2000 Meter abgesetzt wird, möglichst in das Zentrum eines Zielkreises von 50 Meter Radius hineinspringt. Der Mittelpunkt wird durch eine Scheibe von 10 Zentimeter Durchmesser gekennzeichnet. Diese Scheibe gilt es mit dem Fuß zu treffen, wenn man eine Null-Landung für sich verbuchen will.

Zusätzlich und zur Vereinfachung der Wertung wird ein innerer Kreis von 10 Meter Radius angelegt, der mit Kies aufgefüllt ist. Bis zum Rande dieses Kreises werden nach den neuen internationalen Regeln die Entfernungen der gelandeten Fallschirmsportler gemessen. Jede Landung in mehr als zehn Meter Entfernung vom Mittelpunkt wird als 10-Meter-Sprung gewertet. Dies bedeutet, daß Nachwuchsspringer bessere Chancen erhalten; denn wenn sie einmal einen Sprung weit vom Ziel entfernt haben, brauchen sie nur ein Minus von zehn Meter in Kauf nehmen. Für Spitzensportler ist es ohne Belang, weil sie ohnehin im Zielkreis landen.

Diese Regelung wurde auf der Sitzung der Internationalen Fallschirm-Kommission in Paris am 2. und 3. Februar 1970 beschlossen. In der BRD wird dieses Wertungssystem bereits seit 1969 angewandt. Es ist in der „Wettbewerbsordnung für Deutsche Meisterschaften" genau festgelegt.

Beim Fallschirm-Zielspringen geht es also darum, einen bestimmten Punkt auf der Erde zu erreichen. Ein gutes Abschneiden ist von der Kenntnis der Einflüsse abhängig, die auf Schirm und Springer beim Sprung einwirken.

Bei dem Para-Commander-Fallschirm, einem in der BRD vielbenutzten Schirm, ist besonders auf die Einstellung der Steuerleinen zu achten. Der gute Zielsprung beginnt jedoch bereits am Boden. Die neuesten Werte über Windstärke und Windrichtung sind wichtig für die Beurteilung und Handhabung des Fallschirms. In der Luft entscheidet der Grundanflug, denn man hat ja bereits auf der Erde an Hand der Windrichtung und -geschwindigkeit seinen Öffnungspunkt festgelegt. Nun kommt es darauf an, den Piloten der Maschine zum Absetzpunkt zu dirigieren, von dem aus man springen muß, um den Öffnungspunkt zu erreichen. Da es einen Öffnungspunkt und einen Absetzpunkt gibt, muß also auch beim Zielspringen eine Verzögerungszeit einbezogen sein. Diese beträgt null bis zehn Sekunden. Zweckmäßig öffnet der Springer den Fallschirm nach acht bis neun Sekunden.

Wenn also der Springer die Maschine zum Zielsprung verlassen hat, schießt er zunächst die genannte Zeit mit geschlossenem Schirm auf die Stelle zu, die er als seinen Öffnungspunkt festgelegt hat. Dann öffnet er den Schirm und kann an den Merkmalen, die er sich eingeprägt hat, kontrollieren, ob er den richtigen Öffnungspunkt erwischt hat; denn noch kann er Abweichungen durch geschicktes Steuern des Schirmes ausgleichen.

Die sichere Schätzung des Anflugwinkels zum Ziel ist die Frucht langer Schulung.

Sobald der Zielkreis nahe ist, kommt es darauf an, in schnellster Reaktion — das gibt es übrigens bei allen Fallschirmsprüngen — das Ziel anzusteuern. Da immer eine Sekunde vergeht, bevor der Fallschirm auf eine Steuerbewegung seines Springers reagiert, muß dieser also stets eine Sekunde voraus handeln.

Segelt dann der Springer wirklich auf die kleine, bierdeckelgroße Scheibe zu, ist seine Fußstellung von entscheidender

Bedeutung. Es kommt darauf an, Ferse oder Fußsohle eines Fußes so zu plazieren, daß die Scheibe voll getroffen wird und der anwesende Sportzeuge dies auch sehen kann.

Das Fallschirm-Stilspringen

Beim Fallschirm-Stilspringen muß innerhalb einer bestimmten Zeit eine Kombination von Drehungen und Saltos ausgeführt werden. Es gibt drei verschiedene Gruppen solcher Kombinationen mit folgender Figureneinteilung:

1. Gruppe:	*2. Gruppe:*	*3. Gruppe:*
Spirale links	Spirale rechts	Spirale links
Spirale rechts	Spirale links	Spirale rechts
Salto rückwärts	Salto rückwärts	Salto rückwärts
Spirale links	Spirale rechts	Spirale rechts
Spirale rechts	Spirale links	Spirale links
Salto rückwärts	Salto rückwärts	Salto rückwärts

Erst nach dem Verlassen des Flugzeugs wird dem Springer gezeigt — indem fünf Sekunden unter ihm auf der Erde ein Signal ausgelegt wird —, welche dieser drei Gruppen er auszuführen hat.

Das Wertungssystem dazu ist folgendes: Das Grundlimit für die Ausführung der gesamten Gruppe beträgt 20 Sekunden. Für jede Sekunde, die der Springer seine Übung eher beendet hat, erhält er 5 Pluspunkte. Jede Sekunde Zeitüberschreitung wird mit 10 Minuspunkten bewertet.

Eine unvollständige Drehung wird je nach dem Grad der Unvollständigkeit mit 0,5 bis 16 Minuspunkten bedacht. Ebenso wird eine überzogene Drehung — falls sie nicht unter 90 Grad bleibt — mit Strafpunkten belegt.

Das Auslassen einer Figur sowie das Einfügen einer zusätzlichen Figur werden jeweils mit 16 Minuspunkten gewertet. Wer ein falsches Programm fliegt, erhält ebenfalls 16 Minuspunkte.

Da es auch einen Kombinationssieger gibt, mußte ein Wertungsverfahren gefunden werden, das den Verhältnissen zwischen Zielsprung und Stilsprung entspricht. Man hat sich auf internationaler Ebene darauf geeinigt, daß man für die Kombinationswertung die Durchschnittswertung im Ziel-Wettbewerb zu der Hälfte der Durchschnittswertung im Stil-Wettbewerb addiert.

Die ersprungenen Zeiten für eine Figurengruppe liegen zwischen acht und zehn Sekunden. Viktor Gurnij, sowjetischer und mehrfacher Weltmeister im Stilspringen, hat in einem vielbeachteten Referat „Schnelle und exakte Stiltechnik" grundlegend ausgeführt:

„Im freien Fall ist der menschliche Körper den Gesetzen der Aerodynamik unterworfen. Die Ausführung von Kunstflugmanövern in der Luft durch Fallschirmspringer ist demzufolge unvermeidlich durch den Wechsel der Manöver in der horizontalen und vertikalen Fläche begrenzt.

Auf die spezifischen Positionen des menschlichen Körpers angewandt, ermitteln die Gesetze der Aerodynamik die Körperlage, die zur schnellstmöglichen Ausführung einer Figurengruppe notwendig ist. Annähernde Daten sind für die Ausführung einer Figur — ob Salto oder Spirale — ungefähr 0,8 bis 0,9 Sekunden. Daraus würde sich für eine ganze Gruppe als geringstmögliche Zeit ein Wert von 4,5 bis 5,4 Sekunden ergeben.

Dem steht gegenüber, daß kein menschliches Wesen in der Lage ist, augenblicklich zu handeln und in idealer Weise, mit vollständiger Genauigkeit, alle Forderungen der Aerodynamik zu erfüllen. Dadurch sind Fehler in der Ausführung und Zeitüberschreitungen unvermeidlich. Die praktisch erreichbare Zeit liegt bei 1,0 bis 1,1 Sekunden für eine Figur und bei sechs bis 6,6 Sekunden für eine Gruppe. Sind diese Zeiten wirklich erreichbar?

Studium, Training und Perfektion der Figuren haben es einigen Fallschirmsportlern ermöglicht, eine Zeit von 6,2 bis

7,5 Sekunden für die Ausführung einer Figurengruppe zu erreichen. Bei Frauen werden Zeiten zwischen 7,2 und 8,5 Sekunden erreicht.

Nur solche Sportsleute, die die Technik des Stilsprungs hundertprozentig beherrschen, die durch ihre geistigen und körperlichen Anlagen eine Koordination von Geschwindigkeit, Behendigkeit und freier Orientierung bei diesem schnellen Flug schaffen, können weniger als sieben Sekunden erreichen.

Bei der hohen Geschwindigkeit sind die Drehungen und Lagen nur mit einer feinstausgefeilten Technik, großer eigener Willenskraft wie auch körperlicher Anstrengung in der gegebenen Zeit auszuführen."

In großartiger Weise hat Viktor Gurnij diese Theorie selbst in die Praxis umgesetzt. Er beherrscht die flexible Stiltechnik, die sich auf jede Veränderung der äußeren Bedingungen noch während des Fluges einstellt. Er fühlt jede Veränderung in der Luftströmung sofort und stellt sich automatisch darauf ein. So ist es ihm gelungen, sich als einer der wenigen Menschen, die „wie Vögel am Himmel fliegen", des Elementes Luft zu bedienen und die Gesetze der Aerodynamik voll auszunutzen.

Die Relativsprünge

Die Relativarbeit, die in allernächster Zeit ebenfalls in das Wertungsprogramm des Fallschirmsports aufgenommen werden wird, ist für fortgeschrittene Fallschirmspringer von großer Bedeutung.

Relativarbeit bedeutet das verhältnismäßige — relative — Verändern der eigenen Position in Verbindung mit der Positionsveränderung einer zweiten Person. Daraus ergibt sich, daß zur Relativarbeit mindestens zwei Fallschirmspringer notwendig sind und daß diese ihre Positionen zueinander im freien Fall verändern müssen.

Bei dieser Art des Fallschirmspringens kommt es mehr als bei den beiden vorgenannten Arten darauf an, improvisieren zu können. Jeder Fallschirmspringer, der bei der Relativarbeit mitmachen will, muß in der Lage sein, den ganzen Körper und alle Glieder als aerodynamische Steuerelemente zu benutzen. Das setzt zweierlei voraus: erstens Erfahrungen im Freifallspringen und somit absolute Beherrschung der verschiedenen stabilen Lagen und der kontrollierten Freifallbewegungen; zweitens gute Reaktions- und Konzentrationsfähigkeit.

Erst das Zusammentreffen dieser beiden Bedingungen läßt ein „Relativ" gelingen.

Um Relative zu trainieren, muß man aus mindestens 2 500 Meter Höhe abspringen, weil möglicherweise mehrere Manöver notwendig sind, um eine Begegnung zweier Relativspringer in der Luft zu erreichen.

Daß es bei der Relativarbeit Gefahrenpunkte gibt, geht aus der Fallgeschwindigkeit hervor, die in der genannten Höhe über 200 Stundenkilometer beträgt. Auch die Annäherungsgeschwindigkeit — die allerdings nicht so groß ist wie die genannte Fallgeschwindigkeit — führt beim Aufeinanderprallen zweier Springer meist zu Verletzungen. Auch wird bei dieser Übung oft die Umwelt vergessen, so daß die Fallschirme unterhalb der für die Öffnung vorgeschriebenen Mindesthöhe gezogen werden.

In den Wolken ist grundsätzlich jede Relativarbeit abzubrechen, ebenso in Höhen unter 1 000 Meter.

Zur Ausführung eines Relativs muß der Springer einige Figuren- und Freifallagen beherrschen. Erstens die normale Freifallage, die sogenannte „Froschlage". Zweitens muß er den Flash beherrschen, um einen vor ihm ausgestiegenen und segelnden Springer auch noch zu erreichen. Drittens muß er in der Lage sein, auch Rückwärtsbewegungen auszuführen. Alle Bewegungen sind durch veränderte Körperhaltung und durch Steuerbewegungen von Armen und Beinen und sogar des Kopfes zu erzielen.

Eine Spirale zum Beispiel — wie sie auch beim Stilspringen gefordert wird — läßt sich durch „Propellerhaltung" erreichen, indem die linke Schulter vorgeschoben und das linke Bein angehoben wird. So führt der Springer eine Linksspirale aus.

Um in der geringstmöglichen Geschwindigkeit zu fallen, muß der Springer die sogenannte „X-Lage" einnehmen, bei der Arme und Beine in X-Form gespreizt werden.

Mit einem Relativ läßt sich eine Reihe schöner und schwieriger Figuren erzielen. Da ist einmal, wie schon gesagt, der „Stern", bei dem sich eine beliebige Anzahl Springer die Hände reichen und einen Kreis bilden.

Dann gibt es noch die „Diamant"-Formation, bei der vier Springer eine Gruppe bilden, indem die Beine des vordersten Springers von den beiden folgenden ergriffen werden, während der vierte Springer sich die Beine seiner beiden Kameraden auf die Schulter legt.

Der „Caterpillar", eine der schwierigsten Relativ-Formationen, wird erreicht, indem sich drei Springer hintereinander legen, wobei der zweite die Fußspitzen des ersten und der dritte die Fußspitzen des zweiten Springers ergreift. Der vierte Springer umfaßt die Unterschenkel des dritten und trägt sie in seiner Ellenbeuge.

Es gibt eine ganze Reihe weiterer Möglichkeiten der guten Relativarbeit. Die Aktionsmöglichkeiten dieser Fallschirmsportsparte sind beinahe unbegrenzt. In jedem Fall müssen die beteiligten Springer Könner des Fallschirmsprungs sein.

Schauspringer in Aktion

Auf Fallschirmsportveranstaltungen werden neben den bisher genannten Programmen oft auch Schauvorführungen gezeigt. Auch sie werden bewertet, doch nicht in die offizielle Benotung aufgenommen. Sie zeigen, daß das Fallschirmspringen auch ein s c h ö n e r Sport ist, der den Augen der Zuschauer etwas zu bieten hat.

Wenn zum Beispiel bei Gruppenabsprüngen sechzig Fallschirmsportler mit bunten Rauchpatronen die Maschinen verlassen und wie Vögel durch den Himmel schweben, wenn sich nacheinander die bunten Fallschirme öffnen und am womöglich wolkenlosen blauen Himmel gleich exotischen Riesenblumen erblühen, dann ist dies ein Bild, das jeden Zuschauer begeistern kann.

Ein „Strahlensprung" etwa, bei dem vier Springer in 3000 Meter Höhe gleichzeitig die Maschine verlassen und in alle vier Himmelsrichtungen auseinanderfliegen, nach genau 50 Sekunden Flugzeit gleichzeitig ihre Schirme öffnen und zur Erde schweben, fasziniert jeden, ob jung oder alt. Dieser Sprung wird international der „Max Track" genannt. Ein anderer „Track" — Bahnsprung — läßt ebenfalls vier Springer 25 Sekunden im Freifall auseinanderfliegen, darauf drehen sie alle gleichzeitig ein, nähern sich in den nächsten 25 Sekunden einander wieder, um dann die Reißleinengriffe zu ziehen und dicht bei dicht niederzugehen. Dieser „Diamond-Track" ist wohl der faszinierendste, weil alle vier Springer gleichzeitig bei der Landung beobachtet werden können.

Auch der „Stafettensprung" ist sehr beliebt. Drei Fallschirmspringer übergeben einander dabei im freien Fall einen Stab oder — was für den Zuschauer günstiger ist — eine Farbrauchfackel. Bei diesem „Baton-Pass" genannten Sprung verlassen mehrere Springer ihre Maschine, lassen sich 15 Sekunden im freien Fall durch die Luft gleiten und übergeben einander dann den Stafettenstab.

In den Vereinigten Staaten von Nordamerika gibt es eine Reihe solcher Schauspringergruppen, die es zu einer ungeahnten Meisterschaft gebracht haben. Da sind einmal die „Golden Knights" — die goldenen Ritter der Luft. Sie sind eine amerikanische Militärmannschaft, die vom Film immer wieder zu Fallschirmvorführungen geholt wird. Sie halten übrigens 90 von insgesamt 128 möglichen Weltrekorden im Fallschirmspringen.

Der „Cutaway" wird von dieser Gruppe meisterhaft beherrscht. Das ist einer jener Schausprünge, die die Zuschauer

Die deutsche Mannschaft bei den WM 1968 in Graz

Lebenswichtig: das sorgfältige Packen des Fallschirms!

„Diamant" in 3000 Meter Höhe

„Caterpillar", eine der schwierigsten Figuren

in Begeisterung versetzen. Er wird ausgeführt, indem ein Springer in großer Höhe seine Maschine verläßt und drei Fallschirme trägt, zwei Hauptschirme und einen Reserveschirm. Nach einer gewissen Fallzeit öffnet er den ersten Hauptschirm. Sobald dieser sich voll entfaltet hat, löst er diesen Schirm mit zwei Griffen von seinem Gurtzeug und befindet sich danach wieder im freien Fall. In der vorgeschriebenen Höhe öffnet er schließlich den zweiten Hauptschirm, an dem er sicher landet.

Daß diese Art des Springens nicht neu ist, wurde in den Kapiteln über Käthe Paulus und Charles A. Lindbergh bereits gezeigt. Es werden sogar turnerische Übungen an Ringen und Trapezen ausgeführt, die an Fallschirmen schwebend der Erde entgegensinken. Alle diese Übungen bleiben jedoch im Rahmen der internationalen Bestimmungen der Luftsicherheit.

Wilde Sprünge, die nicht mehr den Sicherheitsvorschriften entsprechen, werden von Fallschirmsportlern nicht ausgeführt. Die Bestimmungen der F. A. I. für das Fallschirmsportspringen werden von den Angehörigen aller Verbände der Welt genau eingehalten. Zum einen, weil es bei der Ausführung solch riskanter Sprünge um das Leben geht, und zum anderen, weil diese wilden Sprünge nur geeignet sind, dem Ruf des Fallschirmsports zu schaden.

Es hat Journalisten gegeben, die diesen Sport als „Gratwanderung zwischen Todessehnsucht und Todesverachtung" beschrieben haben. Daß dies nicht zutrifft, sollte aus den vorigen Abschnitten dieses Buches hervorgehen. Die Darstellung der Möglichkeiten in der Benutzung von Fallschirmen spricht für sich.

Das Fallschirm-Sportspringen ist eine junge Sportart, die in der ganzen Welt Begeisterung hervorruft. Hier verbindet sich Romantik mit der hochentwickelten Technik unserer Zeit, eine Mischung, die jung und alt gleichermaßen anzieht.

Fallschirm-Sportspringen in Deutschland

Wenige Wochen nach Wiedererlangung der Lufthoheit der BRD, vom 1. bis 13. August 1955, sollte im Rahmen des Deutschen-Segelflug-Wettbewerbes in Oerlinghausen bei Bielefeld auch das erste deutsche Fallschirmsport-Ziel- und -Wertungsspringen stattfinden.

Siebzehn Fallschirmspringer gingen an den Start. Auch der damals 58 Jahre alte Fallschirmpionier Richard Kohnke sprang zweimal ab. Mannschaftssieger wurde das Team Gerber-Hoyer; Einzelsieger im manuellen Absprung Heinz Girnth, im automatischen Absprung Georg Schütt.

Damit war der Anfang gemacht, aber erst vier Jahre nach dieser ersten Fallschirmsport-Veranstaltung, 1959, veranstaltete der Deutsche Aero-Club e. V. die erste Deutsche Meisterschaft im Fallschirmspringen auf dem Braunschweiger Flugplatz Waggum. Schirmherr dieser Veranstaltung war der Bundesminister für Verkehr. Es wurde noch mit Rundkappenschirmen gesprungen; aber auch Dreiecksschirme waren bei dieser Veranstaltung zu sehen. Gesamtsieger dieser ersten Deutschen Meisterschaft wurde Willi Ernst. Einige junge Springer errangen gute Plätze, so der Frankfurter Lothar Rützel, Siegfried Starke und Conny Schirig. Der Rundfunk, das Fernsehen und die Deutsche Wochenschau berichteten erstmalig gemeinsam über diese Großveranstaltung.

Die nächste Meisterschaft fand vom 18. bis 20. August 1961 auf dem Gelände der Luftlandeschule der Bundeswehr in Altenstadt/Schongau statt. Diesmal waren 29 Spitzenkönner am Start. Zehn weitere Fallschirmspringer stellten sich als „Windspringer“ zur Verfügung.

Da das Wetter den Springern immer wieder einen Strich durch die Rechnung machte, konnte kein deutscher Meister ermittelt werden. Dennoch nahm Oberst Walter Gericke, der Kommandeur der Luftlandeschule, ein alter Fallschirmspringer, die Siegerehrung vor. Erster wurde Heinz Renneke. Auf den folgenden Plätzen landeten Kleiser, Schütt, Minstedt, Bohusche, Schirig, Rützel und Schulz. Neunter wurde mit Erich Lepkowski einer der alten Fallschirmspringer, der anläßlich der Achten Deutschen Meisterschaften des Jahres 1971 in Lüneburg seinen 500. Fallschirmabsprung absolvierte.

Schirmherr dieser Deutschen Meisterschaft war der Bundesverteidigungsminister. Die Leistungen waren verbessert worden, so daß zu den Fallschirm-Weltmeisterschaften des Jahres 1962 in Orange/USA eine Mannschaft entsandt werden konnte.

Bei den Dritten Deutschen Meisterschaften in Eudenbach vom 28. bis 31. Mai 1964 ging es nicht nur um die Erringung eines Meistertitels, sondern darüber hinaus auch um die Qualifikation für das Vorbereitungs- und Trainingslager in Leutkirch. Zehn Teilnehmer sollten sich für dieses Trainingslager qualifizieren, in dem die Mannschaft für die 7. Weltmeisterschaften, die nach Leutkirch vergeben waren, trainiert wurde.

Während im Zielsprung aus 1000 Meter Höhe Reinhold Stach Sieger wurde, errang im Zielsprung aus 2000 Meter Höhe Lothar Rützel den ersten Platz und sicherte sich auch den Titel eines Deutschen Meisters in der Gesamtwertung.

Die nächsten Deutschen Meisterschaften — 1966 in Leutkirch-Unterzeil, 1967 in Ebingen-Degerfeld, 1969 ebenfalls in Degerfeld, 1970 in Calw im Schwarzwald und 1971 in Lüneburg — sahen eine immer bessere Leistungsspitze und immer mehr Teilnehmer. Inzwischen waren aus den 100 Sportspringern des Jahres 1955 rund 1600 Fallschirmsportler geworden, und anstelle der wenigen Ortsvereine gab es deren 45.

Das Jahr 1972 war für die deutschen Fallschirmspringer enttäuschend. Die Deutschen Meisterschaften in Dortmund fielen buchstäblich ins Wasser. Den Deutschen Damen-Meisterschaften in Lüneburg erging es ebenso. Dafür fanden in Gelnhausen vom 15. bis 17. Juli die 4. Deutschen Jugendmeisterschaften statt. Altmeister Lothar Rützel wirkte am Zielkreis.

Im Einzel-Zielspringen siegte Nikolaus Lehmann. Mit Marianne Fiene belegte ein Mädchen den 4. Platz.

Die zum ersten Male ausgetragenen Deutschen Relativ- und Gruppenmeisterschaften vom 18. bis 24. 9. in Schwenningen wurden ein Erfolg der Mannschaften aus Baden-Württemberg und dem Saarland im Gruppen-Zielspringen. Erster Deutscher Meister im Relativspringen wurde die Mannschaft von Nordrhein-Westfalen. Die Mannschaft Saar I belegte hier den 2. Platz.

Nachdem Richard Kohnke vom ersten Tage der Gründung der Fallschirmsport-Kommission an bis zum Jahre 1967 die Führung dieses Verbandes in seinen Händen hielt, übernahm Erich Lepkowski diese Führung im Jahre 1967 und hält sie heute inne. Ihm zur Seite stehen als zweiter Vorsitzender Uwe Beckmann aus Braunschweig und als Geschäftsführer Ernst Gerdey, beides erfahrene Fallschirmspringer. Die Fachreferenten Sport (Walter Eichhorn), Technik (Wilhelm Pahl), Presse (Manfred Bühler), Ausbildung (Otto Laun), Jugend (Hans Weber), Rekorde (Alois Scherer) und der Ausbildungsausschuß, an dessen Spitze Arndt Hoyer steht, sind Gewähr dafür, daß der deutsche Fallschirmsport auch heute in den besten Händen liegt.

Das im Entstehen begriffene Bundesleistungszentrum für Fallschirmspringer in Hüttersdorf/Saar wird die Spitzenarbeit und ihre Angleichung an den internationalen Standard erreichen.

Darüber hinaus ist auch eine gesteigerte Breitenarbeit vorgesehen. Daß der Fallschirmsport bis heute noch das Stiefkind des deutschen Sports überhaupt ist, hält die Verantwortlichen nicht davon ab, die völlige Gleichstellung mit anderen Sportarten anzustreben.

„Der Fallschirmsport", so führte der erste Vorsitzende der Fallschirmsport-Kommission, Erich Lepkowski, einmal aus, „ist heute keine lebensgefährliche oder waghalsige Artistik mehr, sondern ein ernsthafter, sicherer und darüber hinaus herrlicher Sport. Er erfordert Mut, Entschlossenheit, blitzschnelle und exakte Reaktion. Körperbeherrschung, eine gute Selbstdisziplin und Kondition werden von jedem gefordert, der sich diesem Sport verschrieben hat. Wer diese Sportart beherrscht, dem erwächst daraus gesundes Selbstvertrauen und Stolz. Der jedem jungen Menschen innewohnende Tatendrang wird hier in Bahnen gelenkt, die sich positiv auf die Charakterbildung auswirken."

Die Weltmeisterschaften im Fallschirmspringen

Die ersten Weltmeisterschaften im Fallschirmspringen fanden vom 16. bis 21. August 1951 in Bled/Jugoslawien statt. Zum ersten Mal trafen sich Fallschirmspringer aus sechs Nationen zu einem Wettkampf, der aus Zielsprüngen aus verschiedenen Höhen und einem Wassersprung bestand. Der erste Weltmeister im Fallschirmspringen hieß Pierre Lard, er kam aus Frankreich. Weltmeisterin wurde Monique Laroche, ebenfalls aus Frankreich.

Drei Jahre später, vom 2. bis zum 7. August 1954, fanden die zweiten Weltmeisterschaften in St. Yan in Frankreich statt. Diese Weltmeisterschaften wurden zu einem Triumph für die sowjetischen Fallschirmspringer. Zum erstenmal nahm auch ein amerikanischer Springer teil. Sieben Nationen waren auf diesem Meeting vertreten. Weltmeister wurden die Springer Fetchichine und Marutkine aus der UdSSR und Chasak aus Frankreich. Damit war Moskau der Austragungsort der dritten Weltmeisterschaften geworden.

Elf Nationen nahmen vom 29. 7. bis zum 4. 8. 1956 an den dritten Weltmeisterschaften in Moskau teil. Sieger waren die Springer und Springerinnen der CSSR. Nur im Gruppenabsprung der Damen wurde die Mannschaft der UdSSR Meister.

Auf diese Weise wurde Bratislava der Austragungsort der 4. Weltmeisterschaften, vom 4. bis 16. August 1958. Hier stellte sich heraus, daß die Springer aus den Ostblockländern unschlagbar waren. Diesmal verdrängten die Sowjets die Springer aus der Tschechoslowakei wieder von den Spitzenplätzen. Sie belegten mit Ostrovskij bei den Männern und Prischinowa bei den Damen die ersten Plätze im Einzelspringen und siegten auch in den Mannschafts-Wettbewerben.

Nunmehr rüstete man sich in Bulgarien zur 5. Weltmeisterschaft. Auf dem Flugplatz Moutsatchewo bei Sofia wurden sie am 7. August 1960 eröffnet. Die hier anwesenden 100000 Zuschauer stellten den absoluten Besucherrekord dar. Zwölf Nationen waren am Start. Insgesamt 45 Männer und 24 Frauen rangen um den Sieg in den einzelnen Wettbewerben. Leider war noch immer kein deutscher Springer darunter.

Mit Dick Fortenberry trug sich zum erstenmal ein Amerikaner als Zweiter im Einzelsprung in die Siegerliste ein. Im übrigen war wieder einmal mehr die CSSR der große Sieger vor den Sowjetrussen, die mit Anikiev bei den Herren den dritten und Zubova bei den Damen den zweiten Platz errangen. Im Stilspringen der Männer erreichte Jim Arender, ein Fallschirmspringer aus den USA, den ersten Platz.

Damit war der Austragungsort der sechsten Weltmeisterschaften nach Orange/USA gegeben. In dieser kleinen Neuenglandstadt, 110 Kilometer westlich von Boston, fanden vom 9. August bis zum 3. September 1962 die bis dahin glanzvollsten Weltmeisterschaften statt. Zum erstenmal wurde ein Elektronenrechner eingesetzt. Eine Rauchmaschine anstelle des alten Windsacks zeigte die Windrichtung deutlicher an. Zum erstenmal nahm auch eine westdeutsche Mannschaft an den Weltmeisterschaften teil.

Unter erheblichen persönlichen Opfern an Freizeit und Geld hatten es die Springer Lothar Rützel, Walter Lakomy, Heinz Renneke, Siegfried Starke, Friedrich-Wilhelm Witthöft und Wolfgang Minstedt mit ihrem Mannschaftsführer Arndt Hoyer möglich gemacht, dabei zu sein. Daß sie nur eine Außenseiterchance hatten, focht sie nicht an. Für sie war es wichtig, von den großen Meistern dieses Sports zu lernen und Anschluß an den neuesten technischen Stand zu finden.

Fünf verschiedene Konkurrenzen wurden ausgetragen, Einzelsprünge aus Höhen von 1000 und 1500 Meter, das Stilspringen und das Gruppenspringen aus 1000 und 1500 Meter Höhe. Die amerikanischen Fallschirmspringer und Fallschirmspringerinnen errangen die Siege. Wieder schrieb sich Jim Arender in die Siegerliste ein, bei den Damen war es die hübsche Muriel Simbro. Allerdings war der Russe Tkachenko im Stilspringen unschlagbar. Die deutsche Mannschaft erhielt keine Punktwertung im Stilspringen, während sie im Gruppen-Zielsprung aus 1000 Meter Höhe einen achtbaren sechsten Platz belegte.

Die Freude der deutschen Mannschaft und der Fachgruppe Fallschirmsport war groß, als nach dem Beschluß der internationalen Fallschirmsport-Kommission die 7. Weltmeisterschaften nach Deutschland vergeben wurden. In Leutkirch-Unterzeil auf dem Flugplatz des ehemaligen Präsidenten des Deutschen Aero-Club e. V., Fürst Waldburg zu Zeil, fanden vom 31. 7. bis zum 17. 8. 1964 die 7. Weltmeisterschaften statt.

Kollision in der Luft

Die deutsche Mannschaft, die anläßlich der 7. Weltmeisterschaften in Leutkirch starten sollte, hätte um ein Haar zwei der besten Fallschirmspringer vor den Meisterschaften verloren.

Es war am Sonntag, dem 26. Juli 1964. Bis zur Eröffnung der Weltspiele im Fallschirmspringen waren es noch vier Tage, als ein Sikorsky-Hubschrauber sechs Fallschirmspringer zu einem Übungssprung in 2.100 Meter Höhe emportrug. Es waren die fünf Springer der Ersatzmannschaft, denen sich Lothar Rützel als Absetzer angeschlossen hatte.

Rützel korrigierte den Anflug und sprang dann als erster ab. Auf dem Boden starrten die Aktiven und Zuschauer in den

Himmel empor. Sie sahen den ersten Springer, dann den zweiten, dritten und vierten. Und schließlich sausten alle sechs Springer im freien Fall ungefähr 30 Sekunden durch den Himmel. Dann blähten sich die bunten Fallschirme auf, sanken nieder, dem Zielkreuz entgegen.

Plötzlich lief ein Raunen durch die Reihen auf dem Boden. Einer rief aufgeregt etwas zu zwei Springern empor, die sich anscheinend einander näherten. Doch diese konnten die Rufe nicht hören.

Und dann hallte ein Schrei des Entsetzens über den Platz hinweg, und selbst die versierten, altbeschossenen Fallschirmspringer hielten den Atem an, denn auf einmal verfingen sich die Schirmkappen der beiden Springer ineinander.

Durch das Beobachtungsglas sah einer der Schiedsrichter, wie der untere Schirm dem oberen die Luft wegfing, so daß dieser ins Fallen geriet und an dem anderen Springer vorbeistürzte. Der Springer dieses fallenden Schirmes hing kopfunter in den Leinen des jetzt unteren Schirmes. Alle sahen, wie er sich aus der gefährlichen Lage befreite.

Die Erde kam rasend schnell näher. Noch sechzig Meter, noch dreißig Meter und dann — öffnete sich auf einmal der Reserveschirm; und schließlich füllte sich auch die Kappe des anderen Schirmes, und schon landeten beide Springer unmittelbar nacheinander.

Es waren Lothar Rützel und Friedrich-Wilhelm Witthöft, die miteinander in der Luft kollidiert waren und in letzter Sekunde freikommen konnten.

Lothar Rützel hat seine Eindrücke bei dieser Kollision in der Luft im „Aerokurier" dargestellt:

„Ich sprang als erster ab. Während des Freifalles verlief alles normal. Nach dreißig Sekunden öffnete ich meinen Hauptschirm und hing in rund 600 Meter Höhe am geöffneten Schirm. Zuerst blickte ich nach den anderen Springern und sah drei Kameraden halbrechts vor mir in genügender Entfernung. Zwei fehlten noch, und ich nahm an, daß sie über mir hingen und ich sie — durch meine eigene Kappe behindert — nicht sehen könne. Langsam steuerte ich vor dem Zielkreuz am 100-Meter-Kreis hin und her, um so meine Höhe zu vermindern. Die übrigen Springer kurvten ebenso am 100-Meter-Kreis, aber genau entgegengesetzt.

Bei etwa noch 200 Meter Höhe steuerte ich direkt zum Zielkreuz; da praktisch kein Wind mehr herrschte, mußte man sich ziemlich nahe am Zielkreuz halten, um nicht den Anschluß zu verpassen. Vor mir war alles frei. Ich hatte also keine Bedenken.

Plötzlich aber bemerkte ich einen Schatten links von mir. Als ich näher hinsah, gewahrte ich Friedrich-Wilhelm Witthöft am geöffneten Schirm, etwa sechs Meter tiefer. Er blickte mich an, schob auf mich zu und — schon war es passiert!

Ich wurde in Witthöfts Kappe hineingedrückt, verspürte seine Kappe in meinem Gesicht und dachte: Jetzt nimmt er deiner Kappe die Luft weg, und du beginnst zu fallen! Schon verspürte ich ein Pendeln und Fallen, rutschte an Witthöft vorbei, wunderte mich, daß ich mich nicht in seinen Leinen verfing, und hoffte, daß meine Kappe sich wieder fülle, denn viel Höhe hatten wir nicht mehr.

Dann fand ich mich, kopfunter am rechten Fuß hängend, zu Witthöfts Füßen wieder. Das Pendeln und Fallen ging gemeinsam weiter. Sollte das etwa mein letzter Sprung sein? Ich mußte handeln!

Wir fielen abwechselnd, jedoch hing ich nach wie vor in Witthöfts Fangleinen fest, die meinen rechten Fuß geschnappt hatten. Wenn er fiel, lockerten sich für einen Moment die Leinen. Ich beugte mich hoch, griff zu, aber schon waren sie wieder fest, und Witthöft rutschte an mir vorbei. Ich griff abermals zu und hatte Glück: ich konnte die Leinen abstreifen. Ich stieß mich von Witthöft ab und blickte sofort nach oben, ob sich meine Kappe noch richtig entfalten konnte. Ich sah nur ein wirres Knäuel. Damit konnte es nicht mehr gutgehen! Wenn hier etwas helfen konnte, dann nur der Reserveschirm.

Die rechte Hand erfaßte den Griff, die linke Hand hielt die Packung zu. Dann zog ich durch! Mit beiden Händen packte ich die Kappe, schaute nach oben, links war das, was meine Kappe sein sollte, und dahinter Witthöft. Also warf ich die Kappe des Reserveschirms nach rechts oben weg, hielt die Fangleinen unterhalb der Basis fest und riß diese auseinander. Schon war mein Reserveschirm offen.

Ein schneller Blick nach unten. Die Füße zur Landung zusammengestellt, noch dreißig Meter! Witthöfts Kappe war nun auch voll geöffnet. Dann setzte ich auch schon auf, ließ mich auf die rechte Seite fallen, blieb einen Augenblick liegen und holte tief Luft. Alles war heil geblieben.

Hinter mir stand schon Witthöft. Ich rief ihm zu: ‚Dafür mußt du mir aber meinen Reserveschirm packen!'

Ich war als erster gesprungen, Witthöft als vierter. Er muß ziemlich genau über mir gehangen haben. Da er schwerer ist als ich, ist er auch schneller gesunken. Durch meine Reserveöffnung konnte Schlimmeres verhindert werden."

Zurück zur 7. Weltmeisterschaft. 31 Nationen gingen diesmal an den Start. Aus der DDR kam je eine komplette Damen- und Herrenmannschaft. Unter ihnen Anita Storck, die Teilnehmerin an verschiedenen Gruppensprung-Weltrekorden und Halterin zweier Einzelweltrekorde.

Viele weitere Rekordhalter und Gruppenrekordler waren dabei, als Georg Fürst Waldburg zu Zeil die Teilnehmer am Eröffnungstage begrüßte. Der Bundesinnenminister war Schirmherr der Veranstaltung.

Auf dieser Weltmeisterschaft wurde Fallschirmsport in höchster Vollendung geboten, obgleich es am Eröffnungstage wie aus Kübeln schüttete. Das Stilspringen aus einer Höhe von 2000 Meter mit einer Öffnungsverzögerung von 25 bis 30 Sekunden war einer der Höhepunkte dieser Veranstaltung. Ewgeny Tkachenko, der Sieger von Orange in dieser Disziplin, zeigte sich auch diesmal als Meister seines Faches. Er durchflog das Programm in 8,8 und 8,5 Sekunden fehlerlos.

Das Stilspringen der Damen holte sich Tee Taylor aus den USA vor ihrer Konkurrentin Tatjana Voinova aus der UdSSR.

Sieger in den drei Einzelwettbewerben und damit auch Kombinationssieger wurde Richard „Dick" Fortenberry, einer der zuverlässigsten Springer der Welt. Nach zwei Anläufen, die ihn in Sofia auf den zweiten und in Orange auf den dritten Platz brachten, hatte er es bei seiner dritten Weltmeisterschaft geschafft. Nach 1400 Fallschirmabsprüngen hatte er sein Ziel erreicht.

Mit Tee Taylor dagegen stand ein Mädchen auf dem „Siegertreppchen", das erst zwei Jahre Fallschirmspringerin war, in dieser Zeit aber bereits die stattliche Anzahl von 480 Absprüngen hinter sich gebracht hatte.

Das Schauspringen am Nachmittag des 16. August brachte dann einen einzigartigen Höhepunkt für die Teilnehmer und die Zuschauer. Den Reigen der Sprünge eröffneten die beiden Weltmeister des Jahres 1951, Monique Laroche und Pierre Lard. Beifall umrauschte die Springer, die den „Reigen der Luft" ausführten. Die „Pyramide" der Tschechen und der Abschluß, mit dem Absprung von 42 Sportlern aus aller Welt mit ihren vielfarbenen bunten Schirmen, begeisterte alle Teilnehmer und Zuschauer.

Die 8. bis 10. Weltmeisterschaften in Leipzig, Graz und 1970 wiederum — als Jubiläum — in Bled/Jugoslawien, zeigten weitere Verbesserungen bei den Springern und an deren Fallschirmen. Die Eröffnung der Veranstaltung in Bled war ein Massenabsprung von 60 Fallschirmspringern. Es ging um insgesamt zehn Titel. Die fünf deutschen Teilnehmer erreichten mit Werner Eschenlohr in der Kombinationswertung den 26. Platz. Die USA, die UdSSR, Frankreich und die CSSR sicherten sich die einzelnen Titel.

Die 11. Weltmeisterschaften fanden 1972 in Tahlequah/ Oklahoma, USA statt. Ihr Höhepunkt war die neue Weltbestleistung im Relativspringen, wobei 26 Springer eines US-amerikanischen Teams einen großartigen Stern bildeten.

ANHANG

Die Fallschirme

DER RUNDKAPPENSCHIRM hat eine Kappe, die aus gleichschenkligen Dreiecken mit abgeschnittenen Spitzen zusammengesetzt ist, einen Plandurchmesser von 7,4 Meter und einen Flächeninhalt von 43 Quadratmeter. Seine Sinkgeschwindigkeit beträgt bei 100 Kilogramm Last sieben Meter in der Sekunde. Er ist aus 28 Bahnen zusammengesetzt.

Der 28-Bahnen-Rundkappenschirm mit TU-Schlitz hat einen Flächeninhalt von insgesamt 62,15 Quadratmeter. Beim TU-Schlitz sind die Schlitze in der Form eines doppelten T und eines zum Scheitel hin offenen U angeordnet. Der Flächeninhalt des Schlitzes beträgt 7,59 Quadratmeter.

DER DEIECKSFALLSCHIRM ist mit einem Steuerschlitz versehen und hat eine gesamte Planfläche von 67 Quadratmeter; der Flächeninhalt des Schlitzes beträgt 1,5 Quadratmeter. Er besteht aus 21 Bahnen.

Von beiden Fallschirmen gibt es Abweichungen in bezug auf den Flächeninhalt und die Bahnzahl. Mit diesen beiden Fallschirmen wurde in der Anfangszeit des Fallschirmsportspringens in der BRD noch gesprungen. Später kam eine Reihe von Neukonstruktionen hinzu, die in bezug auf die Steuerbarkeit wesentliche Fortschritte brachten.

DER PARA COMMANDER, der auf den Weltmeisterschaften in Leutkirch zum ersten Mal vorgeführt wurde, basiert auf der Konstruktion des Drachenschirms des Franzosen Lemoigne. Er hatte eine höhere Horizontalgeschwindigkeit, die Manövrierfähigkeit war ebenso wie die Sinkgeschwindigkeit gegenüber dem Rundkappenschirm verbessert. In die Kalotte (Kappe) ist ein System von strahlenförmig auf den Mittelpunkt zugehenden und in Richtung der Tangente verlaufenden Schlitzen und Taschen derart eingebaut, daß sich bei maximalem Auftrieb zugleich eine Vorschubbewegung ergibt, ähnlich wie bei einer Flugzeugfläche.

Indem der Springer bei diesem Schirm die Anstellwinkel der Tasche verändert, kann er einen günstigen Vorschub erreichen. Die Horizontalgeschwindigkeit liegt bei diesem Schirm zwischen fünf und sechs Meter in der Sekunde. Dies machte den Para Commander zum bis dahin besten segelnden Fallschirm.

Bei diesem Schirm ist übrigens der Reserveschirm — der bei den vorgenannten Schirmen auf der Brust getragen wird — über dem Hauptfallschirm auf dem Rücken des Springers angebracht.

DER SOWJETISCHE TU-2-FALLSCHIRM, ein Hochleistungsgerät, ist eine Weiterentwicklung des alten TU-4-Fallschirms. Er ist als 28-Bahnenschirm ausgelegt und hat 42 Quadratmeter Fläche. Acht Öffnungen rechts und links, drei Schlitze für die Richtungsänderung, je eine Stabilisierungsfläche rechts und links über fünf Bahnen und eine Mittel-Leine ermöglichen eine Horizontalgeschwindigkeit von 5 Meter bei Sinkgeschwindigkeiten von 5,5 bis 6 Meter in der Sekunde. Der Schirm ist aus der nylonähnlichen Kunstfaser Dideron hergestellt.

DER RL 3/5 AUS DER DDR ist als 28-Bahnenschirm ausgelegt. Er hat jedoch eine Fläche von 64 Quadratmeter. Drei Öffnungen über drei Bahnen und fünf Öffnungen über fünf Bahnen geben ihm gute Steuerbarkeit, die noch durch jeweils drei Öffnungen rechts und links und je eine Stabilisierungsfläche über fünf Bahnen erhöht wird.

Die Horizontalgeschwindigkeit dieses Fallschirms beträgt 6 Meter, seine Sinkgeschwindigkeit 5 Meter in der Sekunde. Der Schirm wird in Seifhennersdorf hergestellt und ist aus Seide.

Bereits anläßlich der Weltmeisterschaften in Leipzig sagte der Herausgeber des US-Fallschirmmagazins „Sky Diver“, Cameron, voraus, daß bald neue Fallschirme auf den Markt kommen würden, die eine exakte Null-Landung immer wahrscheinlicher machten. Daher konnte es nicht verwundern, daß auf den US-Meisterschaften des Jahres 1969 ein neuer Fallschirm vorgestellt wurde:

DELTA II PARAWING wurde der neue amerikanische Fallschirm genannt. Er hat zwar „nur“ die gleiche Sinkgeschwindigkeit wie der Para Commander, doch seine Gleit- und Vorwärtsgeschwindigkeit ist allen anderen Schirmtypen weit überlegen. Mit ihm erreicht ein Springer mit 80 Kilogramm Gewicht eine Vorwärtsgeschwindigkeit bis zu 30 Kilometer in der Stunde. Das heißt, seine Gleitgeschwindigkeit ist gegenüber dem Para Commander verdoppelt. Dies bedeutet, daß ein Springer, der mit einem Delta II Parawing aus gleicher Höhe abspringt wie ein anderer mit einem Para Commander, zweimal so weit gleiten kann wie dieser.

Das Problem bei diesem Schirm liegt darin, daß sich beim Abbremsen die Sinkgeschwindigkeit im gleichen Maße erhöht, wie der Schirm abgebremst wird. Bei einer Vollbremsung zum Beispiel beträgt seine Sinkgeschwindigkeit 9 Meter in der Sekunde. Jede Landung mit diesem Fallschirm muß daher gegen den Wind erfolgen.

Bei einer tragenden Fläche von nur 23,6 Quadratmeter läßt sich dieser Schirm gut steuern. Dreht man ihn um 360 Grad, so wird die Nase der Kappe nach unten gedrückt, und der Springer nähert sich in Spiralen mit großer Geschwindigkeit dem Erdboden. Mit dieser Technik ist es möglich, den Zielkreis sehr rasch anzusteuern.

DER PARA PLANE kam den deutschen Sportspringern anläßlich ihres Besuches in Pittsbourgh/USA im Juni 1970 erstmals zu Gesicht. Er ist ein Hochleistungs-Gleitschirm, der vor allen Dingen als Sportfallschirm konstruiert wurde. Er wird — wie der Delta II Parawing — bei der Firma Steve Snyder in Cherry Hill/USA hergestellt.

Der Para Plane ist extrem steuerfähig, nutzt jeden Windhauch aus und ermöglicht überragende Ziellandegenauigkeit. Sein Flügelprofil wird durch einen aerodynamischen Effekt der tragflächenförmigen Schirmkappe aufgeblasen. Seine Horizontalgeschwindigkeit beträgt maximal 48,4 Stundenkilometer und läßt sich bis null drosseln. Ein besonderes, patentiertes „PCR-System" mildert den Entfaltungsstoß erheblich.

DER PARA SAIL bringt eine Variante des Fallschirmfliegens- und -schwebens. Mit ihm ist es Fallschirmspringern möglich, hinter einem Schleppwagen oder einem Motorboot in die Luft aufzusteigen und mit einer Geschwindigkeit von rund 30 Stundenkilometer einige zwanzig Meter über dem Erdboden dahinzuschweben. Die Höhe dieses Schwebens richtet sich nach der Länge des Schleppseils, das bis zu 100 Meter lang sein kann. Der Para Sail schwebt also wie einer der alten chinesischen Drachen empor. Das Fliegen durch die Luft mit ihm ist ein besonderes Erlebnis.

DER ROGALLO-FLÜGEL ist ein Paragleiter, der von Francis M. Rogallo, einem Mitarbeiter der NASA, entwickelt wurde. Er ist ein Gleitfallschirm, der aus einem dreiholmigen zusammenlegbaren Traggerüst und zwei zwischen den Holmen aufwölbbaren flexiblen Flächen besteht. Sein Vorteil gegenüber einem reinen Trag- oder Sinkfallschirm besteht in der Möglichkeit einer Zielanfluglenkung und in der sehr niedrigen Sinkgeschwindigkeit bei Bodenannäherung.

Freifallzeiten in 2000 Meter Höhe

Im luftleeren Raum fallen sämtliche Körper mit der gleichen Geschwindigkeit. Die Fallgeschwindigkeit wächst ebenso wie der Fallweg quadratisch mit der Fallzeit, wie dies in den Galiläischen Fallgesetzen dargestellt ist.

Im lufterfüllten Raum dagegen erreicht ein fallender Körper infolge des Widerstandes, den die Luft ihm entgegensetzt, eine Grenzgeschwindigkeit, die er — selbst wenn er ständig weiterfallen würde — nicht überschreitet.

Der Körperwiderstand setzt sich aus dem Formwiderstand entsprechend seiner Gestalt und dem Reibungswiderstand entsprechend seiner Oberflächenbeschaffenheit zusammen. Ein mit ungeöffnetem Fallschirm frei durchfallender Körper von etwa 100 Kilogramm Gesamtgewicht kann je nach Lage in einer Höhe von 2000 Meter eine Grenzgeschwindigkeit von 170 bis 220 Stundenkilometer — das sind 47 bis 61 Meter in der Sekunde — erreichen. Für den freien Fall in der „Schwimmlage" sind, bei einer Absprunghöhe von 2000 Meter, folgende Zeiten und Wege anzunehmen:

Fallzeit	Fallweg
nach 3 Sekunden	50 Meter
nach 5 Sekunden	120 Meter
nach 8 Sekunden	261 Meter
nach 10 Sekunden	356 Meter
nach 15 Sekunden	592 Meter
nach 20 Sekunden	828 Meter

In größeren Höhen ist die Fallgeschwindigkeit infolge der geringeren Luftdichte entsprechend höher.

Wo kann ich mich anmelden?

Jeder Jugendliche und Erwachsene, der Fallschirmspringer werden will, kann sich bei einem der in der BRD bestehenden 45 Fallschirmspringer-Sportclubs anmelden. Im folgenden werden die Anschriften der Clubs und ihrer Führung genannt:

GESCHÄFTSSTELLE DES GESAMTVERBANDES:
Ernst Gerdey, 3101 Altencelle, Zum Sportheim 6

Erster Vorsitzender:
Erich Lepkowski, 3170 Gifhorn, Am Allerkanal 5

LANDESVERBAND BADEN-WÜRTTEMBERG:

Fallschirmsportclub der 1. Luftlande-Division, Major Neumann,
752 Bruchsal, Eichelberg-Kaserne

Fallschirmsportspringerclub der 1. Luftlande-Division, Wilfried Huy,
726 Calw, Breslauer Straße 6

Fallschirmsportclub Ebingen, Gerhard Breichler,
747 Ebingen, Bahnhofstraße 10

Breisgauverein für Fallschirmsport e. V., Dieter Rossow,
7800 Freiburg i. Brg., Telefon (07 61) 5 28 78

Fliegergruppe Leutkirch e. V., Abt. Fallschirmsport,
797 Leutkirch, Ev. Kirchgasse 6

Flugsportgemeinschaft Letzenberg e. V., Otto Schäfer,
7521 Odenheim, Hauptstraße 131

Bad.-Pfälz. Luftsportverein, Abt. Fallschirmsport, Uwe Jansen,
6901 Eppelheim b. Heidelberg, Schubertstraße 30

Flugsportverein Pfullendorf e. V., Fallschirmsportabteilung,
Hellmuth Böttinger, 7798 Pfullendorf, Kogenäcker 58

Sportspringergruppe Schwenningen e. V., Walter Schlenker,
722 Schwenningen/Neckar, Hotel Ochsen

Para Club Hall e. V., Peter M. Weller,
717 Schwäbisch Hall, Hinter der Post 9

Para Club Heuberg e. V., Werner Glose,
7488 Stetten a. K. M., Europastraße 11

1. Aero Club Stuttgart, Fallschirmsportgruppe, Erhard L. Thoma,
7000 Stuttgart-S, Ziegelklinge 11

Fliegergruppe Walldorf e. V., Abt. Fallschirmsport, Wilhelm Winnes,
6909 Walldorf, Lessingstraße 15

Fallschirmsportclub Weingarten e. V., Walter Messer,
7987 Weingarten, Lägelerstraße 48

Fallschirmsportclub 67 „Kurpfalz" e. V., Friedrich Zimmermann,
6908 Wiesloch, Hans-Thoma-Straße 11

Luftsportverein Bauland e. V., Abt. Fallschirmsport, Helmut Kindgen,
6971 Unterschlüpf

BAYERN

Aero Club Schmidgaden, Abt, Fallschirmsport, Willi Hubmaier,
8412 Burglengenfeld, Kellerstraße 26

Mittelschwäbischer Luftsportverein Illertissen e. V., Sportspringergruppe,
Dieter Bosch, 8000 München 71, Allgäuer Straße 1

Segelfliegerclub Mühldorf e. V., Fallschirmsportgruppe, Rudolf Steer,
8260 Mühldorf am Inn, Bahnhoffußweg 1

Fallschirmsportspringer-Verein Bayern e. V., Gernot Grobholz,
8021 Straßlach, Hochbrink 36

Fallschirmsportclub München e. V., Marwig Herzog,
8034 Germering b. München, Hauptstraße 9

Fallschirmsportclub Neuburg e. V., Peter Haggenmiller,
8858 Neuburg, Gerhart-Hauptmann-Straße 31

Fliegerclub Nürnberg e. V., Fallschirmsportgruppe, Lorenz Schuhmann,
8500 Nürnberg, Bierweg 31

Luftsportring Süd e. V., Schongau, Arndt Hoyer,
8920 Schongau, Falkenweg 1

Aero-Club Schweinfurt e. V., Abt. Fallschirmsport, Gotthold Hennig,
8720 Schweinfurt, Walter-Flex-Straße 2

Fallschirmsportclub Schweinfurt e. V., Eduard Schulz,
8720 Schweinfurt, Breslaustraße 27

BERLIN

Fallschirmsportclub Berlin e. V., Max Mollenhauer,
1000 Berlin 37, Fercher Straße 4

Para-Flug Berlin e. V., Günter Pfiffer
1000 Berlin 31, Joachim-Friedrich-Straße 55

(Der Sprungbetrieb der beiden Berliner Vereine findet in Bad Gandersheim statt.)

BREMEN

Aero Club Bremerhaven e. V., Abt. Fallschirmsport,
2852 Bederkesa, Wasserwerk

HAMBURG

Fallschirmsportclub Hamburg e. V., Heinrich Reichmann,
2000 Hamburg 55, Simrockstraße 179

HESSEN

Aero Club Gelnhausen, 6460 Gelnhausen, Flugplatz. Vors. Lothar Rützel,
6000 Frankfurt, Nibelungenallee 17

Fallschirm-Sport-Gruppe Hessen Nord e. V., Ingo Homann,
3501 Sandershausen bei Kassel, Bettenhäuser Straße 36

NIEDERSACHSEN

Aero Club Braunschweig e. V., Fallschirmsportgruppe, Siegfried Starke,
3300 Braunschweig, Eichhahnweg 30

Fluggruppe in der DFVLR Braunschweig, Abt. Fallschirmsport,
Peter Hoenen, 3300 Braunschweig, Flughafen

Aero Club Hodenhagen e. V., Abt. Fallschirmsport, Waltraud Breschke,
3000 Hannover-Herrenhausen, Altenauer Weg 7

Fallschirmeinsatzgruppe Lüneburg e. V., Otto Laun,
3140 Lüneburg, Heinrich-Heine-Straße 44

Fallschirmsportspringergruppe Wildeshausen, Herbert Boldt,
2878 Wildeshausen, Hermann-Köhl-Straße 3b

NORDRHEIN-WESTFALEN

Fallschirmsportspringer-Club Bielefeld e. V., Horst Netzer,
4811 Hillegossen, Nr. 32

Verein für Fallschirmsport e. V. Dortmund, Alfred Bernas,
4755 Holzwickede, Flugplatz

Fallschirmsportclub Köln e. V., Arno Koernig,
5023 Weiden, Aachener Straße 189

Fallschirmsportspringerclub Nordrhein-Westfalen, Heinz Schwarz,
5204 Lohmar 21 b. Wahlscheid, Im Auerler Hof 9

Fallschirmsportclub Münster e. V., Peter-Jürgen Arndt,
4400 Münster, Martin-Luther-Straße 5

RHEINLAND-PFALZ

Flugsportverein Ailertchen „Glückauf", Fallschirmsportgruppe,
Klaus Hinzen, 5400 Lahnstein 1, Marienstraße 3

Fallschirmsportgruppe Rheinland-Pfalz e. V., Herbert Dressler,
5400 Koblenz, Zwickauer Straße 5

Flugsportverein Neustadt/Weinstraße e. V., Fallschirmsportgruppe,
Hans Lipps, 6748 Bad Bergzabern, Kappeler Straße 18

SAARLAND

Fallschirmsportverband Saar e. V.,
6600 Saarbrücken, Saaruferstraße 16

SCHLESWIG-HOLSTEIN

Luftsportverein Kiel e. V., Fallschirmsportspringergruppe,
Peter Schönherr, 2300 Kiel-Kronshagen, Hasselkamp 124

Einige nationale Rekorde der BRD

Nach dem Stand vom 1. Januar 1971

Männer, Tag, mit Öffnungsverzögerung:
Erich Lepkowski, 8720 Meter Freifall, Celle — 23. 9. 1964

Männer, Nacht, mit Öffnungsverzögerung:
Erich Lepkowski, 6920 Meter Freifall, Ahlhorn — 21. 5. 1964

Gruppensprung, Männer, Tag, mit Öffnungsverzögerung:
Peter Böttgenbach, Arno Körnig, Fred Hesse, Peter Rast,
8770 Meter Freifall, Sion/Schweiz — 26. 10. 1968

Gruppensprung, Männer, Nacht, mit Öffnungsverzögerung:
Erich Lepkowski, Lothar Rützel, Wolfgang Minstedt,
3700 Meter Freifall, Bissel — 26. 7. 1963

Einzel-Zielsprung aus 600 Meter Höhe:
Alois Scherer, AMW 00,00 Meter, Schwenningen — 19. 10. 1969

Einzel-Zielsprung aus 1000 Meter Höhe:
Peter Grimm, AMW 00,42 Meter, Bruchsal — 29. 7. 1968

Einzel-Zielsprung aus 1500 Meter Höhe:
Alois Scherer, AMW 00,68 Meter, Bruchsal — 30. 7. 1968

Einzel-Zielsprung aus 2000 Meter Höhe:
Klaus Zeisluft, AMW 00,365 Meter, Bruchsal — 28. 7. 1968

Gruppen-Zielsprung aus 600 Meter Höhe:
Jürgen Habermann, Marwig Herzog, Hartmut Huber
AMW 00,25 Meter, Calw/Schww. — 31. 7. 1970

Gruppen-Zielsprung aus 1000 Meter Höhe:
Rudolf Appl, Herbert Krämer, Eckhart Teschke, Gert Weckbecker
AMW 00,01 Meter, Weingarten — 29. 8. 1970

Gruppen-Zielsprung aus 1500 Meter Höhe:
Walter Lakomy, Heinz Renneke, Lothar Rützel, Siegfried Starke
AMW 03,53 Meter, Orange/USA — 23. 8. 1962

Einzel-Zielsprung aus 1000 Meter:
Alois Scherer, AMW 00,00 Meter, Graz/Österreich — 13. 8. 1968

Einige Weltrekorde im Fallschirmspringen

Männer, Tag, ohne Verzögerung:		
Tchavdar Djourov, Bulgarien	am 28. 8. 1968	15 413 m
Frauen, Tag, ohne Verzögerung:		
E. Danilovitch, UdSSR	am 23. 9. 1965	14 533 m
Männer, Nacht, ohne Verzögerung:		
A. Petrichenko, UdSSR	am 30. 9. 1965	14 924 m
Frauen, Nacht, ohne Verzögerung:		
L. Sokolova, UdSSR	am 29. 9. 1965	14 287 m
Männer Tag, mit Verzögerung:		Freifall:
E. Andreev, UdSSR	am 1. 11. 1962	14 500 m
Frauen, Tag, mit Verzögerung:		
O. Komissarova, UdSSR	am 21. 9. 1965	14 100 m
Männer, Nacht, mit Verzögerung:		
I. Kroumov, Bulgarien	am 8. 8. 1966	14 844 m
Frauen, Nacht, mit Verzögerung:		
A. Skopinova, UdSSR	am 29. 9. 1965	13 520 m

Gruppenhöhensprünge:

vier Männer, Tag, Bulgarien		13 067 m
vier Männer, Nacht, Bulgarien		12 308 m
vier Frauen, Tag, UdSSR		8 010 m
vier Frauen, Nacht, UdSSR		9 404 m
neun Männer, Tag, mit Verzögerung, UdSSR	Freifall:	13 831 m
neun Männer, Nacht, mit Verzögerung, UdSSR	Freifall:	13 948 m
neun Frauen, Tag, mit Verzögerung, UdSSR	Freifall:	13 716 m
neun Frauen, Nacht, mit Verzögerung, UdSSR	Freifall:	11 176 m

Einen in der Geschichte des Fallschirmsprungs bisher niemals wieder erreichten Höhenabsprung (der nicht als Rekord gewertet wurde, weil der Springer kein Fallschirmsportler ist) gab es am 16. August 1960, als Hauptmann Joe Kittinger über der Wüste von New Mexico aus der offenen Gondel seines Ballons in einer Höhe von 31 400 Meter absprang. Nach einem Freifall von vier Minuten und 38 Sekunden öffnete er den Fallschirm in 5 335 Meter Höhe. Damit hatte er im freien Fall 26 065 Meter durchflogen.

Literatur

Allemand, A.:	Parachutiste d' Essais. Paris 1957
Alman, Karl:	Sprung in die Hölle. Rastatt 1965, 2. Auflage
Bach, Liesel:	Bordbuch D 2594. Berlin 1937
Belzig, E. K.:	Hals über Kopf. Stuttgart 1936
Bernig, Heinrich, H.:	Angriffsziel — Festung Europa. Balve 1960
Boehmler, Rudolf:	Fallschirmjäger. Bad Nauheim 1960
Boehnisch, Carl:	The 18-Man-Star. Washington 1971
Bowman, Gerald:	Jump for it! London 1955
Braunburg, Rudolf:	Ein Himmel voller Abenteuer. Stuttgart 1971
Brügel, Werner:	Männer der Rakete. Leipzig 1934
Carell, Paul:	Sie kommen. Oldenburg 1960
Gaiswinkler, Albrecht:	Sprung in die Freiheit. Wien 1947
Gavin, James, M.:	Airborne warfare. Washington 1947
Gericke, Walter:	Da gibt es kein Zurück. Münster 1955
Gregory, Howard:	The Falcon's Disciples. New York 1967
Gurnij, Viktor:	Schnelle und exakte Stiltechnik. Monterey 1970
Hackenberger, Willi:	Die alten Adler. München 1960
Hamilton, J. Scott:	Master of the Jump. Monterey 1971
Heydte, Prof. Dr. Friedrich-August v. d.:	Daedalus Returned. London 1958
Hildenbrand, Fred:	Nobile. Gütersloh 1958
Hove, Alkmar von:	Alerte parachutistes. Paris 1961
Kohnke, Richard:	Mein Leben, i. Ms. 1970
ders.	Der Fallschirm in seiner geschichtlichen Entwicklung, i. Ms.
Kurowski, Franz:	Ihr Stadion ist der Himmel. Bochum 1972
ders.	Erdöl, das grüne Gold der Erde. Göttingen 1971
ders.	Mit Satelliten ins Jahr 2000, i. Ms. 1972
Lange, Claire:	Abenteuer einer Fallschirmpilotin. Zs. 1932
dies.	Lügen haben kurze Beine. Zs. 1932
dies.	Claire Lange erzählt. Zs. 1930
Lepkowski, Erich:	Der Gruppen-Höhenrekord 1962, i. Ms. 1970
ders.	Nachtsprung aus 8300 Meter, i. Ms. 1970
ders.	Höhenrekord aus 9445 Meter, i. Ms. 1970
Marshall, S. L. A.:	Night drop. Boston 1962
Mielke, Heinz:	Lexikon der Raumfahrt und Raketentechnik. Bonn 1971
Montgomery, Bernard:	Memoiren. London 1964
Perrault, Gilles:	Les parachutistes. Paris 1961

Ramcke, H.-B.:	Vom Schiffsjungen zum Fallschirmjäger-General. Berlin 1943
Rast, Peter:	Zehntausend Meter werden erreicht, i. Ms. 1971
ders.	Relativ-Europarekord 1971. Zs. 1971
Reindl, Norbert:	Die Relativarbeit beim Fallschirmspringen. Zs. 1970
Reuss, Karl-Ferdinand:	Jahrbuch der Luft- und Raumfahrt. Mannheim 1971
Roy, Jules:	Der Fall von Dien Bien Phu. München 1965
Rützel, Lothar:	Fallschirmabsprung mit Reserveöffnung. Zs. 1962
Scherer, Alois:	Die Technik des Fallschirm-Zielspringens. Zs. 1962
Strehl, Rolf:	Der Himmel kennt keine Grenzen. Düsseldorf 1962
Student, Kurt:	Die Wahrheit über die Fallschirmtruppe. Zs. 1958
„Unser Schiff", Schriftleitung:	Fallschirm-Flugzeug-Zeppelin. Stuttgart 1931
Wintrich, Walter:	Luftfahrer voran. Stuttgart 1934

Der besondere Dank des Autors gilt der Fachgruppe Fallschirmsport im Deutschen Aero-Club und seinem ersten Vorsitzenden, Herrn Erich Lepkowski, Gifhorn; dem Verlag des Deutschen Aerokurier, Herrn Dr. G. Neufang, Gelsenkirchen-Buer; der Parachutes Incorporated, Orange/Massachusetts; Mrs. Marianne T. Berry; National Aeronautics and Space Administration, Washington D. C.

Ferner den Deutschen Meistern, Rekordhaltern und Fallschirmpionieren: Frau Claire Fackiner-Lange, Fräulein Elsa Maria Krampe, Herrn Uwe Beckmann, Herrn Peter Böttgenbach, Mr. Howard Gregory, Herrn Arndt Hoyer, Herrn Ing. Richard Kohnke (verstorben), Herrn Oberstleutnant Erich Lepkowski, Herrn Peter Rast, Herrn Norbert Reindl, Herrn Lothar Rützel.

Ohne die genannten Institutionen und Persönlichkeiten hätte dieses Buch nicht in dieser Form geschrieben werden können.

Dortmund-Oespel, Oktober 1972 *Franz Kurowski*

Mit vollen Segeln auf der bunten Welle

120 Seiten, 23 Bilder, davon 4 bunt

4,95 DM

116 Seiten, 27 Bilder, davon 4 bunt

4,95 DM

116 Seiten, 26 Bilder, davon 4 bunt

144 S., 54 Bilder, davon 23 bunt

6,80 DM

144 S., 47 Bilder, davon 29 bunt

6,80 DM

132 S., 44 Bilder, davon 23 bunt

120 Seiten, 20 Bilder, davon 4 bunt

4,95 DM

124 Seiten, 29 Bilder, davon 4 bunt

4,95 DM

116 Seiten, 25 Bilder, davon 4 bunt

Bunte Bilder machen Jugendbücher noch wertvoller